Trajectory Equifinality Approach

TEA

による対人援助プロセスと分岐の記述

保育，看護，臨床・障害分野の実践的研究

安田裕子　サトウタツヤ 編著

誠信書房

はじめに

　本書の特色は，TEA（複線径路等至性アプローチ）を扱っていること，対人援助に関する実践的研究を取り上げていることの2点にある。TEA は TEM（複線径路等至性モデリング）とどう違うのか，ということについて，いまいちど最初に簡潔に説明すると，字面的には「Approach アプローチ」と「Modeling モデリング」の違いであり，関係性としては，TEA は TEM を含む理論的・方法論的な体系である，ということである。TEA では，まず，HSI（歴史的構造化ご招待）の考え方により，目的に照らして EFP（等至点）として焦点をあてるべき現象やそれを経験した人を研究の対象として選定する。そして，TEM により BFP（分岐点）などの諸概念を用いて EFP に至る径路の複線性・多様性を描く。また，TLMG（発生の三層モデル）を用いて，BFP における PS（促進的記号）の発生を信念・価値観との関連でとらえることができる。このように TEA は，HSI，TEM，ならびに TLMG によって構成される理論的・方法論的体系の全体を指す。

　もっとも，TEA の中心には TEM があり，研究において，HSI，TEM，TLMG をすべて用いなくてはならない，ということではない。EFP の概念と HSI が関連づけられているように，BFP の概念と TLMG が関連づけられていることから，とらえられた BFP に焦点をあててより詳細にその BFP における振る舞いを探究しようとする，TLMG を用いた研究が増えてきているこのところ，ではある。そうした研究では，BFP で生じている PS をいかにして可視化するか，という文化心理学的課題も浮き彫りとなっている。他方で，すべての研究が，HSI により対象選定をするところから始められるわけではないということ，すなわち，最初に EFP を定めることが必ずしもできない／適切ではない研究があることも，明確になってきた。本書はこうした多様に枝分かれする TEA 研究の動向とその進展をふまえつつ，TEA という理論的・方法論体系を前景化させて編んだ書である。かかわって，TEM を用いてプロセスを描き，転換がとらえられた BFP に着眼した考察

を試みる，といった志向性を有する研究も本書の対象となる。また，対人援助に関する研究，なかでも，保育，看護，臨床・障害の分野における実践的研究を取り上げている本書では，援助する－援助されるといった関係性に象徴される，人が相互に育ちあう場におけるマイクロな Life の実践の諸相，そこでなしうるあるいは設定・実践しうるサポートに関する示唆，さらには，生きられた場でのフィールドワークによって収集した観察データの TEA による分析，といった点からも，重要な学びを構成していただけるだろう。

　2012 年と 2017 年に刊行された TEM 本シリーズの第 2 弾『TEM でわかる人生の径路──質的研究の新展開』と第 3 弾『TEM でひろがる社会実装──ライフの充実を支援する』に続けて，本書でも，研究を進めるうえでの裏舞台を惜しみなくひらいていただいた。すなわち，対人援助におけるそれぞれの TEA を用いた実践的研究について，その内容の骨子を紹介していただいたうえで，Making と題して，研究を進めるうえでの思考のありさまや分析のプロセスをつまびらかにしていただいた。その枠組みは，具体的には次のとおりである。①具体的な分析の仕方，②変容する EFP と見えてきた 2nd EFP，③文化をいかにしてとらえたか（TLMG を用いた分析の場合は PS をいかにしてとらえたかについても），④援助者としての発達・変容をいかにしてとらえたか，⑤聴き手・語り手（観察者・被観察者）にとっての，TEA で意味をとらえる経験について。なお，章によっては，その記述の内容に応じて，これらの枠組みをいくぶん調整いただいている。本書に掲載されている対人援助に関わるそれぞれの実践的 TEA 研究を，人と人とがともに Life を営むありさまを丁寧にとらえるうえでの生きたモデルとしていただけると，たいへん嬉しいことである。

　2022 年 2 月 8 日　澄んだ空気感に春の兆しを感じながら

　　　　　　　　　　　　　　　　　　　　　　　　　　安田　裕子

目　次

v

略語一覧

略語	概念	訳語
EFP	Equifinality Point	等至点
P-EFP	Polarized Equifinality Point	両極化した等至点
BFP	Bifurcation Point	分岐点
OPP	Obligatory Passage Point	必須通過点
SD	Social Direction	社会的方向づけ
SG	Social Guidance	社会的助勢
2nd EFP	Second Equifinality Point	セカンド等至点
2nd P-EFP	Second Polarized Equifinality Point	両極化したセカンド等至点
ZOF	Zone of Finality	等至点の幅・範囲・領域，目的の幅・範囲・領域，目標の幅・範囲・領域
Z-EFP	Zero Equifinality Point	ゼロ等至点
PS	Promotor Sign	促進的記号
IS	Inhibitor Sign	抑制的記号
VTM	Value Transformation Moment	価値変容点
TEM	Trajectory Equifinality Modeling	複線径路等至性モデリング
HSI	Historically Structured Inviting	歴史的構造化ご招待
TLMG	Three Layers Model of Genesis	発生の三層モデル
TEA	Trajectory Equifinality Approach	複線径路等至性アプローチ

Zone of Finality（ZOF）の訳語について，説明を加えよう。これはもともと，EFP というポイントと P-EFP というポイントで示されるあいまいな到達点（Finality）を表現する概念であった。あえていえば，Zone はポイントとポイントの間を表しているため，長さの次元しかないものであり，「幅」という表現が適していた。ところが，EFP 概念が拡張して 2nd EFP などが出てくると EFP と 2nd EFP の間に深みというか奥行きが出てくることになる。そして 2nd EFP というポイントと 2nd P-EFP というポイントで示される間を表現するうえでも ZOF があてはまるとなると，一次元的表現よりも二次元的表現である「範囲」のほうがあてはまりがよくなってくる。そして，さらに EFP に次元が加わるようになれば，三次元的表現のあてはまりがよくなり「領域」という語をあてることになる。なお，右の図は，三角おにぎりのように知覚すると，Zone が表す次元と次元の追加による立体的な見えをイメージしていただけるだろう。

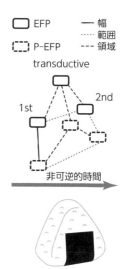

☐ EFP　　── 幅
⌐‾⌐ P-EFP　····· 範囲
　　　　　--- 領域

transductive

1st　2nd

非可逆的時間

参考：おにぎり

第 I 部

TEA のダイナミズム

1章

TEA（複線径路等至性アプローチ）の
基本的概念

福田　茉莉

1-1　TEA の位置づけ

　TEA（複線径路等至性アプローチ，Trajectory Equifinality Approach）は，質的研究法のひとつであり，記号論に基づく文化心理学の新しい方法論として発展してきた。TEA の依拠する文化心理学の基本的な考え方は，異文化比較に力点を置く従来の比較文化心理学とは異なる。サトウ（2019）は比較文化心理学が文化の存在を実体的に考えるのとは異なり，文化が人に寄り添うと考え，人に寄り添う文化と人との関係性を描くのが文化心理学であり，その基本に記号という考え方があると述べている。TEA は人びとの発達の多重線形性と等至性の現象を考察したヴァルシナー（Valsiner, J.）の創案をもとに発展してきた。その特徴は，ある個人のライフに生じた出来事とともに発生する心的な緊張関係とその場に働く記号をとらえ直し，過去・現在・未来へと続く非可逆的時間（Irreversible Time）のなかで径路（Trajectory）として描き，個人の実存に基づくモデルを構成することである。

　本章では，本書で初めて TEA に出会う初学者のために，TEA の基本や中核となる概念を解説する。なお，すでに TEA に関する知識を有する読者は，2 章以降から読むことをお勧めする。

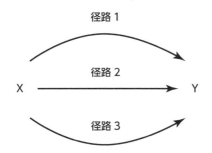

図 1-1　発達の多重線形性と等至性の現象
（Valsiner, 2000）

1-2　TEA の基礎

　TEA の根幹をなす概念は，等至性（Equifinality）である。サトウ（2009）は，等至性概念の由来を生気学者であるドリーシュ（Driesch, H.）に求めており，その後ベルタランフィ（Bertalanffy, L. von）が一般システム論で議論した「開放系（オープンシステム）は等至性をもつ」とするテーゼを引用している。等至性とは，異なった初期条件，異なった方法からでも同一の最終状態に到達することを示す概念であり，ヴァルシナー（Valsiner, 2000）は，発達における多重線形性と等至性の現象を図 1-1 のように示した。TEA は，人間を開放系（オープンシステム）でとらえ，その特徴である等至性をもつ現象を研究対象に据えることにより，行為の発生や選択，ならびにその結果として起きる発達的現象について，時間的経緯や社会文化的文脈の多様性とともに記述する（サトウ・安田・木戸・高田・ヴァルシナー，2006）。

　TEA は，図 1-2 に示すように，
　　HSI（歴史的構造化ご招待，Historically Structured Inviting），
　　TEM（複線径路等至性モデリング，Trajectory Equifinality Modeling），
　　TLMG（発生の三層モデル，Three Layers Model of Genesis），
という 3 つの要素で構成されている（サトウ，2015）。

1-2-1　HSI（歴史的構造化ご招待）

　HSI（歴史的構造化ご招待）とは，TEA を用いて研究を実践する際に調

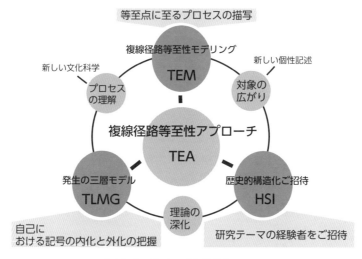

図 1-2　TEA の構成要素
（サトウ，2015 を著者一部改変）

査者が調査協力者に対してとるべき態度や姿勢を内包した，対象選定の理論
である。TEA では調査者が探究したい現象（等至性をもつ現象）を基準に
調査協力者を選定する。TEA における調査協力者は「標本」や「サンプル」
ではなく，研究対象となる現象を経験した（あるいは経験しなかった）当事
者であり，TEA という実践における主人公のひとりでもある。調査者は研
究実践へと調査協力者を「お招きする」のであり，調査者と調査協力者の融
合的な視点からモデルを構築することになる。TEA を用いるにあたり，調
査者はこの基本姿勢を忘れてはいけない。

1-2-2　TEM（複線径路等至性モデリング）

　TEA は，TEM を中心に発展してきた経緯がある。TEM の基本概念の関
係性を図 1-3 に示す。TEM は，ある地点から EFP へと至る人生プロセス
を非可逆的な時間軸上で径路として記述し，EFP に至る行為や動的な心理
状態を可視化することを目指す。このとき，BFP は，複数の径路が立ち現
れる点でもある。BFP では，複数の径路のうちひとつを選択する際に生じ
るさまざまな力とその心理的な緊張関係を記述することができる。EFP か

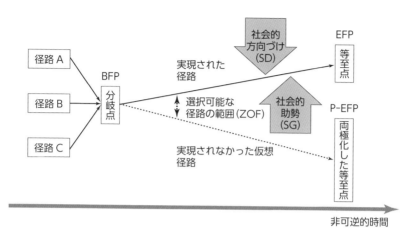

図1-3　TEM の基本概念の関係性
（福田，2019 を著者一部改変）

ら遠ざけるように働く力が SD であり，反して，EFP へと促進するように
働く力が SG である。たとえば，両親や友人に反対されたことで EFP への
到達を断念し，別の径路を選択することもあるだろう。このとき「両親や友
人に反対された」ことは，SD として機能する。一方で，他者に反対されよ
うが EFP に到達したいという個人の強い信念や願望は，SG として機能する
だろう。ハーマンスの対話的自己論（Hermans & Hermans-Konopka,
2010）を援用するならば，これらの心理的な力はそれぞれのポジションから
発せられる声をもつと仮定できる。複数のポジションで成り立つ多声的な自
己は，自己内での対話を繰り返し，最終的にひとつの径路を選択することに
なる（この心理的な緊張関係は，後に述べる TLMG を用いて詳細に検討す
ることができる）。

　TEA ではベルタランフィが主張した開放系（オープンシステム）の考え
方に立脚することで，ある個人の人生径路に潜む文化や社会的文脈，自己と
の緊張関係を描き出すことを可能にしている。まずは，EFP とその補集合
的事象を表す P-EFP を設定する。加えて，調査協力者が実際に経験した単
線的な径路だけでなく，実現可能性は高かったが選択されなかった仮想径路
を点線で描いてみる。すると，ZOF を示すことができる。ある調査協力者

表1-1　OPPのバリエーション

名称	説明	具体例
制度的OPP	法律など制度上誰もが経験する事柄	小学校入学（義務教育）
慣習的OPP	慣習や文化的に実施される事柄	七五三，初詣
結果的OPP	EFPに対して必須性をもつと分析過程で関連づけられた事柄	留学の意思決定（EFP）における，それ以前の喪失体験

　のナラティヴは，一見して，安定した単線径路をまっすぐ歩んでいるように見えるかもしれない。しかし，協力者が「現状を維持する」ことを選択し維持しているのであり，常にZOFは存在していたと仮定できるはずである。ZOFのなかには調査協力者が選択しなかった，実現可能性を秘めた複数の径路が常に潜在している。

　多くの人びとがEFPに至る径路上で共通の経験をもつ場合がある。これをOPPと呼ぶ。OPPには，3つのバリエーションがある（表1-1）。ひとつめは制度的OPPであり，法律や義務教育など制度上誰もが経験する事柄を指す。例として，小学校入学や中学校卒業は，現代日本の教育制度において，制度的OPPとして設定できる。ふたつめは，慣習的OPPである。これは，文化的慣習として実施したほうがよいとされている事柄のことであり，七五三や初詣などが該当する。これらのOPPは，「制度的」や「慣習的」という表記が示しているように，当該テーマに即して，それ自体に必須性のある事柄として配置することが可能である。3つめは，結果的OPPである。これは，偶発的なつながりであれ，結果的にEFPに影響を与え，重要な意味を獲得するに至った事柄を指す。調査協力者の経験の意味に照らして分析を行う過程で，OPPとしてEFPと強く関連づけられる。結果的OPPは，OPPのなかでもEFPに対する特定の意味の表れとして考察することができる。

　調査者の想定したEFPは単なる通過点にすぎず，協力者自身の未来展望によっては新たなEFPが存在することがある（伊東，2017）。あるいは，調査協力者が過去を省察し，自分自身の経験を精緻化していくなかで，「このEFPは自分の人生にとってはあまり意味がない。自分にとってのEFPとは異なる」と語ることもある。これらのケースでは，調査者と協力者との間の時間的展望の差異が新たなEFPを出現させていると言える。こうした場合，

調査者が研究目的に即して設定した EFP とは異なる地点や未確定の未来地点を，2nd EFP として描き出すこともできる。調査協力者の未来展望に基づく仮想的な径路や現実可能性があるにもかかわらず実現しなかった径路を描くことで，実現した径路に影響した環境や周囲の他者などの存在をより鮮明に浮かび上がらせる。

1-2-3　TLMG（発生の三層モデル）

　TLMG は，BFP で生じる径路の選択プロセスにおいて，自己を3つの層からなるものと概念化したうえで層間の動的な記号の働きをとらえることで，個人の自己変容や行動変容を記述するモデルである。TLMG では，外界から入手した情報が記号として働き，自己に内化し外化する（しない）過程を3層に区別して記述する。第1層は，アクティビティが発生する個別活動レベル，第2層は，サインの発生する記号レベル，第3層はビリーフが発生する信念・価値観レベルである（図1-4, 図1-5）。サトウ（2019）は，パース（Peirce, C. S.）の記号論にならい，記号を「それ自身とは別の何かを表すもの」とし，第1層で認識された行為や活動が自己に内化し，第2層へと到達する際に発生する記号（第1層とは異なる意味の発生）とその作用のなかに文化の本質をとらえようとしている。

　身近な例として，食事場面を考えてみよう。日本人の多くは，食前に「いただきます」，食後に「ごちそうさま」と言って合掌する。食事のときは「いただきます／ごちそうさま」と言うのだと両親から教えられた人もいれば，給食の時間に友達が言っているのを見て，自分も言わないといけないと感じた人もいるだろう。この「いただきます／ごちそうさま」という習慣は，日本人の文化的習慣（意味の共有）によって成り立つ。

　第1層にあたる個別活動レベルでは，〈身近な他者が配膳された食事を目の前に「いただきます」と言う行為を目にする〉あるいは〈両親から「いただきます」を言うように教わる〉という受動的な行為が〈食事の前に「いただきます」と言う〉といった能動的な行為へと変容するプロセスを記述することができる。第2層の記号レベルでは，受動的な行為が能動的な行為へと変容をもたらす記号の発生をとらえる。たとえば〈食事のときに「いただきます」と自ら言うと両親に褒められる（言わないと怒られる）〉，あるいは〈両

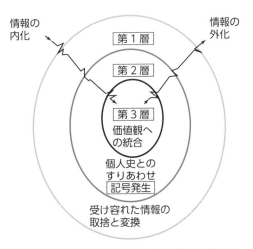

図 1-4　発生の三層モデル（俯瞰図）
（サトウ，2015 を著者一部改変）

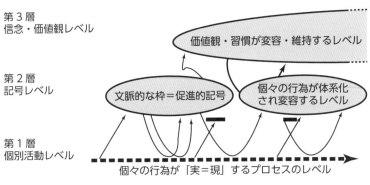

図 1-5　発生の三層モデル（側面図）
（サトウ，2015 を著者一部改変）

親がその様子を見て微笑んでくれる〉といったことである。もし，〈「いただきます」は作ってくれた人への感謝を表現している〉や〈「いただきます」ができる子は行儀がよい〉などの価値観や社会規範を獲得したとすれば，それは第3層の信念・価値観レベルで描くことができる。

TLMGでは，第2層においてBFPを発生させ（つまり，選択肢の幅を広げ，複数の径路を出現させる），EFPへと個人を導く契機となった記号をPSと呼んでいる。PSという概念を提唱したヴァルシナーは，PSを「人びとにとっての未来を志向する時間を拡張し，ありうる未来を構築するガイドとして機能するもの」と説明している（Valsiner, 2007）。これに対し，P-EFP（EFPとは異なる方向）へと収束するように機能する記号をISと呼ぶ。先の例では，〈両親からの褒められること〉が，いただきますという行為に対するPSとして機能する。他方で，ひとり暮らしを始めて，食事前に「いただきます」と言うと，孤食による寂しさがあふれてくるといった場合には，〈孤食が寂しすぎて悲しい〉ことがISとして作用し，食事の前に「いただきます」と言わなくなるだろう。

日常的にさまざまな記号が発生していると仮定されるが，信念・価値観のレベルにまで影響を与え，自己に変容をもたらすものはごく一部である。そうした変容は，その人の人生に，未来を志向する径路や分岐において，常に影響を与え続けるだろう。たとえば，自分が親になったとき，子どもに「いただきます／ごちそうさま」と言う習慣を教える人は多い。それは〈いただきますと言える子は行儀よく見える〉や〈食事ができる環境に感謝をさせる〉（第3層）ためであったりするが，後者には〈好き嫌いをしない子どもに育てたい〉といったことも含まれるだろう。また，子育て中の保護者にとっては，子どもを食事に集中させるために，〈日常から食事の時間を区切る（日常から食事時間を前景化させる）〉といった新しい記号が発生する場合もある。食事中でも他のものに興味が向きがちな子どもに対して，「いただきます／ごちそうさま」行為は食事時間の合図であり，遊びの時間ではないと強調する機能をもつ。

ある行為に伴う記号の発生は，その人の状況や立場によっても変化する。それに対して，多くの人が個別活動レベルから共通の記号が発生するように調整され，類似の信念・価値観を共有しているならば，そこには文化（意味

の共有）があると考えられる。TLMG は，個別活動レベルで生じる行為から，どのような記号が発生し，自己の信念・価値観に影響するのか（またはしないのか），3 層間での揺らぎを詳細に記述するための仕組みである。

1-3　重要概念一覧

　表 1-2 には，TEA を学ぶうえで重要となる概念（略語を含む）を記載している。以降の各章においても，概念が略語で記載されている。もし概念や略語がわからなくなった場合には，表 1-2 を参照いただきたい。

表 1-2　TEA を学ぶうえで重要となる概念

略語	概念	訳語
TEA	Trajectory Equifinality Approach	複線径路等至性アプローチ
HSI	Historically Structured Inviting[*1]	歴史的構造化ご招待
TEM	Trajectory Equifinality Modeling[*2]	複線径路等至性モデリング
EFP	Equifinality Point	等至点
P-EFP	Polarized Equifinality Point	両極化した等至点
2nd EFP	Second Equifinality Point	セカンド等至点
BFP	Bifurcation Point	分岐点
SD	Social Direction	社会的方向づけ
SG	Social Guidance	社会的助勢[*3]
ZOF	Zone of Finality	等至点の範囲
OPP	Obligatory Passage Point	必須通過点
TLMG	Three Layers Model of Genesis	発生の三層モデル
PS	Promotor Sign	促進的記号
IS	Inhibitor Sign	抑制的記号

＊1：Historically Structured Sampling（HSS）から Historically Structured Inviting（HSI）に変更
＊2：Trajectory Equifinality Model から Trajectory Equifinality Modeling に変更
＊3：社会的ガイダンスから社会的助勢に変更

1-4　TEA を使用するにあたって

　TEA を用いるときには，調査者が調査目的に沿って，使用するツールや概念を選択することができる。したがって，TEA を構成するすべての概念を用いる必要はなく，また概念に対して頑なになりすぎてもいけない。非可逆的時間軸と並列して EFP や P-EFP が継続的に存在し，EFP と P-EFP の間の揺らぎを径路として描いた例（弦間，2012）や「トラジェクトリー」をキーワードに，TEM と TLMG を融合させた図と状況的学習論による考察の双方を示した例（豊田，2015）なども存在する。

　多くの質的研究法がそうであるように，TEA についても「正しい手順」や「正解」はそれ単独では存在しない。TEA を用いた研究者が研究実践上の課題に直面し，それをひとつひとつ解決していくなかで TEA の概念や方法論が発展してきた。

　本書をはじめとする TEA を用いた研究を参照し，調査目的に沿って調査者の視点と調査協力者の視点が交わる融合的視点（トランスビュー）に立つことを意識しつつ，自由にカスタマイズすることをお勧めする。

引用文献

福田茉莉（2019）　複線径路・等至性アプローチ（TEA）．木戸彩恵・サトウタツヤ（編）文化心理学——理論・各論・方法論（pp. 243-254）．ちとせプレス．

弦間亮（2012）　大学生がカウンセリングルームに行けない理由・行く契機．安田裕子・サトウタツヤ（編）　TEM でわかる人生の径路——質的研究の新展開（pp. 125-137）．誠信書房．

Hermans, H., & Hermans-Konopka, A. (2010) *Dialogical self theory: Positioning and counter-positioning in a globalizing society.* Cambridge University Press.

伊東美智子（2017）　社会人経験を経た看護学生の学びほぐし．安田裕子・サトウタツヤ（編）　TEM でひろがる社会実装——ライフの充実を支援する（pp. 66-88）．誠信書房．

サトウタツヤ（2009）　TEM の発祥と T・E・M の意味．サトウタツヤ（編）　TEM ではじめる質的研究——時間とプロセスを扱う研究をめざして（pp. 1-32）．誠信書房．

サトウタツヤ（2015）　複線径路等至性アプローチ（TEA）．安田裕子・滑田明暢・福田茉莉・サトウタツヤ（編）　ワードマップ TEA 理論編——複線径路等至性アプローチの基礎を学ぶ（pp. 4-8）．新曜社．

サトウタツヤ（2019）　文化心理学の歴史．木戸彩恵・サトウタツヤ（編）　文化心理学——理論・各論・方法論（pp. 15-26）．ちとせプレス．

サトウタツヤ・春日秀朗・神崎真実（編）（2019）　質的研究法マッピング——特徴をつかみ，活用するために．新曜社．

サトウタツヤ・安田裕子・木戸彩恵・高田沙織・ヴァルシナー，ヤーン　（2006）　複線径路・等至性モデル——人生径路の多様性を描く質的心理学の新しい方法論を目指して．質的心理学研究, *5*, 255–275.

豊田香　（2015）　専門職大学院ビジネススクール修了生による生涯学習型職業的アイデンティティの形成——TEA 分析と状況的学習論による検討．発達心理学研究, *26*, 344-357.

Valsiner, J.（2000）*Culture and human development: An introduction.* Sage Publications.

Valsiner, J.（2007）*Culture in minds and societies: Foundations of cultural psychology.* Sage Publications.［ヴァルシナー，J.　サトウタツヤ（監訳）（2013）　新しい文化心理学の構築——〈心と社会〉の中の文化．新曜社.］

2章

HSI（歴史的構造化ご招待）と EFP
ご招待（Inviting）によりその経験に接近する

安田 裕子

　TEA は，時間の流れとともにある人間の文化化の過程の多様性・複線性を記述する手法である TEM を中心に，HSI と TLMG により構成される。HSI は研究対象ならびに研究対象者を選定する理論である。そして TLMG は，自己の変容・維持過程を，個別活動レベル（第1層），記号レベル（第2層），信念・価値観レベル（第3層）の3つの層によって理解する理論である。HSI は EFP の概念と，TLMG は BFP の概念と密接に関わっており，HSI，TLMG，TEM の関連性は図 2-1 のように示される（安田，2017）。本

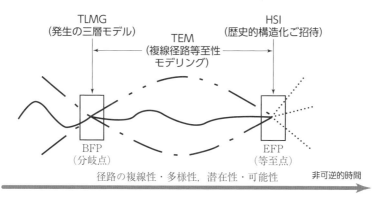

図 2-1　TEA と，HSI，TLMG，TEM の関連性
（安田，2017 を著者一部改変）

章および 3 章と 4 章では，TEA を構成する HSI，TEM，TLMG について，順に，関わる概念との関連で理解を深めよう。

2-1　HSI——対象選定の理論

　HSI とは，研究目的のもと，ある行動や選択，認識のありさまなどを EFP として定め，EFP に至るプロセスをとらえるべく，その経験した人びとを対象にインタビューや観察を行うことを含意する理論である。EFP が，歴史的（Historically）に構造化された（Structured）ありさまとして焦点化されるものであり，研究者が研究目的により EFP として焦点をあてた経験をした人びとを研究にお招きする，という考え方により，歴史的構造化ご招待（Historically Structured Inviting: HSI）と呼ぶ。なお，最初は，歴史的構造化サンプリング（Historically Structured Sampling: HSS）としていたが，母集団を推定するべくサンプルを収集・分析する性質の研究とは一線を画するものであることに意識的になり，サンプリング（Sampling）という表現をやめた。研究者が EFP として設定したありさまに至るプロセスをとらえる研究に，対象となる人びとを招き入れ，その枠組みで研究に参画いただくことへの配慮と敬意と自戒を込めて，ご招待（Inviting）という言い方に変更したのである。

　それでは，EFP が歴史的に構造化されている，とはどういうことなのだろうか。そこには，非可逆的時間の概念と文化的・社会的な背景文脈の観点が埋め込まれている。このことを考えるうえで，等至性（Equifinality）の概念の意義が浮き彫りになる。等至性の概念を下敷きにした TEA（当時は TEM）の開発は，ヴァルシナー（Valsiner, 2001）が，発達的・文化的事象に関する心理学的研究に組み込んだことに始まる。等至性の概念では，人間は開放系（オープンシステム）ととらえられ，時間経過のなかで歴史的・文化的・社会的な影響を受けて，多様な軌跡をたどりながらもある定常状態に等しく（Equi）到達する（final）存在（安田, 2005）とされる。「等しく（Equi）到達する（final）」とは，ある経験をした人びとが時間を経て同じような行動や選択や認識のありさまに至る，という意味である。言い換えれば，ある経験に関わり同様の行動や選択や認識のありさまに至った人びとを研究の対

象とするのであり，これがすなわち HSI である。等至性の概念は，研究目的に即して EFP として焦点をあてるある経験が，どのようなものであれ，非可逆的な時間と歴史的・文化的・社会的な諸力のもとでひとつのありさまとして実現された（構造化された）ものである，という理解を推し進めてくれる。そして，非可逆的時間と歴史的・文化的・社会的な諸力の存在を背景に，人の発達過程や人が自らの生を歩む過程にはそこここに，そうした，ある状況に関わりなりゆくありさまが潜在している，と言える。

2-2　EFP の表現の修正──当人にとっての実質的な展望

　HSI によって研究する対象に焦点をあて研究協力者を選定し，インタビューや観察などによりそのリアルな経験や現象をとらえれば，最初に設定した EFP とは異なるありさまが見えてくるかもしれない。たとえば，いかにして家業を継ぐ意思決定がなされるか，ということを明らかにしたいと考え研究目的を設定したとしよう。その場合まずは，EFP を「家業を継ぐことを決める」と置き，あわせて，EFP の補集合として概念化されているP-EFP に「家業を継がないことを決める」を置くとよいだろう。そうすると，「家業を継ぐことを決める - 家業を継がないことを決める」という軸（縦軸）ができる。言い換えれば，家業を継がない可能性もあるなかで「家業を継ぐことを決めた」その現実のありさまをとらえる下地ができたことになる。もっとも，「家業を継がないことを決める」という表現は「家業を継ぐことを決める」の補集合的表現であるがゆえに，その「（そうで）ない」ことの実質には「就職する」「起業する」「働かない」などさまざまなことがありうる。このことを念頭に置きつつ，暫定的に，P-EFP を「家業を継がないことを決める」として，「家業を継ぐことを決める - 家業を継がないことを決める」という軸（縦軸）を設定する。そして，非可逆的時間をもうひとつの軸（横軸）にし，いかにして家業を継ぐ意思決定がなされたのかをとらえていく。

　実際に語られたデータを分析するなかで，EFP として定めた「家業を継ぐことを決める」ことが，当人にとって，実のところ「家業のしがらみを引き受ける覚悟をする」選択であったことに気がつくかもしれない。あるいは，「家業を発展させる意欲をもつ」経験として焦点化するのが適切であると考

えるに至るかもしれない。そうすると，P-EFP もまたより適切な表現に変更することになる。「家業のしがらみを引き受ける覚悟をする」という EFP に対する P-EFP には，「自分らしい働き方をする決意をする」と置くのが適切であると考えるかもしれない。そして，「家業を発展させる意欲をもつ」という EFP に対しては，P-EFP を「まずは企業で力をつけることにする」と表現するのがより当事者の経験に即している，と考えるに至るかもしれない。このように，「家業を継ぐ - 家業を継がない」といった「ある - ない」の対によって EFP と P-EFP を設定することを皮切りに，分析をするプロセスで，当人の経験に照らして意味ある軸を設定していくのである。なお，この例は，EFP の検討→ P-EFP の検討，という流れによるが，P-EFP の検討→ EFP の検討，という順番で思考することもあるだろう。「そうでない」ありようを考えることは同時に，「そう」をあぶりだすことでもある。いずれにせよ，EFP をどのように設定するかの精査と P-EFP をどのように設定するかの精査を行き来しながら，当人にとって意味ある現実的な可能性の幅をとらえていく。なお，EFP と P-EFP とが，相対的な関係として位置づけられることもあれば，相補的な関係としてとらえられることもある。「家業のしがらみを引き受ける覚悟をする - 自分らしい働き方をする決意をする」という軸は相対的な，「家業を発展させる意欲をもつ - まずは企業で力をつけることにする」という軸は相補的な，設定の仕方であると言えるだろう。当人の経験に即してこそ，目標設定のあり方そのものにも多様性があることがわかる。

　このように，EFP と P-EFP の表現の仕方は，分析のプロセスで変化する可能性があるが，それは，データをもとに経験や現象を適切にとらえることができてこそ，である。

2-3　2nd EFP の描出──当人の未来展望

　さて，当然ながら，人の生は EFP では終わらない。語りデータをもとに分析するほどに，当人の次なる展望のようなものがとらえられることがある。さきほどの例で考えてみよう。家業を継ぐ意思決定がなされた後には，家業を継ぐことに付随して新たな展望が立ち上がってくる可能性がある。いかに

して家業を継ぐ意思決定がなされるのか，という研究者側の問いの枠組みでは決して見えてこなかった，EFP として焦点化した経験以後に生じる当人の展望が，とりわけ経時的に複数回インタビューをするなかでとらえられることがある。TEA では，描出した TEM 図を介して聴き手と語り手が対話し，過去−現在−未来を行き来しながら視点（view）を融合（trans）させることを通じて，可視化した径路の真正性を高めることが推奨されている。このことをトランスビューというが（サトウ・安田・佐藤・荒川，2011; 安田，2018），EFP として焦点化した経験以後に生じる当人の展望は，トランスビューの実践過程で，次第に明確になってくることでもある。その当人の次なる展望は，「経営の多角化に乗り出す」ことかもしれないし，「商品の絞り込みによりブランドを打ち出す」ことかもしれない。もしくは，「現状維持に努める」とする場合もあるだろう。こうした，当人の次なる展望には，2nd EFP という概念によって焦点をあてる。あわせて，2nd P-EFP についても検討するとよい。たとえば，「経営の多角化に乗り出す」に対する 2nd P-EFP を，「経営規模を縮小する」と表現できるかもしれないし，あるいは「新事業をひとつずつ増やす」と置くほうが当人の展望に即しているかもしれない。EFP と P-EFP を精査するのと同様に，2nd EFP の検討と 2nd P-EFP の検討を行き来しすりあわせながら，当人にとって意味ある展望の幅をとらえていく。

　研究目的のもと研究者目線で設定した EFP と P-EFP は，語りデータに即して当人の目線で検討・精査すれば，その表現の仕方が変わりうるのであり，それが EFP の表現の修正，である。一方，2nd EFP は，当人の目線でとらえられる EFP 以降の次なる展望・目的として描き出しうるもの，と理解するとよいだろう。こうしたことは総じて，ZOF の概念によって説明することができ，「目的の幅・範囲・領域」「目標の幅・範囲・領域」などという訳語があてられている。「目的」が成し遂げようと目指すことを意味し，他方で，「目標」は目的を達成するために設けられたある目印・道標のことを指すことを踏まえれば，いわば，研究者目線で設定した EFP と P-EFP により示されるありようを「目標の幅」と，そして，EFP 以降の当人の未来への展望としてとらえられる，2nd EFP と 2nd P-EFP により示されるありようを「目的の範囲」と整理することができる。なお，Zone of Finality

（ZOF）は，EFP の幅，あるいは EFP の範囲などと，EFP の概念を用いて訳語表記されてもきた。ここでは，EFP と P-EFP，そして 2nd EFP と 2nd P-EFP の時間的位置関係を含めて Zone of Finality（ZOF）という概念の意味と訳語を再定義するものである。詳しくは，略語一覧（xii ページ）もあわせて参照されたい。

2-4　Z-EFP の可視化——当人の EFP 以前の展望

　最後に，Z-EFP（有澤・川本・サトウ，2018）の説明をしよう。研究者が，EFP として焦点をあてた経験に対して，当人がそれ以前において，EFP と定められたものとは異なる展望をもっていた，という場合もあるだろう。先の例に即せば，結果として「家業を継ぐことを決め」た実現したリアルな歩みがあるのだが，それ以前にはむしろ，サラリーマンがいいと強く思っていたときがあったかもしれない。あるいは，芸術家になりたいと考えていたかもしれない。こうした，家業を継ぐこととはまったく異なる展望を過去にもっていたとすると，とる行動や選択，感じたり考えたりすることなども異なっていた時期があったことが推測される。一時点においてそのように思ったこともある，という程度のことではなく，それなりに長い間，あるいは／またそれなりの強さで，研究目的にかかわり，EFP とは異なるなんらかの展望をもっていた場合，それを Z-EFP として焦点化するとよい。つまり，「サラリーマンになろうと決める」，あるいは，「芸術家になりたいと考える」をZ-EFP の概念を用いて焦点をあてるのである。そうすれば，EFP として設定した行動や選択や認識のありさま——ここでは「家業を継ぐことに決める」——が，当人にとって，ある種の断絶となるような経験を経て生じたことが，可視化されることにもなる。そして，こうしたある種の断絶は，重要な BFP として描き出すことができるであろうし，時期を区分する画期点にもなりうる。そうすると，ラプチャーあるいは偶有性について，考察を深めていくことができるかもしれない。その際の自己内対話の様相を，対話的自己論を援用して探究することにつなげることが可能にもなる。また，TLMG の理論を用いた分析により，信念・価値観や PS との関連で検討を進めていくこともできるだろう。なお，そのある種の断絶は，特異な事象としてでは

なく，それを含む連綿とした人生のプロセス（径路）への理解を推し進める
ものとして可視化するものであることを，念のため確認しておきたい。すな
わち，Z-EFP を明らかにすることにより，当人が歩み進めてきたライフへの，
さらには，2nd EFP として焦点化しうる，当人の次なる展望への理解を促
進することにつながる。より具体的に述べれば，「サラリーマンになろうと
決める」という Z-EFP が，2nd EFP として焦点化しうる「商品の絞り込み
によりブランドを打ち出す」という堅実な姿勢と信念・価値観をいつにして
いることが認識されるかもしれないし，あるいは，「芸術家になりたいと考
える」という Z-EFP が，「経営の多角化に乗り出す」という広がる発想と
相関連するものであることがとらえられるかもしれない。もしくは，行動や
選択はもとより信念・価値観をも変容・維持させながら自ら築いてきた唯一
無二のキャリアへの当人にとっての意味づけを，より明確なものにすること
に役立つかもしれない。いずれにしても Z-EFP の概念は，研究者が研究目
的に即して EFP を設定・精査することにより，かえって見えなくなってし
まった――しかし重要である――当人の径路の一部分を可視化し，このこと
によりまた異なる観点から，当人の経験への理解を推し進めてくれる役割を
果たすものである。

引用文献

有澤晴香・川本静香・サトウタツヤ（2018）避難区域外での行動選択と支援に関する研究――福島県の住民の語りから．第 15 回日本質的心理学会発表．

サトウタツヤ・安田裕子・佐藤紀代子・荒川歩（2011）インタビューからトランスビューへ――TEM の理念に基づく方法論の提案．第 8 回日本質的心理学会発表．

Valsiner, J. (2001) *Comparative study of human cultural development*. Fundación Infancia y Aprendizaje.

安田裕子（2005）不妊という経験を通じた自己の問い直し過程――治療では子どもが授からなかった当事者の選択岐路から．質的心理学研究, 4, 201-226.

安田裕子（2017）生みだされる分岐点――変容と維持をとらえる道具立て．安田裕子・サトウタツヤ（編）TEM でひろがる社会実装――ライフの充実を支援する（pp. 11-25）．誠信書房．

安田裕子（2018）トランスビュー．能智正博・香川秀太・川島大輔・サトウタツヤ・柴山真琴・鈴木聡志・藤江康彦（編）質的心理学事典（pp. 173-174）．新曜社．

3章

TEM（複線径路等至性モデリング）と
人生径路，未来展望

サトウ タツヤ

3-1 TEM において人生径路を描く意味

　発達は時間を内包する概念であり，発達を描くことはプロセス（時間経緯）を描くにほかならないはずである。だが，それが実現しつつあるのは最近のことである。発達に関する心理学の歴史を繙く
<ruby>繙<rt>ひもと</rt></ruby>くなら，成人との比較のための比較心理学から始まり，子ども（児童）を研究するという意味で児童心理学と呼ばれていたこともあり，その後，青年期までを対象にする発達心理学となった。そして今では，老年期までを扱う生涯発達心理学が当たり前になってきた。つまり，人生をぶつ切りにして理解する発達心理学から，人生径路を理解する発達心理学へと変貌を遂げてきたのはごく最近なのである。

　さて，TEM の始まりは，"*Comparative study of human cultural development*" に掲載されていた 'equifinality in development'（Valsiner, 2001, Fig. 3.4, p. 62）を，お小遣い研究（高橋・山本, 2016; Takahashi & Yamamoto, 2020）で得たデータに適用しようとした筆者のアイディアに遡る。なお，equifinality はそれまで等結果性と訳されたりしていたが，安田裕子と筆者が「等至性」という訳を提唱し，今では質的研究において，ごく普通に使われる用語になっている。等至性という概念は，ベルタランフィ（Bertalanffy, L. von）のシステム論に由来するが，等しく至るという概念は，当然のことながらそれ以前には複数の径路が存在することが前提になっているとも言える。したがって，人生の径路の多様性を描く概念として等至性は適切

だったと言える。

　EFP に至るまでの径路が複数ありうるという複線性の概念に加えて，非可逆的時間の導入も重要である。時間を円環的にとらえることができないとは言わないが，TEM における時間は後戻りできないものとして仮定することにより径路の理解と記述を豊かにすることができたのである。また，人生径路における等至性を相対化する概念として生まれたのが「P-EFP」である（Sato, Yasuda, & Kido, 2004）。P-EFP によって何ができるようになったのか。まず，P-EFP を設定することによって，時間の次元に対するもうひとつの次元が明確にできるようになった。また，研究者は自身の研究の対象とする現象や経験を価値づけてしまいがちなのだが，それを相対化できるようになったことも重要である。

　このように，TEM が描く人生径路は，①等至性，②非可逆的時間，そして何よりも③時間の次元ともうひとつの次元（＝ EFP と P-EFP により規定される次元）の設定，ということによって豊穣化されている。

3-2　モデルなるものを考える

　TEM が描く人生径路はどのようなものか。モデリング＝モデルを作ること，であるから，人生径路に関するどのようなモデルを作ることができるのか，という観点から考えていく。

　モデルについて印東（1973）は「関連ある現象を包括的にまとめ，そこに一つのまとまったイメージを与えるようなシステム」であると定義した。やまだ（2002）およびやまだ・山田（2009）は，あるモデルの「まとまったイメージ」によって，それを見る人が新しいものの見方に導かれるような働きも重要であると考え，モデルを「現象を相互に関連づけ包括的にまとめたイメージを示すと共に，そのイメージによって新たな知活動を生成していくシステム」と定義した。このような定義であれば，理論という語を使ってもよさそうなものであるが，やまだ（2002, 2010）は理論という語よりモデルという語のほうが，より多様な目的，種類，水準を含むことができるのが利点だとして，理論をモデルの一種として扱う整理を行っている。すなわち，理論枠組みや原理を示すものは「理論モデル」である。そして，理論枠組みを

現実化・具体化して示すものを「具象モデル」,「理論モデル」と「具象モデル」の間にあるものを「半具象モデル」,実例や見本を例示するものを「事例モデル」と呼ぶ。

　この他にも生活・社会との関連でモデルについて考えるならさまざまな分類が可能である。ファッションモデルのモデルは,「理想型としてのモデル」である。分子モデルのようなものは「抽象成分としてのモデル」である。そして,プラモデルみたいなものはスケールを縮小したうえで多少のデフォルメを施して実物らしく見せる「ミニチュアモデル」である。また,夫婦ふたり子どもひとりのモデル家庭というような「平均像としてのモデル」もある。さらには,絵を描くときのモデルのような「素材としてのモデル」もある。

　なお,科学哲学者のワイスバーグ（Weisberg, M.）は『科学とモデル』(Weisberg, 2015) において,科学においては「具象モデル」「数理モデル」「数値計算モデル」が用いられるとして,解説を行っている。「具象モデル」は実際に物理的に作られるモデルであり,代表例として「サンフランシスコ・ベイモデル」がある。20 世紀中頃にサンフランシスコの巨大ダム工事計画の影響を調べるために作られた模型である。「数理モデル」は方程式で書かれるモデルであり,代表例として生態系の被食者と捕食者の数的関係を微分方程式でモデル化した「ロトカ・ヴォルテラモデル」がある。ロトカとヴォルテラという学者がそれぞれ執筆した 1920 年代の論文に由来する。「数値計算モデル」はアルゴリズムのかたちで書かれるモデルである。代表例として「人種隔離シミュレーション」がある。これは 2005 年にノーベル経済学賞を受賞したシェリング（Schelling, T. C.）によって提唱されたものである。

　またロボティクス研究者として人工知能研究と認知科学研究を架橋している谷口 (2020) は『心を知るための人工知能』において,外界から独立に存在し自らの外界環境について認識することもない人工知能システムではなく,人間や他の生体のように「認知的な閉じ」＝「自らの感覚運動系に閉じていること」をもつ認知システムを作るためのモデルのあり方を提示している。「認知的な閉じ」とは生物学者ユクスキュル（Uexküll, J. von）の言う環世界をもつこととも言えるだろう。谷口 (2020) は,反証可能性をもつことが最低限の要求であるとして,「言語によるモデル」「図式的なモデル」「シ

ミュレーションによるモデル」「ロボットというモデル」がその要求を満た
しうるものだとしている。ロボットとは，感覚器と運動器を備えた計算機で
あり，身体をもった計算機である。「認知的な閉じ」をもつ認知システムを
創造したとして，それが妥当かどうかを確かめることができるのは，ロボッ
トというモデルなのだ，と谷口（2020）は主張する。

　ここまで見てきたようにモデルなるものが含意することは多様であること
がわかる。以下ではモデルを作るということ＝モデリングという営みについ
て考えていきたい。

3-3　モデリングということを考える──あるいは英語の ing 考

　TEM は Trajectory Equifinality Model（複線径路等至性モデル）という
名称だったものを Trajectory Equifinality Modeling（複線径路等至性モデ
リング）に改称したのであるが，両者の違いはどこにあるのだろうか。具体
的には，モデルとモデリングにはどのような意味の違いがあるのだろうか，
ということである。

　「モデル」という語にはできあがったものというニュアンスがある。「モデ
ルを作る営み／プロセス」を強調するためには「モデリング」が適切なのだ
ということである。英語の語尾の ing は「動名詞」という文法用語で習った
人が多いと思うが，ここではもう少し動態的なニュアンスで ing について解
釈していく。

　ブルーナー（Bruner, J. S.）はナラティブを「私たちが自分や他人の生の
あり方を秩序づけ意味づけする行為」であるとした。ここで意味づけは
Meaning である。彼はその著書 “*Acts of Meaning*（意味づけの諸行為）”（邦
題『意味の復権』）において，ひとの心理学（Human Psychology）の中心
には，意味づけと「意味を構築する過程（process）と行融（transaction）」
がある，とした（Bruner, 1990, p. 33）。ここでブルーナーがあえて「ひとの
心理学」と言っているのは，動物の一種としてのヒトではなく，文化のなか
で育つ主体としての「ひと（Human）」を対象にする心理学も重要だという
ことを主張したいからである。

　さてここで，Meaning の意味をどうつかむかということを考えてみよう。

Meaning を意味と訳してしまうと Mean とどう違うのか，ということになるので，Meaning は意味づけと訳す必要がある。この ing が「づけ」と訳されていることについて，多くの人はあまり注意を払っていないように筆者には見えるのだが，これはかなり重要なことだと思う。一般の語彙である Name で考えてみよう。Name は名であり，ing がつくと名づけとなる。心理学においてなじみの用語に条件づけという語がある。これは Conditioning の訳である。Condition は条件，ing がつくと条件づけ，つまり，ing=づけ，なのである。Naming にせよ，Conditioning にせよ，そしてもちろん Meaning にせよ，過程を表しており，また，その産物を表していることがわかる。このことについて，過程である「名づけ」とその産物である「名」の例で見ておこう。筆者は大学院時代に叔母の家に下宿していたのであるが，そこで飼われていた犬の名前がアルミミィというものであった。誰もがその名前の由来を知りたくなると思うが，名づけ主は従姉妹であった。彼女が「耳があるからアルミミィ」と名づけたのである。他にも山のように（変な）候補があったのだが，そのなかから「アルミミィ」を選んだのだという。つまり，変な名が使われるのは変な名づけがあったからである。名づけ（Naming）という過程の結果として産物としての名（Name）がある。そして他者は名づけのプロセスではなく成果物である名と接することになる。

　ing がづけと訳されているのであれば，新たに出会う英単語にもこのルールを適用することで訳語を決定することができそうである。最近，*"Deep experiencing: Dialogues within the self"* という本が出版された（Lehmann & Valsiner, 2018）。Experiencing という語は日本人にとって，あまり見かけず非常に訳しづらい語であるが，ing の動態的なニュアンスをくみとってみよう。おそらく，自分が体験したことを経験レベルに落とし込むようなそういうダイナミックなプロセスを Experiencing で表しているのではないかと考えることができる。また，ing をづけと訳すというこれまでの知恵を援用するならば「経験づけ」という訳を提案することができる。経験づけとは変な語感かもしれないが，エクスペリエンシングとするよりはよっぽどよいであろう。経験化でもいいかもしれないが，少しダイナミックさに欠ける。かくして，Deep experiencing は深い経験づけと訳されることになった。

　さて，Lehmann（2017）はその前の年に *"Deep feelings in actions:*

Where cultural psychology matters" という本も出版していた。ここで
Feeling は感情と訳されたりフィーリングと音訳されたりしているが，
emotion や affection のような似ている語との訳し分けが難しいと感じる日
本人は少なくないだろう。だが，ing の動態的なニュアンスをくみとるなら，
感情に落とし込むというニュアンスをつかむことができるのではないだろう
か。emotion は動き（motion）に向かう（e）ものだから情動という訳がふ
さわしいが，そうした情動とは異なり，自分なりに感情に落とし込むという
プロセスが Feeling なのかもしれない。そして，これを感情づけと訳しても
よいのかもしれない。

　また，最近はソーシャル・ディスタンシングという語が席巻しているが，
社会的距離を取る行動をすることで，社会的距離を確保するのがソーシャ
ル・ディスタンシングであり，ここでも過程と結果が含まれている。ちなみ
にここでいう社会的距離は，プロクセミクス（心理学・行動学の一部）のも
のであり，社会階層間の距離のようなものではない。

3-4　TEM で作るモデルの意義

　TEM（複線径路等至性モデリング）のモデリングによって作られるのが
TEM というモデルであるということ，モデリングの語尾の ing の感じにつ
いて理解できたうえで，最後に TEM が作るモデルの内容についていくつか
の側面から考えてみたい。

　まず TEM は，素材としては実際の生活の観察や人生についての語りを用
いるのであるが，できあがったものは，モデルであり一定の抽象性をもつこ
とになる。BFP と EFP をパーツとして複線径路を描くのが TEM の根幹だ
が，人が複数の選択肢のうちどの選択を現実化したのかを可視化することが
できる。実現しなかったことも描くことが可能である。そして BFP で働く
力として，SG と SD という異なる力を可視化する。また，人生径路におけ
る判断に焦点をあてようとするなら，力として描くよりも BFP における自
己内対話や想像力／構想力を描くということにすることも可能である。

　そして，TEM の特徴のひとつは，研究者が EFP として設定したことを
語る人をご招待して話を聞いたり，EFP として設定した現象に至るまでを

観察することによって，事実上どのようなことでも研究してモデルを描くことができるようになっていることである。ただし，研究者が設定したEFPは研究者の関心・興味を反映しているにすぎないので，ご招待されてそれを話してくれる人にとって最重要であるとは限らない。たとえば，研究者が，大学中退を防ぎたいと思って「EFP＝大学中退」と設定してTEMでモデルを作ろうとする場合，調査に応じてくれる人にとっては，中退までのプロセスよりも，中退の後に何をしたのか，どのような展望をもったのか，どのような後悔をしてどのように乗り越えたのか，というようなことのほうが，はるかに重要であり語りたいことであったりもする。そのような場合に有効なのが2nd EFPという概念である（2章2-3節参照）。あるいは，EFP以前にもっていた展望（たとえば「大学卒業」ではなく「地球上のさまざまな人に出会ってネットワークを築く」）のほうが重要だという場合もありうる。そのような場合に有効なのがZ-EFPという概念である（2章2-4節参照）。2nd EFPやZ-EFPという概念を組み込むことで，より本人目線のモデルを描くことができるのが，TEMの強みでもある。なお，多くのTEMは人間を対象にしているが，開放系（オープンシステム）であれば人間でなくても構わないことを再び強調しておきたい。家族や合唱部のような組織・集団であっても適用が可能である。

　また，TEMが描くモデルについて考えるときには，その目的について分類することもできる。「本人（当事者）のためのモデル」と「支援者のためのモデル」である。たとえばパラアスリートの人生径路を描く際に，今後パラアスリートを目指す人のためのモデルと，わが子や学生がパラアスリートを目指す際にどのように支援するかを考える人のためのモデルとでは少し目的が違うため，実際にできるTEMもテイストが違ってくることだろう。このように考えるなら——TEMに限ったことではないが——異なる人が似たようなテーマについてTEMを用いた研究をしたとしても，できあがったTEM図は常に同じようなものにならないことに注意が必要である。さらに言えば，同じものができないからといって客観性や妥当性がないということにもならないはずである。それぞれに真正性が求められるのみである。

　筆者は，TEMとは似顔絵のようなものだ，と考えている。似顔絵の作風はそれぞれ異なる。線画で勢いよく描くものもあるだろうし，絵筆を使った

ほんわかしたものもあるだろう。そして，同じ作風であっても描かれる人が
違えば違う似顔絵になる。TEMも作風と対象のトランザクション（trans-
action）なのであり，トランスビュー（Trans-view）と呼ばれる3回以上の
やりとりの末に描いたTEM図を，研究者はもちろんそのTEM図を描かれ
た人も気に入ってくれれば素晴らしいことである。実際，描いたTEM図を
ずっともっていたい，と言われた研究者も何人かいる。「今後何か挫折があっ
たときにも，この自分の人生径路を見て乗り切りたい」。このように言って
もらえるTEM図を描けるのであれば，TEMを用いた研究者個人にとって，
これに過ぎる喜びはないであろう。

引用文献

Bruner, J. (1990) *Acts of meaning*. Harvard University Press.［ブルーナー，J.　岡本夏木・
　　仲渡一美・吉村啓子（訳）（2016）　意味の復権（新装版）．ミネルヴァ書房．］
印東太郎　（1973）　モデル構成（心理学研究法17）．東京大学出版会．
Lehmann, O. (2017) *Deep feelings in actions: Where cultural psychology matters*. Springer.
Lehmann, O., & Valsiner, J. (2018) *Deep experiencing: Dialogues within the self*. Springer.
Sato, T., Yasuda, Y., & Kido, A. (2004) Historically structured sampling (HSS) model: A
　　contribution from cultural psychology. the 28th International Congress of Psychology
　　(Oral Presentation at the Symposium). Beijing, China. 12th August.
高橋登・山本登志哉（編）（2016）　子どもとお金——おこづかいの文化発達心理学．東
　　京大学出版会．
Takahashi, N., & Yamamoto, T. (Eds.) (2020) *Children and money: Cultural
　　developmental psychology of pocket money*. Information Age Publishing.
谷口忠大　（2020）　心を知るための人工知能．共立出版．
Valsiner, J. (2001) *Comparative study of human cultural development*. Fundación Infancia
　　y Aprendizaje
Weisberg, M. (2015) *Simulation and similarity: Using models to understand the world*.
　　Oxford University Press.［ワイスバーグ，N.　松王政浩（訳）（2017）　科学とモデ
　　ル——シミュレーションの哲学入門．名古屋大学出版会．］
やまだようこ　（2002）　現場心理学における質的データからのモデル構成プロセス．質的
　　心理学研究，*1*，107-128.
やまだようこ　（2010）　モデル生成と分析法．やまだようこ（編）　この世とあの世のイ
　　メージ（第3章，pp. 57-95）．新曜社．
やまだようこ・山田千積（2009）　対話的場所モデル．質的心理学研究，*8*，25-42.

4章

TLMG（発生の三層モデル）
価値と行為を媒介する記号の働きに注目する

サトウ タツヤ

4-1 TLMG の誕生

　TLMG は，主体の自己のモデルであり記号の発生について扱うものである。ここで主体とは，個人のみならず家族や団体など，TEA が扱う開放系（オープンシステム）のことを指している。TLMG の目的は，BFP で生じる径路の選択プロセスにおいて，3 層間の動的な記号の働きをとらえることで，個人の自己変容や行動変容を記述することにある（1 章参照）。

　TEM と HSI（HSS から変更）は，TEA の発展史上，その初期から存在していたが，TLMG はやや遅れて現れた。そのきっかけになったのは，ヴァルシナーが 2007 年に来日したときに開催された研究会（於：神戸大学）で発表した松本佳久子の研究「少年刑務所での音楽療法の実践——意味生成過程としてのグループセッションの変容」であった（表 4-1）。

　このときの本人（松本：私信）の回顧によると

　　「少年刑務所のグループ（実践：筆者補）の導入部分として行ったアンサンブルのドラムを無心に演奏している活動では，まさに TLMG の Process of AKTUALGENESE（実＝現のプロセス：筆者補）の状態にあり，その後，音楽を媒介とした語りを通じて次の層へと移行していくのだと（ヴァルシナーが：筆者補）解説してくださったように記憶しています」

とのことであった。

表 4-1　初めて TLMG が TEM に組み込まれた研究会のプログラム

日　時：2007 年 8 月 13 日（月）14：00〜17：00
場　所：神戸大学滝川記念学術交流会館小会議室
話題提供 1　Jaan Valsiner（Clark University）
　WHY DEVELOPMENT（IN PSYCHOLOGY）CONSTANTLY DISAPPEARS?
　　「心理学における発達の消滅？」
話題提供 2　松本佳久子（奈良市社会福祉協議会）
　少年刑務所での音楽療法の実践——意味生成過程としてのグループセッションの変容

　つまり，松本の発表に対してヴァルシナーが自ら TLMG を用いて解説したことが発端である。この研究会を契機に TLMG を TEM と融合させる取組みが進み，TEM を冠した最初の本『TEM ではじめる質的研究——時間とプロセスを扱う研究をめざして』（サトウ，2009a）においては，TLMG の解説（サトウ，2009b）が掲載されたうえで，松本の研究も掲載された（松本，2009）。この書のなかで松本の研究は TEM 図を使わないという意味でマイノリティであり「アウェー感がある」ものであったが（本人後日談），これ以降は TLMG を用いた研究が増え始め，ひとつの潮流となっていく。TEM 第 2 弾本『TEM でわかる人生の径路——質的研究の新展開』（安田・サトウ，2012）においては廣瀬（2012）が TLMG を取り入れた研究を執筆しており，そのなかで価値変容点という概念を提唱した。

4-2　TLMG とは何か

　TLMG は，もともと，開放系（オープンシステム）としての生体が情報の内化と外化を行いながら変容していくさまをとらえるためのモデルである。モデルとしての TLMG は，3 階建て家屋のようなものを想像してもらえばよい。第 1 層はアクティビティが発生する個別活動レベル，第 2 層はサインが発生する記号レベル，第 3 層はビリーフが発生する信念・価値観レベルである。フロイト（Freud, S.）の無意識のモデルが海の氷山をモチーフとしているのに対して，TLMG は地上の建造物をモチーフにしているということである（TLMG は富士山のような山をメタファーにする場合もある）。

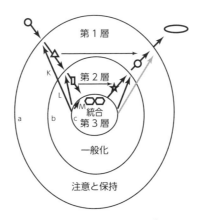

図 4-1　初期の層的モデル
（Valsiner, 1997）

　この 3 層のモデルは 1997 年（Valsiner, 1997, Fig. 8.1, p. 305）に遡る（図
4-1）。当時，母子のコミュニケーションの発達心理学的研究をしていたヴァ
ルシナーは，「人間の心はどのようにして社会的であると同時に個人的であ
ることができるのか？」について関心をもち，ボールドウィンの社会発生的
（socio-genetic）理論（Baldwin, 1894）を手がかりにしつつ，レヴィン（Lewin,
K.）の同心円モデルを参考に情報の内化と外化のモデルをつくった（Valsiner,
2007, p. 345）。

　母子コミュニケーションを子どもの視点から見てみると，母親の言葉など
社会の情報が内化していくのだが，それがそのまま内化することはなく，時
に遮蔽されたり時に変容したりして「心理-内（intra-psychic）」に到達す
るというプロセスになる。このモデルでは第 3 層に到達するまでに 3 つの境
界域を越えていく必要があることになる。情報の外化についても同様で，子
どもから社会への情報の外化は，変容を受けたり遮断されたりするというの
である。こうしたモデルを仮定することで，同じ社会にいる個人が，ある程
度似たように社会化されるものの，個人ごとに多様性があることを説明でき
るようになったとヴァルシナー（Valsiner, 1997）は考えたのである。

　図 4-2 は『新しい文化心理学の構築──〈心と社会〉の中の文化』に掲載
されている心理の内界に関する層的モデル（laminal model of the intra-

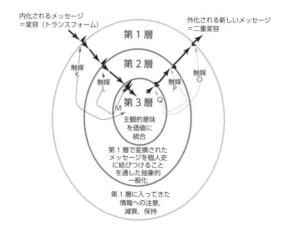

図 4-2　心理の内界に関する層的モデル
（Valsiner, 2007）

psychological world）である（Valsiner, 2007, p. 342; 訳書 p. 427）。

　この層的モデル（図 4-2）において，ヒトなどの生体とその環境は，完全に分離するとは考えられていない（包摂的分離）。もちろん，ヒトと環境は物質レベルでは分離していると言えなくもない。ヒトが自分にとって外部環境であるリンゴの木に触れたとき，そのリンゴの木が身体の一部に溶け込んでいくようなことはないし，その木から手を離すことも簡単にできる。つまり，ヒトとその外部環境であるリンゴの木が一体化し続けるということはない。

　一方で，心理レベルを考えるとそれほど単純ではない。TEA の理論的基礎はヴィゴツキー（Vygotsky, L. S.）に由来する文化心理学であり，人と対象を媒介する機能をもつものとしての記号を重視する文化心理学（記号論的文化心理学）である。文化は記号作用を媒介として個人に属するというのがヴァルシナーの考え方の基本である。

　遠くに何か赤い物が見える。近づいてみたらリンゴだったというとき，私たちはある物の存在を認識した後，リンゴだと判断する。ただし，リンゴを食べたことがなければそのような判断はできないはずである。そこには経験に基づく記号の働きがある。また，哲学者カント（Kant, I.）のコペルニク

ス的転回で知られる「認識が外界にしたがうのではなく，外界が認識にしたがう」というテーゼとも合致する。

　個人間の音声言語コミュニケーションでも同様で，単なる音声がカテゴリー化されて自分が理解できる言語の単語となり，その意味を理解して，何らかの反応をするということになる。「いつもの店に行こうよ」「うんいいよ」であったり，「この後ザギンでシースーね（銀座に寿司を食べに行こう）」「ケーオツ（OK）」であったりといった会話が成り立つのも，いくつかのプロセスを経ているのだが，そうしたプロセスを情報の内化と外化のモデルはすべて説明することができる。また，間違って理解されたり，あるいは理解できない／されないプロセスも説明できる。つまり，「メッセージや情報など何か」が内化するためには，第 1 層と第 2 層を通り抜ける必要があることが示されており，外化もまた同様である。

4-3　二分法の排除──境界域（Boundary）の意義

　ヒトと環境の関係は physical（物理的・身体的）には切り分け可能であるが（完全分離または排他的分離），心理的にはそのように考える必要がない。むしろ内と外を分けて分析することには限界があり，分かれてはいるが重なりのある関係を包摂的分離として考えるべきであろう。排他的分離──内と外が境界線というもので完全に切り分けられて互いに重なりのない排他的なものだとする考え──ではなく包摂的分離ということを考えるためには，境界域（Boundary）概念が必要であり，これまではこうした境界域という概念がないことが問題だった（Valsiner, 2007, p. 342）。

　なお，お気づきのように私たちは『新しい文化心理学の構築──〈心と社会〉の中の文化』を訳出するにあたって Boundary という英単語を境界域と訳しているが，それは境界という語が境界線という語に近い意味で使われることが多いからである。そもそも界は線ではないのだが，幅・面積・体積をもつものとしての Boundary を強調するために境界域という訳語を選んでいる。また，図 4-2 のモデルは情報の内化と外化のプロセスに関する構造を示したものである。図そのものは静態的なものなのだが，メッセージの移動が矢印で示してあるので，情報の内化と外化のプロセス（時間的経緯）を読み

取れるようになっている。ただし，それぞれの層などは実体として不変のものではなく，構成的なものだととらえる必要がある（すべてが常に変化・変容しているものだということである）。

　外界のメッセージは3つの境界域を経て第3層に到達することが可能だが，それぞれの境界域に阻まれる可能性もあるし，阻まれないまでも何らかの変容が生じる可能性もある。ここでは境界域は細胞膜（Membrane）のような働きをするものとして想定されている。そして，それぞれの境界域では，固有の触媒が働くことによって化学的反応を起こしながら情報が内化していく。ちなみにヴァルシナーはこのモデルに限らず直線や滑らかな曲線を用いることを嫌う傾向にある。幅のある線で，しかもギザギザした感じ，凸凹した感じの線を用いて描くことを重視しているのである。

　この図でメッセージとして記述されているものは，言語コミュニケーションにおける言語（音声または文字）であるかもしれないし，非言語コミュニケーションにおける身振りや表情であるかもしれない。いずれにしても，メッセージそのものが，そのままストレートに何の変容もなく心的な内界（intra-psychological world）に届くということは想定されていない。3つの境界域を経ることで何らかの変容が起きるとされているのである。最初の境界域を経て入ってきたメッセージは第1層の膜によって，いわば，篩(ふるい)に掛けられる。注意が与えられず減衰する場合もあれば，注意を与えられて保持されて次の境界域へと進む場合もある。そして第2層ではメッセージが特定の個人の歴史（個人の生きざま）と結びつけられることになる。この第2層においてこそ記号が働くことになる。さらに境界域を経ることにより第3層へと到達したメッセージは，すでに形成されている個人の価値に統合されることになる。場合によっては価値を揺るがせ既存の価値を変える場合があるかもしれない。そして，第3層にまで達したメッセージは，ときに心的な内界に何らかの影響や変化を与え，やがて外化していくのであるが，そのときもメッセージは3つの層を経て何らかの変容を施される可能性がある。

　この図4-1のモデルで考えれば，個人の外から届いたメッセージがそのまま内化し，またそのまま外化して出ていくというのはきわめてまれなケースである。おそらく，ある種のウワサのように，聞いた瞬間に他人に伝えたくなるようなものだけであろう（「お隣の奥さん！　コロナ禍でマスクが品薄だ

からトイレットペーパーも品薄になるかも！」「え,そうなの！　ありがとう！
私もご近所さんに伝えるわ」というような類いのメッセージである)。

　大きな流言になるような「聞いた瞬間に,確かめもしないで正しいと思っ
て他人に伝えたくなるようなメッセージ」は,(影響を受ける人の数は多いが)
種類としては少ない。コロナ禍においては「10秒間息を止めて何もなけれ
ば感染していない」というようなメッセージがSNSを通じて拡散されたこ
とがあったが,こうしたものは実はまれなのである(心理学者オルポート
(Allport, G. W.)によれば,重要で曖昧な事象に関する情報はウワサになり
やすいとのことである)。そして最も重要なことだが,多くの情報は第1層
にすら入ることなくまったく内化されないものであり,たとえその境界域を
突破しても第1層で注意を与えられなければ,減衰して第2層に達すること
もないのである。

4-4　TLMGとTEMの接点

　図4-1の情報の内化と外化に関する層的モデルは,TEAを構成する重要
な理論のひとつであるTLMGとしての地位を与えられて位置づけられ直し
たのだが,これにはどのような意義があるのだろうか。

　TEMの起源はヴァルシナーの「発達における等至性」というモデル
(Valsiner, 2001, p. 62)であった(図4-3)。図4-2と図4-3はヴァルシナー
のなかでは結びついていなかった。これらふたつの図において記号がどこで
機能するのかについての記述もなかった。その後,図4-3のダイアグラムに

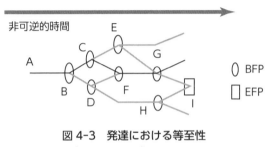

図4-3　発達における等至性

(Valsiner, 2001)

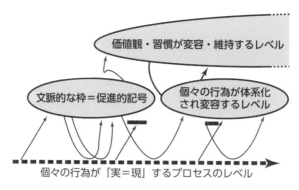

図4-4　記号の働きが明確化されたTLMG
（サトウ，2015）

　おいては，BFPでPS（またはIS）が機能するとされた。また図4-2「心理の内界に関する層的モデル」については，より記号の働きに焦点をあてた図式も用いられるようになった（図4-4；サトウ，2015参照）。図4-4の横から見たTLMGでは記号が第2層に位置づいている。TEM（図4-3）ではBFPにおいて，TLMG（図4-4）では第2層において，それぞれ記号の働きが現れるということが明確になったことで，このふたつの図の関係性が明確になったと言える。

　以下では，具体的にTEMとTLMGを接続した論文をふたつ紹介する。TEMとTLMGの接続のさせ方にはふたつのタイプがある（安田，2018）。それぞれについて紹介していく。

　TEMのダイアグラムを描くことを基本にして，TEMでとらえるさまざまな出来事を個別活動レベル（第1層）で描き，BFPによって画期される時期区分を記号レベル（第2層）で表現し，信念・価値観レベル（第3層）でも変容が起きたことを可視化したのが，豊田（2015）の研究である（図4-5）。この研究は社会科学の大学院（ビジネススクール）に入学した社会人23名のキャリアの人生径路について扱っている。

　TEMでとらえる出来事はTLMGにおける第1層レベルのことであり，BFPとなる出来事は記号が発生するとともに時期を区分することができるような出来事であるから，BFPで時期区分を行い，それが第2層に表現さ

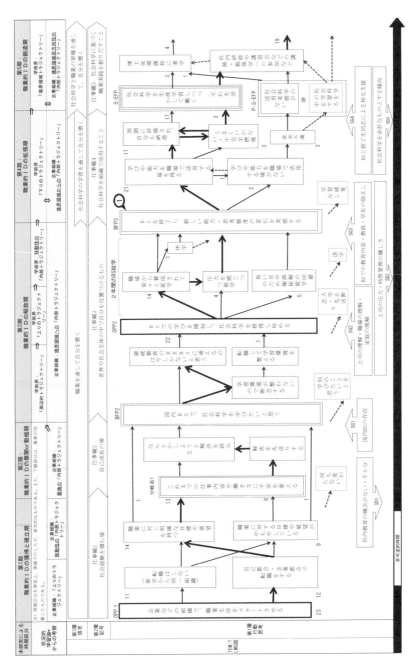

図 4-5　豊田 (2015) による TEM と TLMG の融合のかたち

れている。具体的には「職業を通して自分を磨く」という信念をもつ人が企業などに入職し，「仕事は社会経験を積む場」として日々の仕事に従事している。職業に対して明確な目標をもてる人ももてない人もいるが，やがて「これまでの仕事内容や働き方に不安を覚える」ようになり，これが BFP となり記号が発生し，次なる時期区分「仕事は自己成長の場」に移行する。こうして何度かの BFP を経て仕事観も変遷し，信念自体も「社会科学と職業の架橋を通して，自分を磨く」というものへと変わっていった。つまり，この研究では記号のレベルが時期区分のあり方とリンク（連結）していることを表現しており，第3層である信念・価値観のレベルが結果的に変容したことを可視化している。TEM のダイアグラムだけを描いていたのではこうした第3層の変容をとらえることは難しかっただろう。

　一方で，TLMG の3層の立体感のなかに TEM 的なプロセス記述を埋め込んだのが，上田（2013）の研究である（図 4-6）。保育園における子どもたちのいざこざに保育士がどのように関わるのかを扱ったものであるが，この研究で対象となった保育士は「いざこざは感情解放の場であり，経験して

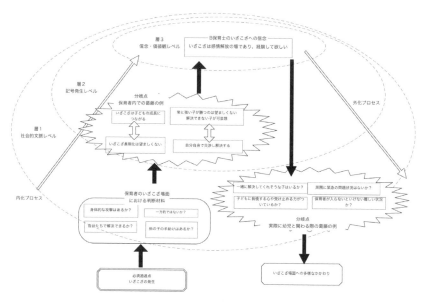

図 4-6　上田（2013）による TEM と TLMG の融合のかたち

欲しい」という価値をもっていた。子ども同士でいざこざが起き，それを保育士が認知するのは第1層の個別活動レベルである。いざこざがすぐに終われば第1層でおさまり何もなかったことになるが，いざこざで身体的暴力が生じたり（暴力が生じないまでも）一方的な展開になったりすれば，何らかの対処の可能性もあるから第2層へと情報が内化する。第2層では今回のいざこざの当事者についての文脈的な枠づけが行われ記号が発生する。ここで文脈的な枠づけとは，当該当事者の個人史やいざこざ歴などのことである（たとえば，いつも問題を起こすヤツだ，とか，腕力が強いヤツだ，とか，口が達者なヤツだ，とかである）。なお，この保育士の第3層の信念・価値観レベルは「いざこざを経験して欲しい」というものであるから，基本的には即時介入ということにはならない。第3層の価値を経由して，有効な対処についてあれこれと思いを巡らせながら第2層を経由して第1層で，具体的に対処が行われることになる。他の価値をもつ保育士，たとえば「いざこざはまったくよくない」という価値をもっている保育士であれば，すぐに介入することになるだろう。

　TLMG の構造と情報の内化と外化プロセスの同時提示をすることにはどのような利点があるのだろうか。当該保育士の対応が，「いざこざ→対処」という反射的なものではなく，それまでの子どもたちのことを文脈的に枠づけ，また自身の信念を参照しながら対応しているということが理解できることが利点ではないだろうか。

　ここで紹介した豊田（2015）と上田（2013）の研究は，いずれも具体的な行為を非可逆的時間のなかで記述する TEM を用いつつ，それがどのようなメカニズムで生起したのかについて，個別活動－記号－信念・価値観の3つの層による TLMG に位置づけているところに意義があり，TEA がもつ包括性を感じられる研究例となっている。

4-5　TLMG の文化心理学的な意義

　さて，私たちの日常生活においては，（TLMG の3層とは異なり）行為と価値が直結したモデルで考えられているように思われる（いわば，二層モデルである）。この行為－価値の二層モデルでは行為が価値を直接反映するこ

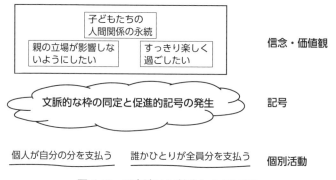

図 4-7　お小遣いに特化した TLMG
（サトウ，2019 を著者一部改変）

とになる。このモデルにしたがうなら，行為を知ることがすなわち価値を知ることになる。そのため，自分からみて好ましくない行為をする人は好ましくない価値（観）をもっていると想定することになりがちである。行為-価値の二層モデル（もしくは行為が価値を直接反映するというモデル）とTLMG という三層モデルのどちらがより正しいのだろうか。

　筆者がかつて行っていたお小遣い研究プロジェクトの成果（高橋・山本，2016; Takahashi & Yamamoto, 2020）をもとに例を出してみよう（図 4-7）。子どもたちが一緒におやつを食べに行ったときに，誰かひとりが全員分を支払うという行為は，日本では「おごり」であるとして禁止されることが多い。ところが，韓国では誰かひとりが全員分を支払うという行為を「おごり」という言葉で表すことはなく，全員分（お菓子を）買う，という表現となる。

　複数の人が一緒におやつを食べる状況で，誰かひとりが支払いをする習慣をもっている国から来た人が，それぞれの人が支払いをする習慣をもっている国に来たらどうなるか。

　韓国から日本に来た大学生 A さんが，日本の大学生数人と食事に行き，A さんがその支払いをすべて行うと申し出たら日本人の大学生はどう反応するだろうか。おそらく，「それはできない」とか「割り勘にしよう」と言うだろう。それでも A さんは全員分を支払うと主張している。こうしたとき，「支払い」は「行為」であるが，単に行為だけが自分と違っているとは考えられず，何か自分とは考えが違う人だ，価値観が違う人だ，と思うのではな

いだろうか。

　ある状況で自分と異なるやり方をする人と対面したとき，私たちはその人のことを，自分とは価値観が違う人だ，とラベルづけしがちである。その理由は，似たような状況で自分ならしないことをしているから，である。つまり，行為から価値観を直接的に類推してしまっているのだが，これは「行為が違う人は価値観が異なる」という行為 - 価値直結の二層モデル（行為が価値を直接反映するという仮説）が背景にあることは明らかである。このモデルにしたがえば，ある状況で自分がしないことをする人は自分とは価値観が異なる人であり，ゆえにわかりあえない人ということになる。

　だが，こうした行為 - 価値直結の二層モデルこそが問題なのではないだろうか。三層モデルである TLMG の出番である。つまり，行為と価値を記号が媒介するという三層モデルによって，行為 - 価値直結モデルの問題点を回避できる可能性がある。

　今あげた例では，韓国の人は，誰かひとりが支払うことは，また同じメンバーで集まって次に誰かが支払うということを暗示するから，人間関係を長く続けたいという価値の表れなのである。一方で，日本の人は，皆が同じ金額を支払うことによって次に集まることができるし，そのときもまた割り勘にすればいいということを暗示するから，これまた人間関係を長く続けたいという価値の表れなのである。

　TLMG によれば，何人かで食事をするという状況で，異なる PS が発生するから，異なる行為が生じるという説明が可能になる。PS は場における行為をガイドするものであるから，その場でふさわしい行為の幅を規定するものなのである。その行為の幅が，国や文化によって異なるから，行為も異なるのであり，背景にある価値は決して異なるものではないと理解することが可能になる。

　そもそも日常生活においては価値という語の範囲がすこぶる広い。だからこそ，すぐに他人のことを「自分とは価値観が違う人だ」と決めつけたり，「あの人の価値観にはついていけない」などという話になりやすい。だからこそ，価値という語の使用は慎重にする必要があるし，行為と価値を記号が媒介するという TLMG の「価値」が高まるのではないかと考えられる。

4-6　価値と信念──「価値の違い」を乱発しないために

先に示した支払い場面で，誰かひとりが払おうとすると，他の人が「それはよくない。割り勘で」などと言うことはよく見聞きする。逆に，割り勘で計算しているところに，「今回は私が全部払うよ」というようなことで割り込んでくるというようなこともあるだろう。

このとき，価値観と行為が直結しているモデルに依拠すれば，行為の違いは価値観の違いをストレートに表していることになるから，行為が異なる人とは価値観が異なることになり，理解しあえないということになる。特に，異なる国や文化に属する人たちがこのような行為 - 価値直結モデルにしたがって解釈しあうと，○○国の人とは価値観が相いれないというような話に簡単に結びついていってしまう。排他的分離の関係が強められてしまいかねない。そうであれば，行為 - 価値直結モデルではないモデルが求められているのではないだろうか。

さまざまな状況において，自分が理解できない行為を相手がしたときに，価値観に直結させる必要はない。行為と価値の間に記号の層があるというTLMG に基づく人間理解をすることにより，記号の違いが行為の違いを引き起こしているにすぎず，価値は変わっていないのだという確信をもつことができるようになるはずだ。TLMG にはそうした機能もあるように思える。

引用文献

Baldwin, J. M.（1894）Personality-suggestion. *Psychological Review, 1*, 274–279.

廣瀬眞理子（2012）　ひきこもり親の会が自助グループとして安定するまで．安田裕子・サトウタツヤ（編）　TEM でわかる人生の径路──質的研究の新展開（pp. 71-87）．誠信書房．

松本佳久子（2009）「大切な音楽」を媒介とした少年受刑者の語りの変容と意味生成の過程．サトウタツヤ（編）　TEM ではじめる質的研究──時間とプロセスを扱う研究をめざして（第 4 章第 2 節，pp. 101-122）．誠信書房．

サトウタツヤ（編）（2009a）　TEM ではじめる質的研究──時間とプロセスを扱う研究をめざして．誠信書房．

サトウタツヤ（2009b）ZOF による未来展望・記号の発生と「発生の三層モデル」．サトウタツヤ（編）　TEM ではじめる質的研究──時間とプロセスを扱う研究をめざして（第 4 章第 1 節，pp. 92-101）．誠信書房．

サトウタツヤ　(2015)　複線径路等至性アプローチ（TEA）．安田裕子・滑田明暢・福田茉莉・サトウタツヤ（編）　TEA——理論編（pp. 4-8）．新曜社．

サトウタツヤ　(2019)　お小遣いから見る文化／文化から見るお小遣い．木戸彩恵・サトウタツヤ（編）　文化心理学（第 6 章第 1 節，pp. 179-190）．ちとせプレス．

高橋登・山本登志哉（編）(2016)　子どもとお金——おこづかいの文化発達心理学．東京大学出版会．

Takahashi, N., & Yamamoto, T (Eds.) (2020) *Children and money: Cultural developmental psychology of pocket money.* Information Age Publishing.

豊田香　(2015)　専門職大学院ビジネススクール修了生による生涯学習型職業的アイデンティティの形成——TEA と状況的学習論による検討．発達心理学研究，*26*(4)，344-357.

上田敏丈　(2013)　保育者のいざこざ場面に対するかかわりに関する研究——発生の三層モデルに基づく保育行為スタイルに着目して．乳幼児教育学研究，*22*，19-29．

Valsiner, J. (1997) *Culture and the development of children's action* (2nd ed.). Wiley.

Valsiner, J. (2001) *Comparative study of human cultural development.* Fundación Infancia y Aprendizaje

Valsiner, J. (2007) *Culture in minds and societies: Foundations of cultural psychology.* Sage.［ヴァルシナー，J.　サトウタツヤ（監訳）(2013)　新しい文化心理学の構築——〈心と社会〉の中の文化．新曜社．］

安田裕子　(2018)　複線径路等至性アプローチ（TEA）．日本教育工学会 SIG-9「質的研究」第 3 回セミナー．TEA（複線径路等至性アプローチ）を使った研究への第二歩「TEA を使った質的研究を学ぶ②——次の一歩に進みたい貴方へ」．大阪市・関西大学，2018 年 2 月 10 日．

安田裕子・サトウタツヤ（編）(2012)　TEM でわかる人生の径路——質的研究の新展開．誠信書房．

第Ⅱ部

保育における
対人援助プロセスを記述する

5章

年少児クラスにおける
共同遊び「おうちごっこ」のプロセス

境 愛一郎

5-1 具体的な研究内容

5-1-1 年少児による共同遊びを TEM で描く意義

a. 保育における共同遊びと年少児クラス

　集団保育施設では，複数人の子どもが空間や物を共有しながら生活を送っている。したがって，そこでの活動のほとんどが，他者との関係性のうえに成立している。そうしたなかでは，複数の子どもが活動の資源や目的，感情などを共有した共同遊びがしばしば展開される。「共同」については，同音異義語として「協同」と「協働」があるが，本研究では子ども間でなにかしらの要素の共有が生じている最も広義の状況を「共同」，共通の目的や集団規範などを有するものを「協同」（あるいは「協働」）と区別する。なお，『幼稚園教育要領』などにおいても以上の3種類が用いられており，主に共同学習など複数名による行為を指す際には「共同」，複数の子どもが相互に目的や感情を共有する状態を「協同」，保育者などによる業務上の連携については「協働」があてられている。このため，各種の指針・要領の語句や文章を引用する際には，それぞれの語が登場することを断っておきたい。

　共同遊びは，集団保育施設ゆえに生じる必然であるとともに，子どもの発達に肯定的影響をもたらすことが期待されている。たとえば，他者との感情の共有や役割分担などに派生することにより，遊びを通して得られる経験に幅や深みが増し，コミュニケーション能力や感性などの発達が促される（無

藤，2001）。また，豊かな対話や相互作用を伴う挑戦的な活動を経験することが，子どもの思考力や非認知的能力を育むとも考えられる（Siraj et al., 2015/2016）。昨今，日本の保育・幼児教育においては，共同遊びがことさら重要視されており，『幼稚園教育要領』（文部科学省，2017）では，領域「人間関係」の「ねらい」と「内容」に協同遊びに関する項目が記され「幼児期の終わりまでに育ってほしい姿」にも「協同性」の項目が設けられている。したがって，子どもの共同遊びに関する特徴や法則を解明することは，保育現場の実態や子どもの経験を素朴に理解する意味でも，適切な援助の方法や計画の根拠を得る意味でも，不可欠な作業と言える。

　保育の文脈で共同遊びの特徴や法則が論じられる際には，子どもが遊んでいるあいだの社会的相互作用を，並行遊び，連合遊び，共同または組織的遊びなどに分類したパーテンとニューホール（Parten & Newhall, 1943）の成果が土台とされる場合が多い。たとえば，2008年告示版の『保育所保育指針』（厚生労働省，2008）では，おおむね3歳児期では並行遊びが中心であるが，4歳児期になると仲間との活動の萌芽が見られるようになり，5歳児期以降では，共通の目的を有する集団行動や「役割の分担が生まれるような協同遊び」が行われるとされる。このため，共同遊びをテーマとする研究や実践報告の多くが年中・年長児集団を対象としており，年少児集団を対象とするものはまれである（中坪ら，2009）。

　他方で，年少児集団においても，親しい他児と行動をともにしたり（中坪ら，2009），複数名で遊びの意味を共有し，自他の感情に言及しあったりする事例（岩田，2012）が見られる。また，「〇〇ごっこ」といった共通のテーマが成立すれば，年少児集団の場合でも共同的な行為や発話が増えること（藤崎・無藤，1985），より低い年齢の集団であっても，継続的な関わりのなかで目標やテーマを共有した遊びが発生すること（瀬野，2010）も明らかにされている。以上のように，共同遊びが年中・年長児集団に限られた現象ではないことは理論的にも経験的にも明らかである。むしろ，満3歳児と満4歳児によって構成される年少児クラスは，並行遊び中心の状態から連合遊びないし共同遊びが生じてくる過渡期にあたると言え，発達的な観点から見ても注目すべき対象と位置づけられる。

　年少児クラスにおける共同遊びの特徴としては，

- 「入れて」と声をかけるような明示的な方略ではなく，相手の遊びに関連した発話や行為をとるといった暗黙的な方略によって遊びが開始される（松井ら，2001）
- 自身の経験と他児の行為やそれによる状況の変化を相乗させながら遊びを展開する（箕輪，2008）
- 他児の言動などに関心を向け，その変化を読み取り，接近することで遊びのイメージや場を共有している（香曽我部，2010）

などが明らかにされている。つまり，言語的なやりとりや明確なルールが存在するというよりも，他児や場の状況に自らの言動を重ねるといった，きわめて場当たり的あるいは偶発的に共同が成立するという特徴が見てとれる。一方で，年度の中期以降では，言葉によって目的やイメージが外化される頻度が増すとも言われており（宮田，2013），状況によっては明示的な方略による共同があわせて生じることも考えられる。

b.　研究目的と TEM を用いる理由

　以上の研究は，子ども間の相互作用や共同遊びの事例を複数収集し，時期や月齢ごとの傾向や内容的特徴を明らかにしている。しかし，箕輪（2006）が指摘するように，身体や言葉を用いて展開される共同遊びの具体的な「構造」や「遊びの転換点」については，十分に明らかにされているとは言いがたい。保育・幼児教育学の分野では，エピソードと呼ばれる文章記録の作成と考察を主とする質的研究も数多く行われているが，文章ベースの手法だけでは，複数名の言動や環境の要素が複雑に絡みあって展開される共同遊びのプロセスを描出するには限界がある。特に，年少児クラスの共同遊びは，他児や環境との暗黙的な相互作用と言葉などによる明示的なやりとりが混在する複雑性と，遊びの発達における過渡期的性質を有すると考えられることから，遊びが開始されてから終了に至るまでの流れを詳細にとらえる意義は大きいと言える。

　本研究では，多種多様な人や物，事象などが交わる 3 歳児クラスにおいて，共同遊びがどのように生起し，発展ないし維持されているのかといった遊びの展開のプロセスをとらえることを目的とする。具体的には，特定の遊びに参加した子どもの行動や発話およびそれに対する影響要因を実際の時系列に

沿って整理し，遊びの質的な変容の可視化を試みる。

　これに TEM を用いる理由は，きわめてシンプルである。第一に，TEM は，人間の経験のプロセスを実際の時間の流れ，さらに社会・文化との関係性のなかでとらえるというコンセプトを有し，これがそのまま本研究の目的である，子どもの遊びの流れを保育環境との相互作用とともにとらえるということと合致するからである。第二に，TEM に備わる OPP や BFP，SD といった概念装置が，箕輪（2006）がいうところの「遊びの転換点」のほか，集団の特徴や保育者による介入のポイントなどを見極めるうえで有効に機能すると考えられるためである。第三に，対象の現象をプロセスモデル化するうえで，先行研究が行ってきたプロトコル分析やエピソードでは示しにくいもの，たとえば子どもの言動の同時多発性や微妙な前後関係などを表すことで，より集団保育施設という場の臨場感を反映した表現や分析が可能であると考えたためである。

5-1-2　研究方法

a. データ収集の方法

▶研究協力園の状況

　X 幼稚園の年少児クラスから協力を得た。同クラスは，20 名の子どもと担任保育者（保育者Ⓛ）と副担任保育者（保育者Ⓜ）で構成される。保育室は間仕切りなどがない長方形型であり，壁面に沿うように配置された家具や遊具によって遊びコーナーが形成されている。観察時には，西側にコマ（独楽），北側に粘土や工作道具，東側にままごとコーナーとブロック，南側には大型積み木や跳び箱が配置されていた。

　観察期間は 2012 年 10 月から 2013 年 2 月とした。満 3 歳児と満 4 歳児の割合が逆転する時期であり，言語的方略と非言語的方略が入り混じる年少児クラスの遊びの特徴をとらえるとともに，ある程度言語によるやりとりが生起すると予想されるため，共同の成否や遊びの始点や終点が同定しやすくなると考えた。観察は，9〜10 時までの室内遊び時間に行い，ふたり以上での遊びが見られた場面をビデオカメラで撮影した。その際，遊びへの子どもの出入りや周囲の状況を記録するため，保育室の中央部に向けたカメラを部屋の南側と東側に半固定状態で配置し，室内全体を縦横から撮影した。研究に

表 5-1　「おうちごっこ」の参加者一覧

	Ⓐ	Ⓑ	Ⓒ	Ⓓ	Ⓔ	Ⓕ	Ⓖ	Ⓗ
性　別	女	男	男	男	女	男	男	女
月　齢	56 カ月	46 カ月	49 カ月	54 カ月	53 カ月	55 カ月	55 カ月	53 カ月

あたっては，事前に保育者および当該クラスの幼児の保護者の承諾を得た。

▶対象場面の選定と概要

　以上の観察データから，1 月 10 日に記録された「おうちごっこ」の場面を対象に選定した。「おうちごっこ」は，大型積み木を用いた家作りを発端にパーティーごっこなどへと派生した一連の遊びである。この遊びには，合計 8 名の幼児（表 5-1）が継続的に参加しており，保育室の中央部で約 20 分間（9 時 7 分〜9 時 26 分頃）にわたって展開された。保育者Ⓜによれば，このような積み木を用いたごっこ遊びは，1 月になってから見られるようになった比較的新しい遊びであるという。

　「おうちごっこ」を対象とした理由は，第一に，「おうちごっこ」が観察期間中に最も多人数かつ長時間に及んで展開された遊びであるため，関心や月齢の異なる子どもが遊びに関与していく過程や，周囲の状況の変化のなかで遊びが展開していく過程が豊かに含まれていると考えられたからである。第二に，多くの部分で積み木の使用が見られる点である。積み木遊び，もしくは積み木から派生したごっこ遊びでは，3 歳児でも他児への明示的な働きかけが増えることがわかっており（松井ら，2001），当事者間での意思疎通や役割分担の有無が明確になりやすいと予想された。また，言葉による指示や意思表明などがなくとも，積み木の構造や使用法から，各子どもの目的や役割などが推測しやすいと言える。

b. 分析の方法
▶対象場面のスクリプト化

　映像から遊びに参加した 8 名および関連する保育者の行為や発言を抽出し，前後関係を可能な限り忠実に整理したスクリプト表を作成した。行為や

発言の抽出は，ひとつの積み木を手に取るたびに一区切りとするなど，個々の環境の変化や子どもの言動を可能な限り切片化した。各子どもの行為および発話の合計切片数は，Ⓐ：143，Ⓑ：104，Ⓒ：80，Ⓓ：81，Ⓔ：105，Ⓕ：71，Ⓖ：81，Ⓗ：56であった。これらを，時系列に沿って表として整理した（5-2節の表5-2参照）。表では，各子どもの行為の生起順や持続時間のほか，並列する他児の切片配列を参照することで，子ども間で生じた行為の連鎖や会話の流れなどが把握できるようにした。

▶スクリプト表からの TEM 図の作成

スクリプト表の子ども言動を横軸または縦軸で比較し，意図や文脈ごとにグルーピングしていくことで「おうちごっこ」を構成する活動内容を示すラベルを作成した。ラベルには，それに関与している子どもを表すアルファベットも記した。たとえば，ⒶとⒷが積み木を用いて「おうち」の外壁を広げていく一連の動作をとらえた切片群は〈積み木で「おうち」の外枠を作る＝ⒶⒷ〉とラベル化した。

このラベルを，時系列に即して左から右へと配列することで「おうちごっこ」の展開プロセスを描出した。プロセスのスタートは，ⒶがⒷに対して「おうち」作りを提案した時点とし，活動の終点（EFP）は，8名全員が遊びを離脱した《^{EFP}「おうちごっこ」の中断》までと定めた。描出作業の際は，矢印やラベルの上下より，出来事の継続時間や並行性，活動間の子どもの移動を表した。また，対象児との会話や周辺での保育行為といった保育者の言動については，「おうちごっこ」の展開に作用する外的要因と位置づけ，SDやSGとして記述した。プロセスモデルの大枠が完成した段階で，BFPやOPPなどを探索し，該当するラベルをマークした。

5-1-3　結果と考察
a.「おうちごっこ」の展開プロセスの概要

分析の結果，「おうちごっこ」の展開プロセスは，図5-1のように描出された。「おうちごっこ」は，ⒶがⒷを「おうち」作りに誘い，Ⓑが無言で応じたことから始まった。積み木コーナーに向かったふたりは，互いに積み木を渡したり，置き場所を指示したりというように，どちらかが主導権を握る

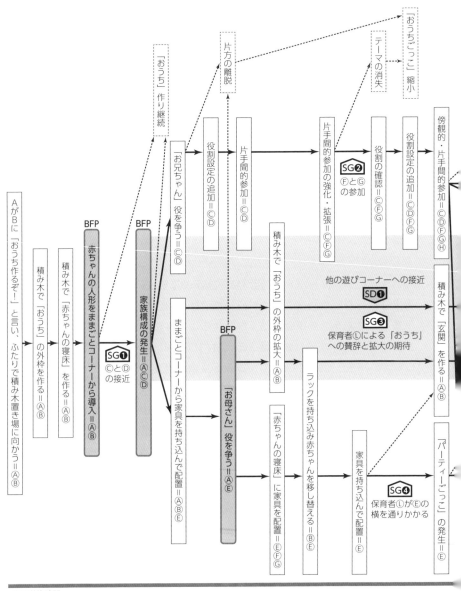

図 5-1　年少児クラスにおける「おうちごっこ」の展開プロセス

非可逆的時間

注)　□□□□：データから得られた選択・行動，┊┈┈┊：理論的に存在すると考えられる選択・行動，
　　　──▶：データから得られた径路，┈┈┈▶：理論的に存在すると考えられる径路

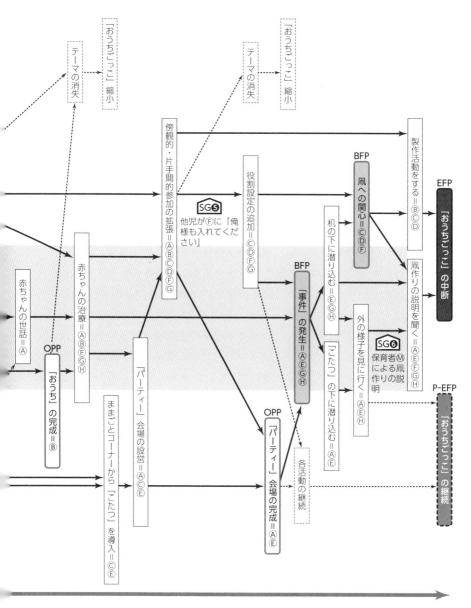

ということなく家の外壁を作り上げていく（〈積み木で「おうち」の外枠を作る＝ⒶⒷ〉）。その後，Ⓐが「赤ちゃんの寝床」と称して積み木を置いたことから，「おうちごっこ」に家具（もしくは部屋）や住人という要素が発生した（《^{BFP}赤ちゃんの人形をままごとコーナーから導入＝ⒶⒷ》）。ここからさらに，通りかかったⒸとⒹに，Ⓐが「お父さんになって」と接近したことから（SG❶），参加者が家族役割を演じるという遊び方が派生した。《^{BFP}家族構成の発生＝ⒶⒸⒹ》により，遊びの流れは大きくふたつに分岐する。ひとつは，図5-1の上段にあたる〈「お兄ちゃん」役を争う＝ⒸⒹ〉以降の流れである。Ⓐに誘われたⒸとⒹは，どちらも「お兄ちゃん」役を希望した。これにより，ふたりはしばし険悪な雰囲気となるが「小学生のお兄ちゃん」のような設定を付加することでその場は収まった。しかし，その後は，積極的に「おうち」作りや家族ごっこに関わろうとはせず，「おうち」の付近でコマ遊びをしたり（〈片手間的参加＝ⒸⒹ〉），Ⓐたちの様子をただ眺めたりしていた。ただし，「お兄ちゃん」役は継続しており，他児の参加や接近（SG❷，SG❺）があるごとに顕在化し，互いの役割を確認したり（〈役割の確認＝ⒸⒻⒼ〉），新たな設定を加えたりしていた（〈役割設定の追加＝ⒸⒹⒻⒼ〉）。つまり，Ⓒらの参加は家族役割によって維持され，「おうちごっこ」における家族の要素もまた彼らによって保たれていた。

　分岐のもう一方は（〈ままごとコーナーから家具を持ち込んで配置＝ⒶⒷⒺ〉），ままごとコーナーで合流したⒺとⒶが《^{BFP}「お母さん」役を争う＝ⒶⒺ》以降から，さらにふたつの流れへと緩やかに分かれる。ひとつは，「おうち」の外壁などを積み木で作ることを主としており（〈積み木で「玄関」を作る＝ⒶⒷ〉など），「おうち」の完成後は，病気になった赤ちゃんを看病するごっこ遊びへと移行していく流れ（図5-1中段）である。もうひとつは，「おうち」の内装を担当し（〈家具を持ち込んで配置＝Ⓔ〉），保育者Ⓛの接近（SG❹）から，「パーティーごっこ」へと移行する（〈「パーティー」会場の設営＝ⒶⒸⒺ〉など）流れである（図5-1下段）。プロセスの後半では，中段の遊びの流れは，上段と下段に合流していった。こうした過程において，「おうち」の外枠と内装，住人，「おうち」内での活動という「おうちごっこ」をそれとして同定するに足るハードとソフトが完備されていった。

　しかし，その後「おうちごっこ」はあっけなく終息に向かう（《^{EFP}「おう

ちごっこ」の中断》）。図5-1上段の男児らは，付近で開始された凧作り活動へと徐々に関心を移していく（《^{BFP}凧への関心＝ⒸⒹⒻ》）。中央の下段の流れも，Ⓖが持ち込んだ架空の「事件」のために「おうち」を離れ（《^{BFP}事件の発生＝ⒶⒺⒼⒽ》），そのまま成り行きで，盛況を見せる凧作り活動（SG❻）へと合流し，「おうちごっこ」は無人と化した。この「事件」は架空の出来事であり，Ⓖが「事件が起きた！」と叫びながらⒶらにこたつや机の下に避難するように呼びかけたものであった。

b. 「おうちごっこ」にみる3歳児集団の共同遊び
▶異なる遊びの総体としての「おうちごっこ」

　本章では，8名の子どもが関与した活動を「おうちごっこ」と総称した。実際に，その遊びのプロセスを紐解いてみると，確かに8名は何らかの「おうち」に関する活動や役割を担い，「おうちごっこ」という像を共同で成立させていた。その一方で，図5-1からは，「おうちごっこ」と総称していた遊びは，内容や成員が異なる少なくとも3つの遊びの流れであることもわかった。これらの遊びには相互に成員の出入りなどが見られるものの，その変容や維持の仕組みについてはそれぞれが独自の特徴を有していた。

　図5-1の上段のⒸとⒹから始まる遊びの流れは，「おうちごっこ」の家族役割という要素が引き継がれているものの，それ以外の活動にはほとんど関与しておらず，参加者はただ傍観したり，周辺で別の遊びに熱中したりしている。このように，「おうちごっこ」から離脱しても不思議ではないこの遊びとその参加者（ⒸⒹⒻⒼⒽ）をつなぎとめているのは，他児の参入などによる家族役割を再確認する機会と，そこから生じる役割確認，設定追加の必要性であった。こうした機会の発生とそれによる遊びの維持は，少なくとも3回にわたって見られる。瀬野（2010）は，単純な会話のルーティンが，3歳児のごっこ遊びの成立を促すと指摘するが，この場合でも，役割をめぐるやりとりがルーティンのように彼らの活動に組み込まれることで，「おうちごっこ」との関連が保たれていたと考えられる。

　中段と下段の流れでは，より明確に「おうち」の存在を意識していると見られる遊びが展開されている。これらの維持や変容には，共通して保育者の影響が見られ，結果的にはそれがふたつの流れの差異化を促していた。中段

の「おうち」作りでは，「おうち」の外枠がある程度かたちになった段階で，
通りかかった保育者Ⓛが「大きなおうちになっているね」と声をかけている。
それにⒶが「まだできていません！」と答えると，保育者Ⓛは「できるのが
楽しみ」と言って去っていく（SG❸）。このようなやりとりは，ⒶやⒷの目
的意識を強め，空間いっぱいまで家を広げたり，玄関を作ったりといった活
動を促進したと考えられる。一方で，保育者Ⓛの存在は，Ⓔたちの遊び（下
段）にも転換をもたらしていた。それまでⒶたちの作る「おうち」にままご
とコーナーの家具を持ち込んでいたⒺは，近くに来た保育者Ⓛに「今日パー
ティーだから来て」と突然声をかけ，保育者Ⓛは「行くよ」と返事をした。「パー
ティー」の設定をうかがわせる様子は，保育者Ⓛの立ち寄り以前にはなく，
この後のⒺは「パーティーよ，パーティーよ」と確認するように繰り返して
いたことから，「パーティーごっこ」は，保育者Ⓛの到来をきっかけに生じ
た遊びと考えられる（SG❹）。これにより，下段の流れが明確に中段の流れ
から分離し，空間的にも内容的にも独立していった。

　「おうちごっこ」は，3つの遊びの総体として立ち現れてきた遊びと言える。
ともすれば，それに参加している子どもたちの間では，全員で「おうちごっ
こ」を作っているという協同意識は薄く，各々が分岐した活動に属し，ひと
りないし周囲の数人と共同して遊んでいるという見方も可能である。

▶ニッチ（niche）の追求から生じる役割分担

　3つの遊びの総体として「おうちごっこ」を見た場合，家族役割というテー
マを引き継いで維持する上段，遊びの基盤となる「おうち」を建て，住人（赤
ちゃん）の世話をする中段，「おうち」を拡張しつつ内装を整え，「おうち」
を舞台にしたパーティーを展開する下段というように，遊びをかたちづくる
要素や活動が分担されている。その結果，「おうちごっこ」の全体がわずか
20分のうちに内容的な充実に至っている（《^{OPP}「おうち」の完成＝Ⓑ》，《^{OPP}
「パーティー」会場の完成＝ⒶⒺ》）。図5-1を見る限り，このような役割分
担は，参加者にあらかじめ意図されていたり，遊びの途中で明示的な指示や
会話によって共通理解が図られていたりしたとは考えにくい。むしろ，8名
の子どもの興味関心には，明らかな差異が見られる。したがって，「おうちごっ
こ」における役割分担は，各々が自己の関心や状況に応じて活動するなかで，

結果的にそのように見えるものとして現れた側面があると考えられる。

　ⒶやⒷを主とする中段の遊びの流れは，最初にⒶによって明言されたように，積み木で「おうち」を作るということを第一の関心事としている。こうした方向性は，《^{BFP}家族構成の発生＝ⒶⒸⒹ》により揺らぎも見せたが，Ⓔによる展開の妨げや（《^{BFP}「お母さん」役を争う＝ⒶⒺ》），保育者の声かけ（SG❸）により，さらに強化されている。反面，「おうち」完成後は，持ち込んだ赤ちゃんの世話に関心が移り，当初のような一貫した目的意識は弱まる。その一方で，ままごとコーナーより合流したⒺは（下段），ままごとコーナーにある家具を「おうちごっこ」に積極的に持ち込んでおり，保育者の来訪以後は，それらを用いた「パーティーごっこ」を自分が中心となって展開している。つまり，Ⓔの関心は，ほぼ一貫してままごとにあり，ⒶやⒷの活動に興味をもって参入してきたというよりは，自身の関心を拡張できる場として，「おうちごっこ」に参入してきたと言えるのではないだろうか。

　ⒸやⒹについては，通りかかったところをⒶに誘われて，「おうちごっこ」に参入している。もともとの関心は，コマ回しなど「おうちごっこ」の周囲で展開される遊びにあると考えられ，実際に，その後の多くの時間をコマ回しや傍観によって過ごしている。また，Ⓕ・Ⓖ・Ⓗは，そうしたⒸとⒹが展開する遊びの流れ（上段）に巻き込まれるかたちで場に参加しており，彼らと同様に「おうちごっこ」に継続的に関与する姿勢は見られない（〈傍観的・片手間的参加＝ⒸⒹⒻⒼⒽ〉）。これらの子どもは，関心事が他にあるか，確固とした目的をもっていないものと見られる。そのため，「おうち」にとどまり，何らかの役割を担い続けるということはない。ただし，他の活動と両立可能な役割がある場合（〈役割設定の追加＝ⒸⒹ〉）や，遊びの展開のなかで参加の余地や関心が生じた場合（〈赤ちゃんの治療＝ⒶⒷⒻⒼⒽ〉など），遊びへの誘いや支援の要請があった場合（〈ままごとコーナーから「こたつ」を導入＝ⒸⒺ〉，このとき，Ⓔはテーブルをひとりで運ぼうとしており，それに気づいたⒸがⒺを手伝っている）などでは活動に参入しており，部分的に「おうちごっこ」のなかで役割を担い，ⒶやⒺといった目的的に活動する子どもを補助することになっていた。

　カー（Carr, 2001）は，保育の場において，子どもたちは「自分の構えに適した環境（ニッチ）」を選択したり，作り出したりしながら生活を送って

いると述べている。以上に見てきた「おうちごっこ」に対する8名の関わり方は、そうしたニッチを追求していると見ることができ、自分の目的が実現できるような活動や場を作り出したり（たとえばⒺ）、他の関心事と両立できる参加の仕方を選択したり（たとえばⒸやⒹ）、周囲との摩擦や不都合を回避したり（〈役割設定の追加＝ⒸⒹ〉や、ⒶとⒺの分離）していると考えられる。このように個々の子どもが自分のニッチを追求することで、遊びの場に新たな領域や可能性が開拓される。その連鎖によって、「おうちごっこ」のなかにさまざまな役割（参加の仕方）が成立し、遊びに「足りない要素」や「必要な要素」が共同で満たされるような構造が生まれたと言える。

▶遊びの柔軟性と脆さ

このような構造の「おうちごっこ」では、全員で共有される筋書きや活動全体を指揮する明確なリーダーが存在せず、ひとつの遊びの結果が、他の遊びの成否を左右するような連帯関係も見られない。8名は「おうち」や「家族」といったテーマを大枠で理解し、他児と活動をともにしているという点では共同している。しかし、共通の目的のために組織的に活動に臨む協同ないし協働の状況にはなく、むしろ各自が気ままに遊びを展開している。

このような柔軟な共同は、成員に対して、自分の関心に沿った新しい遊びの流れを発生させたり、関与する遊びの流れを頻繁に変更したりすることを許容する。これによって活動の選択肢や参入の機会が増すことで、外から参入しようとする者への窓口も広くなる。こうした柔軟性のために、「おうちごっこ」は多くの年少児たちが関わり、約20分の間、内容的な広がりを見せながら発展または維持されたと考えることができる。

しかしながら、こうした柔軟性は、遊びの脆さとも隣りあわせであると言える。もとより他の活動とのかけもちで参加していたⒸ・Ⓓ・Ⓕは、保育室内で凧作り活動が発生すると、そちらに関心を移し、「おうちごっこ」から完全に離脱した（《BFP凧への関心＝ⒸⒹⒻ》）。また、当初より遊びに参加していたⒷも、「おうち」の完成後は段階的に凧作りに向かっている。そして、中段および下段の遊びの流れも、架空の「事件」をきっかけに大きく転換し、最終的には全員が凧作り活動に回収されている。詳しい出現理由は不明ではあるが、この「事件」とは、Ⓖによる架空の設定である。これが持ち込まれ

たタイミングは、《^OPP「パーティー」会場の完成＝Ⓐ Ⓔ》直後の遊びの切れ目であり、ⒶとⒺはすぐさま新たな遊びの流れに身を置き、残されたⒽもそれに続いた。この後、Ⓐらの関心は、保育者Ⓜの凧作り説明に再度移った。

　「おうちごっこ」のような柔軟な共同遊びは、保育の場に存在するあらゆる子どもの活動を受け容れることで、年少児の共同を成立させ、内容や規模を拡張する可能性がある。しかし、子どもがそこから出て行くこともまた容易であり、遊びの内容が大きく変容することもありうる。今回のように、新奇な刺激が生じた場合や（《^BFP「事件」の発生＝Ⓐ Ⓔ Ⓖ Ⓗ》）、周囲で関心を惹く活動が展開された場合（SG❻）、また、それらが遊びの切れ目と重なった場合などには、積み上げられてきた活動が瓦解するということも起こりうる。「おうちごっこ」に見られる年少児集団の共同遊びは、こうした柔軟性と脆さをあわせもつと考えられる。

5-2　Making ダイナミック

5-2-1　具体的な分析の仕方

　この研究では、特定の対象児の経験のプロセスではなく、共同遊びの展開プロセスの記述を目的としている。このため、HSI によって対象者を招待し、EFP に至るまでのその人の経験を丁寧にとらえていく従来の TEM を用いた分析とは異なり、むしろ保育・幼児教育学で行われる事例研究に近い手順を多分に含む。

　まず、データ収集の段階においては、年少児クラスの共同遊びの事例を記録するという以外に明確な設定はなく、カメラの方向を試行錯誤しながら分析に耐えうる場面が得られるのを待っていた。この研究で「おうちごっこ」を対象とした理由は、「おうちごっこ」が観察期間中で最も多くの子どもが長時間にわたって展開した活動であり、映像としてその全体が記録されていたからである。また、なにより映像を見返して、その複雑さやとらえにくさから「TEM で描けばおもしろいだろう」と判断したからにほかならない。つまり、対象を選定した段階で手応えのようなものがあったのである。この点においては、素朴な事例報告に通じるとも言える。

　分析では、表 5-2 のように、映像を数秒再生しては対象児ごとの言動をス

表5-2　スクリプト表の一部

Ⓐ	Ⓑ	Ⓒ	Ⓓ	Ⓔ
				Ⓗ男に「わかったよ」
Ⓑ男の積み木を置く動作に手を添える	手にした積み木をラックの手前に置こうとする	ラックを迂回し積み木コーナーの間のところでコマを回そうとする		積み木置き場の前を通って、ラックの前あたりでⒽ男に「じゃ、行くよ」と言いつつ、Ⓗ男に近寄る
		Ⓗ男のところへ一歩近づき「お〜しゅっ」とコマを放る	先生の後ろについて保育室に入ってくる	
積み木を置き終わる	積み木を置き終わる	コマを拾う	積み木置き場の前にいるⒷ男のところに跳びはねつつやってくる	保育者に「今日パーティーだから夜に来て」
ラック側に少し移動しⒷ男の様子を見る	積み木置き場に戻り積み木(小長)を持つ	もう一度コマを回す	Ⓑ男子を受け少し後ろに下がる	保育者の返事を聞き終わる前にままごとコーナーに歩み出す
	直方体(小長)をラック側から積み木置き場横を抜け寝床迂回ルートを封鎖するように置く		Ⓑ男のブロック置きに少し手を添える	大きな紙製筒を抱えてⒾ子側から迂回しⒶ子のところまで持ってくる
Ⓐ子がⒷ男が置いたブロックを縦に置き直し封鎖を解こうとする			ラック側を迂回し寝床とラックの間に入り込む	Ⓐ子に「今日パーティーよパーティー」
隙間が小さくて立ち止まる	Ⓐ子が戻した封鎖を戻す		ラックを移動させⒷ男封鎖を解く	筒を持ったまま①子の後ろを通り移動する
Ⓔ男の作った隙間から寝床の側に入り込む			隙間からⒶ子の隣に移動	①子のテーブルの左側をうろうろする
	ラックを戻し再び隙間を封鎖		Ⓖ男のところへ行き「俺仮面ライダー！」	筒を寝床の手間に置く
		2人に「俺仮面ライダー」		
積み木置き場へ	積み木置き場へ	封鎖のところまで移動する		Ⓗ男に応えずままごとコーナーに走って戻る
		積み木の上面を触る	跳び箱のところへやってきて乗る	
Ⓑ男と共に封鎖積み木へ	①男に「ピンポンねピンポン」と言いながら封鎖に近づく			
ラックを押して封鎖を解く		Ⓐ子が作った隙間から寝床のところへ入る		
ラックを戻して封鎖する	積み木置き場のところへ行く	積み木置き場のところへ行きしゃがみ込む	並んだ跳び箱の高低差を椅子のようにして座る	
テーブルのところへ向かう	直方体(小長)をテーブルの右に置く			
ラックの赤ちゃんのところへ行く	直方体(小短)を持って寝床を乗り越えようとする			
ラックからほ乳瓶を取り、赤ちゃんの口に押し込む				
		Ⓗ男に「なんかあったらね」		
				ラックのところまで移動してくる
寝床には乳瓶を置いて封鎖した積み木のところへ行く	ラックの横あたりに手にした積み木を置く		自分の指先を見て「わっやべ」と言いながら跳び箱から飛び降りる	
	テーブルのところまで行く		積み木コーナーとままごとコーナーの跳びはねながらうろうろする	
	ラックの横に戻ってきて積み木を蹴って微調整			迂回して寝床の中に入ってきて「ただいま」
	寝床を乗り越え始める			赤ちゃんに触りながらラックの前に座ってⒶ子に「寝とる？」と言う

Ⓕ	Ⓖ	Ⓗ	保育者Ⓛ	保育者Ⓜ
少しずつコマコーナーから積み木コーナーに近づいてくる			サンルームからⒻの側まで歩いてくる	
	保育者とⒻ子のやりとりをながめる			
			「そっか，パーティー行くよ」と言いながらコマコーナーに向かう	
	Ⓘ男に少し近づき，手にしていたコマを放る			
Ⓕ子の後ろのあたりまで歩いてくる				
ブロックなどが入った棚のほうで座り込む				
振り返りつつ立ち上がって「俺は仮面ライダー」と言う	ラックのところに少しずつ近づいてくる			
	ラックのところへやってくる	立ち上がってままごとコーナーに行く		
	寝床を迂回してⒻ子のところへ向かい「8時になったらね，8時」と言う			
Ⓔ男に近づいてくる	ラックのところへ戻る			
	ままごとコーナーに向かいⒻ子に「お母さん9人いるよ9人」と言う			
跳び箱に乗る				
Ⓔ男の目の前で腰に手を当ててポーズをとり跳び箱から降りる	積み木コーナーの付近に戻ってきてテーブルと寝床の前あたりを往復する			
ままごとコーナーのところへ向かう途中で，しゃきーんしゃきーんとブロックを振る	ままごとコーナーと積木コーナーの間あたりで座り込む			
コマコーナーとままごとコーナーの間をうろうろする	立ち上がって「何かあったら教えてね」と言いままごとコーナーに向かう			
		Ⓕ子に付いて移動する		
Ⓘ子の側にやってくる		救急箱をしゃがんで座る		

クリプト表に書き起こすという作業を地道に繰り返した。20分の映像の分析を終えるまでに，約15時間を要したと記憶している。これは骨が折れる作業であったが，詳細に言動を抽出したことで，すでに遊びの流れが3つ程度に分かれること，「おうちごっこ」の構造は柔軟で脆いものであることなど，研究の主たる成果となる考察が得られていた。

　TEM図を描く作業自体は，映像事例の選定と分析を通して得られたイメージを表現するという側面が大きかった。具体的には，ぼんやりと見えてきた各遊びの流れを順序立てて具体的に整理し，人や物，出来事の関係性を確認していくという作業である。本研究では，計画段階からTEMを分析方法の候補としていたため，複数の遊びの流れがそのまま複線的なプロセスとしてとらえられ，以上のような見通しを早期に得ることができた。ただし，個人の経験ではなく共同遊びのプロセス，しかも「おうちごっこ」という明確な目的を定めがたい対象を扱うため，EFPはその中断という便宜的なものにせざるをえなかった。OPPについても，「おうち」や「パーティー会場」の設置完了を示す作業的な区切りとしての意味あいが強く，彼らの遊びの流れのなかで生じる必然の事象や一時的収束点を表すには至っていない。TEMの概念装置を本来のかたちで生かせなかった点は課題であると同時に，流動的で柔軟な「おうちごっこ」の特性が反映された結果とも考えている。個人的には，あえて象徴的なEFPを定めないことで，下記に述べるような保育環境における子ども生活のリアリティや文化がとらえられたと考える。

5-2-2　変容するEFPと見えてきた2nd EFP

　図5-1では特に2nd EFPを定めていない。しかし，先に述べたように便宜的にEFPとした《^EFP「おうちごっこ」の中断》は，プロセスを読み解くなかで当初の予想の先に見いだされたものであり，その点で2nd EFPにより近いものと考える。一般的に共同遊びのプロセスを描くことを想定した場合，共通目的の達成をEFP，そこから発生した新たな活動の展開を2nd EFPと置くことが考えられる。本研究においても当初は，そうした遊びの完成と発展に至るまでのプロセスをとらえることを予想していた。しかし，この「おうちごっこ」では，共通の目的が設定しがたく，《^OPP「おうち」の

完成＝Ⓑ》や《^{OPP}「パーティー」会場の完成＝ⒶⒺ》といった遊びの流れごとの節目はあるものの，EFP と呼べるほど成員の経験や遊びの展開における収束点にはなっていない。最終的には，遊びが完全に立ち消えになるという事態を EFP とするに至った。これにより，年少児クラスの共同遊びが場あたり的で柔軟な状況のもとに成立していること，個々のニッチの追求の産物として高度な共同遊びが生じることといった構造をとらえることができたと考える。

5-2-3　文化をいかにしてとらえたか

　本研究では，先行研究と同様に，子ども間の接近や動きの伝播によって共同関係が生じること，言語的な方略と非言語的な方略が混在すること，保育者の介入が遊びを強く方向づけることなどの年少児クラスにおける共同遊びの特徴が示唆された。

　しかし，本研究の最も独自の成果は，年少児らの共同遊びの展開が各自のニッチの追求の産物であるという可能性を示した点である。「おうちごっこ」に参加した子どもたちは，個々の関心や状態に応じて遊びの参加や展開の仕方を決定していた。子どもたちは「おうちごっこ」というテーマを強く意識していたというよりも，自らにとってのニッチという観点から，「おうちごっこ」の場に関わる人や物，状況などを探索し，利用可能な特徴やそのセットがあるからこそ，自らの生活を結びつけて「おうちごっこ」に関与していたと考えられる。こうした意味において，「おうちごっこ」に見られた役割分担は，テーマの充実に向けて計画的に発生したのではなく，個々の幼児が快適な過ごし方や遊び方を追求するなかで発生した住み分けと見ることができるだろう。集団保育の場は，多様な子どもたちが集まり，あらゆる物や場や状況を共有することで成り立っている。そうしたなかでは，各々の要求が常に満たされるという保証はなく，むしろ，子どもは周囲との衝突や妥協，工夫を繰り返しながら生活しているのではないだろうか。本研究が記述した TEM 図は，共同遊びのプロセスであると同時に，集団保育施設という文化圏における子どもの生活実践のプロセスという側面を有する。

5-2-4　援助者としての発達・変容をいかにしてとらえたか

　本研究では，一般的に子どもの援助者とされる者（保育者や保護者，研究者など）の変容を扱っていないものの，子どもの遊びのリアリティに迫ったという点において，その視野の拡大に寄与すると考える。これまでの共同遊びに関する研究では，対象児の年齢に限らず，子ども集団でのテーマや目的の共有が注目されてきたと言える。また，実践においても「共通の目的の実現に向けて，考えたり，工夫したり，協力したりし，充実感をもってやり遂げる」（文部科学省，2017）といった経験が重要視されている。たしかに，プロジェクト保育のような対話的な探究活動を深める際には，そうした協同意識は不可欠だろう。

　ただし，すべての子どもの活動がそうした明確な目的や計画を有するとは限らない。無藤（1996）は，子どもの遊びとはあらかじめ目的や役割が用意され，筋書きどおりに展開されるものではなく，子どもの動きはアフォーダンスによって個別に生じると述べる。また，大人が「○○ごっこ」と命名する遊びであっても，子どもは必ずしもそれと意識していないとする。本研究の「おうちごっこ」もそうした側面を有しており，個々人の展開した活動が総合されて「おうちごっこ」然とした場が生まれる構造が，TEM図として描き出された。考えてみれば，子どもが任意で展開する遊び（いわゆる「自由遊び」）の大部分は，多かれ少なかれ即興劇的な要素を帯びると考えることが妥当であろう。「○○ごっこ」のような名称は最終的に複数の活動群に付与されるカテゴリーと言える。ともすれば，援助者が早々にそうした名づけを行えば，事例に対する解釈が固着化し，子どもの経験に対する理解が妨げられるとともに，独善的に子どもの貢献度や協調性を評価してしまう危険すらありうる。

　本研究の成果が，援助者の子どもに対する見方を広げ，彼らの肯定的な発達・変容を促すヒントになることを願うとともに，集団保育施設という環境の功罪やそこでの共同遊びの意味について問い直すきっかけとなることを期待する。

5-2-5　観察者・被観察者にとっての，TEAで意味をとらえる経験について

　観察者である筆者にとって，TEMを用いて子どもの遊びを記述する経験

は，子どもの遊びの複雑さや保育環境という場の特質をこれまで以上に意識し，フィールドのリアリティに対する視点を鮮明化するものであった。保育・幼児教育学分野の研究で多用される文章記録（エピソード）では，同時並行的に生じる膨大な言動の記述や関係性の説明は困難を極める。また，主人公となる対象児や場面のタイトルなどを定めずに状況を綴（つづ）っていくことは，記述の面でも読解の面でも難があり，多少なりとも「物語」として観察対象を再構築する必要に迫られる。すべてがそうでないにしろ，そうした記録に基づく研究は，分析者の固定観念や独善性をはらむ危険と隣りあわせであり，学問の停滞を招くとも考えられる。

　本研究では，文章記録に代わり，複線的なプロセスを描くことに秀でたTEMを用いたことで，時間経過とともに遊びが内容的，空間的，人数的に広がっていく様子やそのなかでの複雑な成員の入れ替わりを視覚的に表現することができた。また，同時並行的に繰り広げられる遊びの流れをとらえることで，本研究の成果の核心である共同遊びの柔軟な構造をとらえることにつながった。加えて，ひと続きの文章にするという前提から解放されることで，表5-2ように子どもの微細な言動や環境の変化を抽出できた。

　以上を通して，同じ空間や活動を共有しているように見える子どもたちでも，活動への関心や参加態度は一人ひとり異なること，子どもは周囲の他者や状況と相互に影響しあいながら生活していることといった事実をあらためて強く認識した。そして，集団保育施設で子どもが生活することの本質や，大人が子どもの活動に名前や物語を付与することの乱暴さを考えるに至った。TEMには，対象者が生きる場所と時間を尊重し丁寧に経験を記述するといったコンセプトがあるが，今回の経験により，それが単なる方法論にとどまらず，自身の保育・幼児教育学に対するスタンスとして根づきつつあることを実感している。

引用文献

Carr, M. (2001) *Assessment in early childhood settings: Learning stories.* Paul Chapman Publishing.［カー, M.　大宮勇雄・鈴木佐喜子（訳）（2001）　保育の場で子どもの学びをアセスメントする──「学びの物語」アプローチの理論と実践．ひとなる書房.］
藤崎春代・無藤隆　（1985）　幼児の共同遊びの構造──積み木遊びの場合．教育心理学研

究. *33*(1), 33-42.

岩田美保　（2012）　園での仲間遊びにおいて語られる自他の感情. 千葉大学教育学部研究紀要, *60*, 105-108.

厚生労働省　（2008）　保育所保育指針（2008 年 3 月告示，2009 年 4 月施行）.

香曽我部琢　（2010）　遊びにおける幼児の "振り向き" の意味——3 歳児の砂遊びにおける "振り向き" から相互作用への展開事例の検討より. 保育学研究, *48*(2), 169-179.

松井愛奈・無藤隆・門山睦　（2001）　幼児の仲間との相互作用のきっかけ——幼稚園における自由遊び場面の検討. 発達心理学研究, *12*(3), 195-205.

箕輪潤子　（2006）　幼児の共同遊びに関するレビュー——形態と展開に注目して. 東京大学大学院教育学研究科紀要, *46*, 269-277.

箕輪潤子　（2008）　幼児の砂遊びの発達過程——遊びの構造と展開に注目して. 発達研究, *22*, 141-149.

宮田まり子　（2013）　3 歳児の積み木遊びについて——行為と構造の変化に着目して. 保育学研究, *51*(1), 50-60.

無藤隆　（1996）　身体知の獲得としての保育. 保育学研究, *34*(2), 8-15.

無藤隆　（2001）　知的好奇心を育てる保育——学びの三つのモード論. フレーベル館.

文部科学省　（2017）　幼稚園教育要領（2017 年 3 月告示，2018 年 4 月施行）.

中坪史典・松本信吾・朴恩美・古賀琢也・前田佳恵・七木田敦・山元隆春・財満由美子・林よしえ・上松由美子・落合さゆり　（2009）　協同遊びの萌芽を育む援助に関するリソースの構築——3 歳児における保育者の個に応じた支援. 広島大学学部・附属学校共同研究紀要, *37*, 163-168.

Parten, M., & Newhall, S. M. (1943) Social behavior of preschool children. In R. G. Barker, J. S. Kounin, & H. F. Wright (Eds.), *Child behavior and development: A course of representative studies* (pp. 509-523). McGraw-Hill.

瀬野由衣　（2010）　2〜3 歳児は仲間同士の遊びでいかに共有テーマを生みだすか——相互模倣とその変化に着目した縦断的観察. 保育学研究, *48*(2), 157-168.

Siraj, I., Kingston, D., & Melhuish, E. (2015) *Assessing quality in early childhood education and care: Sustained shared thinking and emotional well-being (SSTEW) scale for 2-5-year-olds provision.* Trentham Books.［シラージ，I.・キングストン，D.・メルウィッシュ，E.　秋田喜代美・淀川裕美（訳）（2016）「保育プロセスの質」評価スケール——乳幼児期の「ともに考え，深めつづけること」と「情緒的な安定・安心」を捉えるために. 明石書店.］

6章

保育の実践
保育者の保育行為スタイルの分岐

上田　敏丈

6-1　本研究の概要

6-1-1　はじめに——保育者の保育行為に関するこれまでの知見と課題

　保育学において，保育者の専門性に関する研究は，ひとつの潮流である。特に，保育者がどのように幼児と関わるのか，どのような行為をするのが専門的であるのかという保育者の行為への着目は，これまでもさまざまな視点で取り上げられてきた（例：梶田ら，1988; 高濱，2001 など）。特に教師の行為を対象とした研究は，教育心理学を中心とした領域で，児童・生徒に対する教育行為の分析として 1980 年代を中心に行われてきた。同時に保育者を対象とした研究も進められ，保育者の保育行為を量的に測定し，その傾向や特徴を明らかにしようとした研究知見が蓄積されてきた（例：芦田，1992; 小川ら，1978; 田中・渡邉，1989 など）。これらの研究知見のなかで，教師や保育者が児童・幼児にする行為には，個々の教師や保育者によって偏りが存在していることが示され，「指導における個々人のアプローチの特性」であるティーチング・スタイル（Teaching Style）として取り扱われている（Hayes, 1989）。ティーチング・スタイルには，保育スタイル，指導スタイルなど類似した名称が多くある。特に指導という用語は保育の文脈とそぐわないため，上田（2017）は，このティーチング・スタイルに関し保育者に適応したものを保育行為スタイルと呼び，使用している。

　先行研究からは，保育行為スタイルにはどのようなものがあるのかを計量

的手法によって明らかにしてきたもの（de Kruif et al., 2000; 関口ら, 1985; 上田, 2008; 渡辺, 1979 など）や, 保育行為スタイルに影響を与える要因についての研究（森ら, 1985）などがなされてきており, 保育経験の長い保育者のほうが場面に応じた適切な行為が選択できること, 一方で, 類似した場面では同じように関わるという保育行為スタイルを確立していることが明らかになっている。

　一見, 相反するようなこの知見は, 第一に, 保育行為スタイルを行為の頻度としてとらえていること, 第二に, その場面での保育者の意図を勘案していないこと, というふたつの課題があげられよう。

　そこで, 上田（2017）は, 量的な測定は保育行為の細分化に向かってしまうため質的にとらえることと, 保育者の行為だけではなく, その行為を裏づけている意図を研究の射程に入れることにより, これらの課題を乗り越え, 保育者が保育行為スタイルをもつことの意味を明らかにした。まず保育者の保育行為スタイルにどのようなものがあるのか（上田, 2008）, その保育行為スタイルは保育者のどのような価値観と結びついているのか（上田, 2013）をとらえた。そのうえで, 1年目の新人保育者には, 明確な保育行為スタイルは生成されていないものの, 1年間の保育経験を通して, 日々の保育から自分なりの価値観と結びつけていること（上田, 2014）, 一方, おおむね5年以上の経験ある保育者は, 自身の保育行為スタイルを維持しつつ, それが「変わらない」のではなく, 主体的に「変えない」でいることを明らかにした（上田, 2017）。

　筆者のこれまでの研究から, 1年目の初任者が一人前の保育者として保育行為スタイルをもつまでのプロセスは明らかになりつつある（上田, 2014）。たとえば, ある保育者Aが指導的保育行為スタイルを形成し, 保育者Bは応答的保育行為スタイルを形成することは, 保育者の保育経験のなかで, 自分自身の保育行為スタイルを獲得することである。しかし, ある保育者が自身の保育行為スタイルをどのように形成するのかというプロセスについてはこれまでの研究から十分に明確になっていない。

　そこで, 本研究では, 就労後3年目の保育者を対象として3年間の縦断的研究を実施することで, 日々の保育行為が自身の価値観と結びつき, 保育者の保育行為スタイルがどのように分岐するのか, そのプロセスを明らかにす

る。

　この問いに迫るために本研究が依拠する理論枠組みは次のとおりである。

　保育者がある場面でどのように関わるのかという保育行為は保育者自身の価値観と深く関係している（例：笠原・藤井，1997など）。このような行為を裏づけている意味を含めて検討していくために，本研究では，ヴァルシナー（Valsiner, 2007/2013）のTLMGに依拠する。TLMGは，価値観と日常行為との間に両者を結びつけ媒介する中間層を設定した理論モデルである。この理論に基づくことで，日常のさまざまな幼児の状況から，保育者が必要な情報を取捨選択し，体系化された自身の価値観と行為の意図が結びつくプロセスを描き出すことができる。

6-1-2　方　法

　本研究の研究協力者は，愛知県内の異なる公立保育園に勤務する2名の保育士（ミナ先生，マツリ先生，ともに仮名）である。2名の保育士は調査開始時，3年目であった。おおむね2～3カ月に1回を基本として，2016年から2018年の3年間，半構造化インタビューを行った。ミナ先生は公立保育園に配属後，0歳児の保育を経験し，3歳児を2年間，4歳児，5歳児を1年ずつ担任している。マツリ先生は，配属後，1歳児，3歳児，4歳児を2年間，5歳児を1年担当している。インタビューは，現在の保育の状況，うまくいったと感じる関わり，うまくいかなかったと感じる関わりを中心に，毎回約1～2時間行った。インタビュー実施回数は16回である（3年目：6回，4年目：6回，5年目：4回）。

　ふたりの語りを何度も読み返しながら，共通する語りについてコーディングを行った。それを非可逆的時間を考慮しながら，TLMGを用い，保育行為スタイルがどのように分岐していくのかについて図式化を行った（詳細は6-2節を参照）。

　なお，本研究は名古屋市立大学大学院倫理審査委員会の承認を得て行われている。

6-1-3　結果と考察──保育行為スタイルの獲得

　当初，「保育行為スタイルがどのように分岐するのか」というリサーチク

エスチョンに対する EFP として《^{EFP}保育行為スタイルの身体知化》を想定していた。本研究の分析を進めていくうえで，研究協力者にとっての次の展望的な 2nd EFP が存在すると考えられたため，さらに《$^{2nd\,EFP}$園文化をまとう：保育園のなかで肯定的自己・他者評価の獲得》を 2nd EFP として設定した。

　以下，研究協力者が保育行為スタイルを獲得していくうえで，ポイントになる部分（図 6-1 にてアルファベットを付記）について，順に詳細を述べていく。

　図 6-1 が本研究で作成された TLMG による図である。3 つの楕円はそれぞれ外側から，TLMG の第 1 層として個別活動レベル，第 2 層として記号レベル，第 3 層として信念・価値観レベルを表している。その外側は，いわゆる外的要因として，ともに働く保育士や園長，保護者などの園の文化全般として設定した。ただし，2nd EFP は図のわかりやすさのため，非可逆的時間軸における右側に配置した。

a.　幼児担任としてのプレッシャーと不安［A］

　ミナ先生，マツリ先生は，ともに 2 年目に初めて幼児担任を任されることになった。1 年目は複数担任である乳児担任であった。そのため，基本的には先輩保育士の指導のもと，複数の保育士で保育を行うことができた。一方，幼児担任は加配保育士や補助の保育士が一緒に入るものの，ひとりが原則であるため，「ひとりでなんでもぱっと決められる」（ミナ，1 回目）が，「困ったときに相談できない」（マツリ，1 回目）ため不安も多い。特に乳児クラスと違い，幼児では「押し寄せてくる行事」（マツリ，1 回目）のため，多忙感を極めていた。したがって幼児担任となった当初は，保育や子どもの育ちに対しての希望や期待はまだ言語化されておらず，ただ漠然とした不安を感じていた。このような幼児担任としてのプレッシャーと不安を感じさせる要因として，ふたりの勤務する公立保育園ならではの園文化があるだろう。

b.　クラス担任の所属した園の園文化［B］

　ふたりの所属している公立保育園では，採用 1 年目は乳児クラスを担当し，2 年目以降，幼児担任を任される（制度的 OPP）。その際，若手の幼児担任

には，正規職員である担任と，非正規職員（臨時・パートなど）とふたり体制で保育を行うことが多い。このような《^{OPP}ふたり保育体制の園文化》は慣習的 OPP として存在しており，「いろいろ教えてもらうとかすごく勉強になる」（ミナ，5 回目）一方で，「ズレがあったり」（ミナ，5 回目）して関係をこじらせることにもつながっていく。

　また，幼児担任の場合は，同じ 3 歳児同士のクラスで比較をされたり，「3歳から 4 歳へのつながり」（ミナ，4 回目）を期待されたりするなど，保育園として求められている子どもの姿に対して十分なことができないため，「経験値の差をすごく感じるからそれでまた落ち込む」（マツリ，3 回目）こともある。また，一方で，3 年目となり，園長や他の保育士からも「今年は巣立ちのときだね」（マツリ，1 回目）と言われたり，一人前の保育士としての振る舞いを期待されたりして，独り立ちプレッシャーを感じていた。このように，3 年目のふたりは，保育園として園全体で求められている子どもの姿と周囲のベテラン保育士のうまさなど，さまざまな園文化からプレッシャーを感じ幼児担任に対する不安を抱えていた。

c.　一緒に働く保育士からの学び（文化的 BFP）[C]

　ふたりは幼児担任であり，乳児担任のときよりは自分で判断しなければならないことが多いものの，必ずしもひとりで保育を行うわけではない。隣のクラスの担任である保育士や，自分のクラスを補助するために入ってもらう保育士の存在が大きい。ふたりが所属する市では，一般的に正規職員はクラス担任となり，数年ごとに転勤がある（本研究ではこのような正規職員を同僚保育士とする）。一方，障害児への対応を行う加配や補助的な保育士は非正規職員であることが多い（本研究ではこのような非正規職員をフリー保育士とする）。転勤があり，市の職員としての意識がある同僚保育士からは，ふたりにとって学ぶべき関わり方が多く影響を受ける。同じように，転勤がなく，同じ園で長期間働いているフリー保育士からの影響もまた，ふたりのような若手保育士が初めて幼児担任を任された際に，大きな BFP となりうる。保育園の組織として，正規職員である若手保育士にはクラス担任として保育を主導していくことが求められるが，園の文化としては，数年ごとに転勤がある正規職員に対し，非正規職員は 5 年，10 年と同じ園で勤務している。

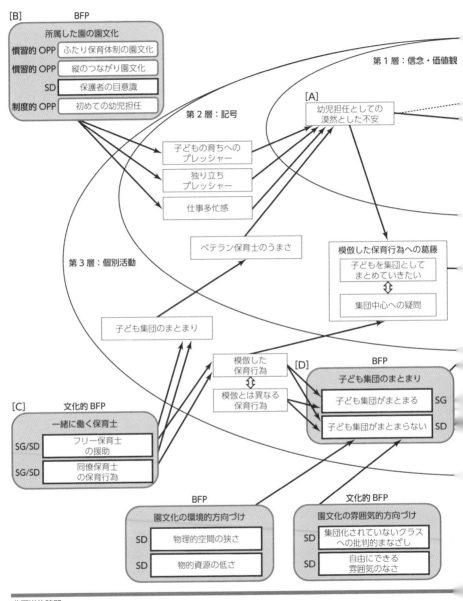

図 6-1　保育行為スタイルの身体知化プロセス

注）□□□：径路, ┈┈┈：想定される径路

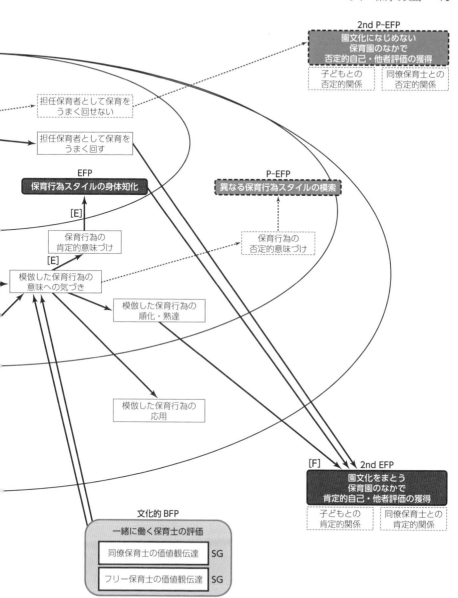

2nd P-EFP
園文化になじめない
保育園のなかで
否定的自己・他者評価の獲得

子どもとの
否定的関係　｜　同僚保育士との
否定的関係

担任保育者として保育を
うまく回せない

担任保育者として保育を
うまく回す

EFP
保育行為スタイルの身体知化

P-EFP
異なる保育行為スタイルの模索

[E]

保育行為の
肯定的意味づけ

保育行為の
否定的意味づけ

[E]

模倣した保育行為の
意味への気づき

模倣した保育行為の
順化・熟達

模倣した保育行為の
応用

[F]　**2nd EFP**
園文化をまとう
保育園のなかで
肯定的自己・他者評価の獲得

子どもとの
肯定的関係　｜　同僚保育士との
肯定的関係

文化的 BFP
一緒に働く保育士の評価

同僚保育士の価値観伝達　SG

フリー保育士の価値観伝達　SG

たとえば，「けっこうベテランやフリーの先生が助けてくれる」（マツリ，1回目）が，一方で「フリーの先生が強く，やりたいことが覆される」（ミナ，1回目）こともあり，まだ経験年数が3年目の保育士にとって，経験年数の長いフリー保育士がどのような人物なのかは重要な要素となっている。このような正規・非正規の保育士の影響は，若手の保育士にとって，SDにもSGにもなり，いわば配属された先がどこかという文化的BFPとして働いている。

d.　子どもを集団として見る［D］

　このような園文化のなかで，幼児担任として「時間と子どもを自分が引っ張っていく」（マツリ，2回目）ことが求められてくる。つまり担任保育者として保育をうまく回すことがふたりの大きな課題としてあがってくる。もちろん，こうしたことには同僚保育士やフリー保育士と安定的な人間関係を形成し，また，子ども集団もうまくまとめられることが必要になる（2nd EFP）。

　そのため，担任保育士として子どもをまとめ，力を伸ばしていくことが求められてくるが，経験年数の長い同僚保育士やフリー保育士は「（子どもの気持ちを）つかむのがうまい」（マツリ，5回目）ので，「教えてもらうとかすごく勉強になった」（ミナ，5回目）という。

　経験年数の長い同僚保育士やフリー保育士から，子どもをまとめていくためのやり方を学んでいくなかで，実際に自身もそれを模倣して行うようになっていく。もちろん，子どもたち一人ひとりの育ちを大事にしていきたいという葛藤も感じるのだが，「話を聴けないクラスって言われるのはすごいいや」（ミナ，6回目）というように，自分が担当するクラスへの他の保育士のまなざしに配慮しなければならない。

　幼児担任になったふたりは，同僚保育士やフリー保育士とともに保育を行いながら，彼女たちのベテランとしてのうまさやそこに付随する価値観を学んでいく。その際に，ふたりの保育行為スタイルの分岐に大きく影響を与えたのが，それぞれを取り巻く園文化としての人的環境である。ミナ先生の周りには，「今まで育ててもらった先輩が体育会系のタイプが多く」（ミナ，2回目），「教えられてきた先輩も，時間を無駄にしてはいけないという考え方」

（ミナ，7回目）の保育士が多かった。また，園自体も，「自由にやっていい
みたいな環境があまりない」（ミナ，6回目）なかで，これまでの園の雰囲
気を踏襲することが求められていた。一方，マツリ先生は「（フリー保育士は）
同じ部屋に何年もいるじゃないですか，（だから）たてつかないほうがいい」
（マツリ，8回目）と感じつつも，「フリー保育士の手が空いていれば，全体
に入って，態勢を整える」（マツリ，6回目）ことができる援助的なフリー
保育士とともに働き，園自体も「園長も思っていることはあるけど，あまり
言わない。言わないから（自分が）好き勝手やって」（マツリ，7回目）い
ける園文化のなかにあった。

　これだけが分岐に影響しているわけではないが，どのような園文化の保育
園に配属されるのか，また，どのような同僚保育士，フリー保育士とともに
組むことになるのかは，保育行為スタイルの分岐に大きく影響を与えている
と考えられる。

e. 模倣した保育行為の気づきから身体知化へ ［E］

　一緒に働く保育士の子どもへの関わり方を模倣し，保育をうまく回してい
けるようになるなかで，それらの行為を意味づけていくようになる。

　ミナ先生は，上述したように2〜3年目に「体育会系のタイプ」に指導さ
れていることから，「自分も，（子どもが）もっとやればできる，行事に向かっ
ていく（行事の完成度をより高めていくことがよい）」（ミナ，7回目）と感
じている。つまりミナ先生は，子どもたちの力を信じ，なるべく伸ばしてあ
げたい，潜在的な力をもっと顕在化させていきたいと考えている。

　一方，マツリ先生は，「できない子たちがイヤになっちゃわないレベルで（行
事の完成度をどこまで）もち上げていくか」（マツリ，8回目）を基準にし
ている。そのため，「できる子は物足りない」（マツリ，8回目）かもしれな
いと述べている。

　ふたりは，一緒に働く保育士のもっている考え方にすぐに同調するのでは
なく，ミナ先生はもっと子どものペースにあわせていきたい，と感じること
もあるし，マツリ先生はもう少しできることを増やしてあげたいと感じるこ
ともあるが，このような揺らぎのなかで，徐々に園の雰囲気や一緒に働く保
育士から受けている価値観を意味づけていくのである。たとえば，ミナ先生

は最初のころ，子どもたちがただ待っている姿について違和感を覚えていた
が，「待っていたら，自分の順番が呼ばれて一緒にやってもらえることがわ
かるようになる（から待てる）」（ミナ，2回目）と，待つ姿勢の解釈を同僚
保育士から学び，意味づけている。このようにして意味づけられた保育行為
は，模倣することから意味づけを通して身体知化していくのである。

f．園文化をまとう（2nd EFP）[F]

　リサーチクエスチョンである保育行為スタイルの分岐には，最初に配属さ
れた園やそこで働く保育士という文化的な要因が大きいことが明らかになっ
た。このことはまた，子どもや一緒に働く保育士との安定的な関係を構築し，
園のなかでの自身の立ち位置を明確にしていくことによって，所属している
園のなかで快適に働いていく環境を作り上げるという「サバイバル」でもあ
ることが，ふたりの語りから認識される。このようにインタビューを行い，
ふたりの保育士と話しあっていくなかで，彼女たちが園のなかで快適に働き
続けていく環境作りという《$^{2nd\ BFP}$園文化をまとう》ことが 2nd EFP として
とらえられた。

　働き続けていくために《$^{2nd\ BFP}$園文化をまとう》ことは，それぞれが最初
に所属した園がどこかという外在的な要因が影響しており，本研究では最初
に配属された園を文化的 BFP と設定した。この文化的 BFP について，4 年
目の終わりにミナ先生は「パートさん（フリー保育士）に振り回された，影
響が大きい 1 年だった」（ミナ，10 回目）と述べ，マツリ先生は「パート（フ
リー保育士）からすごい助けられた，ただただ助けてもらう感じですごいや
りやすかった」（マツリ，11 回目）と述べていることから，誰とともに働く
のかということが大きく影響していたと言えよう。

　公立保育園といえども，ひとつひとつの園には園文化としての差異があり，
そこで働き続ける保育士にとって，その園のやり方に順応し，その園の文化
に慣れていくことは当然である。保育士自身がそれぞれの保育行為スタイル
を確立していく分岐プロセスは，どのような園で働き，どのような職員がい
るのか，その園文化はどのようなものなのかという文化的 BFP の違いが大
きいと考えられる。

6-1-4　まとめ

　本研究では保育行為スタイルの分岐がどのように形成されていくのかを，公立保育園に勤務する3年目の保育士2名に対して，3年間の縦断的なインタビューを行うなかでとらえようとした。その結果，保育行為スタイルの分岐に対しては，一緒に働く保育士や園文化のあり方が強く影響しており，どの園に配属されるかというような外在的・文化的な要因が大きく影響していることが明らかになった。

　本研究では2名の保育士の語りから，それぞれが保育行為スタイルを確立しながらも，同時にそれが保育行為スタイルの分岐として成立していることを明らかにした。だが，たとえば，最初から強く信念をもっているような保育士や男性保育士では，自身の保育行為スタイルの確立が最初からなされていたり，園文化をまとおうとしないなど，状況が異なっているかもしれない。また，こういった園文化になじめない保育士は離職をすることも考えられる。異なるライフコースの保育士の語りを含めて検討していくことが今後の課題となる。

6-2　Making ダイナミック

　6-1節では，本研究の概要において，筆者の保育行為スタイルに関する研究の一部を提示した。6-2節の Making ダイナミックでは，この研究をどのように進めていったのか，分析の方法や手順，さらに分析過程で現れてきた 2nd EFP について述べていく。

6-2-1　具体的な分析の仕方

　筆者にとって，TEA を用いて論文を書くことは初めてではなく，本研究はこれまで行ってきたことを踏まえて実施している。しかし，初めて TEA を用いて非可逆的時間に基づく図を作成しようとすると，どこから始めるのか難しく感じるかもしれない。筆者なりの分析を進めていくうえでのポイントをまとめよう。

a. 語りからのコーディング

　図のなかに現れる語句は，当然であるが，元をたどればインタビューの語りとなる。では，これをどのようなかたちで語りからコーディングを行うのか。本研究では，修正版グラウンデッド・セオリー・アプローチ（以下，M-GTA: 木下，2003）の方法を参考にした。

　最も重要なのは，何を研究目的としているのかというリサーチクエスチョンを常に念頭におきつつ，語りを丁寧に読みながら，リサーチクエスチョンに関連していると考えられる語りを取り上げ，簡易的な小見出しを作成することである。さらに読み進めながら，その小見出しにあてはまる語りがあれば入れ，そうでなければ，新しい小見出しを作成していくという作業を行った。本研究では，3年分あるインタビューデータを，保育を行ううえでの区切りとして1年ずつに分け，まずはひとり目の3年目，次に4年目，5年目と進め，次にふたり目の3年目，4年目，5年目と分析していった。

　このときの小見出しをどうつけるかであるが，可能な限り個別活動レベルの羅列は避け，その保育士が考えている意図や意味を解釈しながらラベルを作成した。したがって，本研究では保育士の個別活動レベルは，〈子ども集団のまとまり〉や〈模倣した保育行為〉として，かなり抽象度の高いラベルとした。これは個別活動レベルでの分岐を明らかにするのではなく，それと関連する記号レベルの変容をとらえることを意識したからである。もちろん，最初からこのラベルをつけるのではなく，M-GTA の小見出しを集めていった結果である。なぜ個別活動レベルの羅列を避けるのかというと，この分類にこだわると，往々にして個別活動レベルの径路だけしか描けず，記号や信念・価値観までが描けないことが多いためである。

　なお，語りから図にしていくためのラベルを作成していく方法は，研究者それぞれに工夫が必要だろう。重要な点は，常にリサーチクエスチョンを念頭に置き，それと対応した語りを丁寧に拾い上げることである。

b. コーディングから図式化へ

　図を作成していく際には，まず非可逆的時間を意識するが，本研究ではTLMG を用いているため，3つの円が重なりあい，その上下の関係にも配慮することが求められる。第1層における個別活動の配置は比較的考えやすい

が，何が記号であり，何が信念・価値観なのかは，筆者も毎回悩む部分である。第2層の記号としては，葛藤などのBFPとなりうるものを入れ，第3層の信念・価値観には，記号をもとに仮説として考えられるラベルを配置する。が，この配置は試行錯誤しながら何度も繰り返し作図することが求められる。

　左右の配置については，非可逆的時間を想定しているが，これは物理的な時間（1cmが1カ月のような）を意味しているのではない。研究では3年間という大きな時間軸をイメージしながら図式化を行った。

　図式化を行ううえで，筆者が最も重要だと感じているのはBFPである。実際は，aの項で述べたコーディングをしながら，このコードは重要そうだとか，これとこれは対立するなとか，一緒のグループだなとか，ある程度図式化をイメージしながら進めることができる。その際に，EFPに向かっていくうえで何が大きく影響を与えていたのか，その揺らぎの部分がBFPとして描き出されるようにした。本研究では，3年目で同じようなものだったふたりの保育行為スタイルが4〜5年目でどのように分岐していったのか，その違いとなる点がどのコードになるのかを意識していた。

　また，SGとSDも重要になる。保育園という大きな意味での文化的文脈は同じであっても，ふたりを取り巻く人的環境は異なっている。このなかでの人間関係や保育士集団としての雰囲気が，ふたりの径路に何らかの影響を与えているのではないかと考えた。そして，それは何なのかを意識しながら，コードから拾い上げていった。

c.　図のフィードバック

　質的研究で必ず問われるのが，その分析が信頼できるものであるかどうかである。量的研究であれば，一致率などによって信頼性や妥当性を担保できるだろう。インタビューなどの質的研究の場合は，独善的な解釈とならないように，研究者と研究協力者との間主観的な解釈構築が求められる。そのために，一度作成した図を研究協力者にフィードバックし，インタビューの語りから得られた結果について話しあうことが大事になるだろう。

　本研究では，2回，それぞれの語りから作成したTLMGの図をもとにフィードバックを行った。インタビューを始める前に，本研究の目的を伝え，承諾を得て進めていた。3年目の夏頃に一度，ふたりの保育士それぞれのTLMG

による図をもとに話しあった。図の内容については同意されるものの，そこに違和感があった。それは，保育行為スタイルを確立することが目的ではなく（研究の目的はそうだが），園のなかで自身が快適に働けること，その環境のなかでよりよい保育を進めていくことが保育士としての目的である，というズレであった。

6-2-2　EFP と 2nd EFP

冒頭で記載したとおり，筆者の問題関心としては，保育者が経験を経るにしたがって，保育行為スタイルがどのように形成されていくのか，その分岐となるポイントはどこか，という点であった。このようなリサーチクエスチョンから，インタビュー前の EFP としては，《[EFP]指導的保育行為スタイルの獲得》，《[EFP]応答的保育行為スタイルの獲得》といったことを仮説として考えており，3 年間のどこかに，この保育行為スタイルを分岐させる何らかのポイントがあるだろうと考えていた。

しかし，3 年間のインタビューを進めていくうえで，研究協力者の語りには，幼児との関わりや保育を行ううえでの難しさよりも，保育園のなかにいる自分，保育者集団のなかにいる保育士としての自分の難しさや課題が中心となっていることを感じた。むろん，これらの語りを整理しコーディングすれば保育行為スタイルの分岐に関する分析は可能であるし，本研究はその視点で描かれている。だが，同時に，研究協力者の語りを筆者の問題関心だけで切り取ることに戸惑いも感じた。

ちょうどこのインタビュー期間中に，「研究にご招待して話していただく方，御本人の視点からみた EFP」（安田・サトウ，2017）という 2nd EFP という考え方と出会い，この視点を踏まえて，あらためて図式化できないだろうかと考えていった。

先に述べたように，作図をしながらフィードバックを行ったことで立ち現れたズレを踏まえて，本研究では 2nd EFP として，《[2nd EFP]園文化をまとう：保育園のなかで肯定的自己・他者評価の獲得》を設定した。

6-2-3　文化と PS をいかにしてとらえたか

研究者のリサーチクエスチョンから見た世界と，研究協力者の保育士とし

ての生活世界をすりあわせていくために，常にふたりのインタビューを念頭
に置いて寄り添うかたちでコーディングを何度も見直した。

　記号をとらえていくうえで力点を置いたことは，研究協力者の語りをその
ままではなく，しかし，極端に抽象度を上げないようにすることである。こ
の点は質的研究において重要であると思われるが，これをどの程度にまとめ
るかは研究者とその研究関心によるだろう。本研究では，3 年間のふたりの
語りを射程としていることと，わかりやすさのために，少し抽象度を高くし
ている。

　次に，文化をどのようにとらえるか。筆者のこれまでの研究では，この部
分が図式化をするうえで弱かったように反省をしている。上田（2013）では，
TLMG を用い，個別活動から信念・価値観までの個人内のプロセスを描き
出しているが，その個人を取り巻く文化については，SD と SG で書き表す
ことにしていた。だが，本研究を進めていくうえで，保育士が最初に置かれ
る園文化の影響が強くあることがとらえられ，これを文化的 BFP として設
定することを試みた。園への配属，そこにどのような保育士がいるのかは，
コントロールできないものである。その園文化のなかで，どのようにそれを
自身のなかに取り込み，肯定的にアイデンティティを形成していくのかが重
要であり，ときには「あわない」ことからストレスを感じることもあるだろ
う。文化とは他者との関係性をどのように構築するのか，ということなのか
もしれない。この点は今後，さらに深めていきたい。

6-2-4　保育者としての発達・変容をいかにしてとらえたか

　本研究では，保育行為スタイルの分岐プロセスを把握するという視点から
インタビューを進めていくうえで，保育士自身が園で快適に働いていくため
の環境作りとなったことがとらえられた《^{2nd EFP}園文化をまとう》を，2nd
EFP として設定した。

　このような視点の転換により，さまざまな保育士から影響を受けながらも，
そこでの関係性を作り上げ，人間関係や文脈を調整し，働きやすいように文
化を変容させてきた，保育士自身の育つ姿がとらえられた。

　ふたりの保育士が，転勤で異動する異なる園で，新しい園文化をどのよう
に「まとう」ようになっているのかを検討することもまた，今後の課題とし

て浮かび上がるだろう。

6-2-5　聴き手の経験を TEA でとらえる営みについて

　何度となく研究協力者であるふたりの保育士にそれぞれフィードバックすることで，正規職員といえども若手の自分が母親以上の年齢の同僚保育士やフリー保育士とどのように協働して保育を行うことができるのかというふたりなりの経験を，たどることができた。園の文化になじんでいくプロセスとともに，それぞれが保育行為スタイルを確立していくことも明らかになったのではないだろうか。

　本研究で提示した図が必ずしも成功しているとは断言できないが，研究者の視点としての EFP とともに，研究協力者の視点として 2nd EFP を設定することは，質的研究としての妥当性を高めるのではないだろうか。

引用文献

芦田宏 （1992）　保育行動のカテゴリー分析. 姫路短期大学研究報告紀要, *37*, 39–47.

de Kruif, R. E. L., McWilliam, R. A., Ridley, S. M., & Wakeley, M. B. (2000) Classification of teachers' interaction behaviors in early childhood classrooms. *Early Childhood Research Quarterly, 15,* 247–268.

Hayes, E. (Ed.) (1989) *Effective teaching styles.* Jossey-Bass.

梶田正巳・杉村伸一郎・桐山雅子・後藤宗理・吉田直子 （1988）　具体的な事例へ保育者はどう対応しているか. 名古屋大學教育學部紀要（教育心理学科）, *35*, 111–136.

笠原正洋・藤井直子 （1997）　保育者の信念と子どもへの関わり行動との関連. 中村学園研究紀要, *29*, 9–16.

木下康仁 （2003）　グラウンデッド・セオリー・アプローチの実践——質的研究への誘い. 弘文堂.

森楙・大元千種・西田忠男・植田ひとみ （1985）　幼児教育における指導法と保育イデオロギー. 広島大学教育学部紀要第 1 部, *33*, 87–96.

小川博久・山本三重子・間宮由美子・小笠原喜康・見村木綿子・沢田和子・鏑木典子・鈴木由紀子・望月操・福島真由美・池田由紀子・赤石元子・圍山真理子 （1978）　保育行動分析——授業研究の方法論の確立のために. 東京学芸大学紀要第 1 部門・教育科学, *29*, 58–78.

関口準・橋本真理子・後藤千鶴子・常田奈津子・二階堂邦子 （1985）　保育者の保育指導の分析, 評価の研究 I ——保育実践の言語分析, 行動分析から. 日本女子体育大学紀要, *15*, 147–154.

田中敏明・渡邉尚子 （1989）　幼稚園における保育者の保育行動評価の試み. 福岡教育大

学紀要第 4 分冊・教職科編, *38*, 249–262.

高濱裕子 (2001) 保育者としての成長プロセス――幼児との関係を視点とした長期的・短期的発達. 風間書房.

上田敏丈 (2008) 保育者のティーチング・スタイル分類に関する研究. 国際幼児教育学研究, *15*, 1–12.

上田敏丈 (2013) 保育者のいざこざ場面に対するかかわりに関する研究――発生の三層モデルに基づく保育行為スタイルに着目して. 乳幼児教育学研究, *22*, 19–29.

上田敏丈 (2014) 初任保育士のサトミ先生はどのようにして「保育できた」観を獲得したのか? 保育学研究, *52*(2), 232–242.

上田敏丈 (2017) 保育行為スタイルの生成・維持プロセスに関する研究. 風間書房.

Valsiner, J. (2007) *Culture in minds and societies: Foundations of cultural psychology.* Sage Publications. [ヴァルシナー, J. サトウタツヤ (監訳) (2013) 新しい文化心理学の構築――〈心と社会〉の中の文化. 新曜社.]

渡辺恵子 (1979) 積木分類課題におけるティーチング・スタイル――日米の母親と教師の比較. 神奈川大学人文研究, *72*, 29–56.

安田裕子・サトウタツヤ (編) (2017) TEM でひろがる社会実装――ライフの充実を支援する. 誠信書房.

7章
保育士の自己形成と実践コミュニティの変容
対話的自己・山脈的自己のモデル化による
保育士の実践コミュニティの分析

香曽我部 琢

7-1 はじめに

7-1-1 保育士の専門性向上を求める過酷な状況

　現代の日本では少子化・過疎化が急激に進行し，また近年の経済の悪化によって財政が厳しい状況となった。そのため，子どもやその家族を取り巻く社会環境が急激に変化すると同時に，都市部と地方ではその状況が異なるために，問題が多様化している現状が見られる（向平，2011）。

　現代において子どもをめぐる問題の多様性に応じた新しい専門性を培うことが保育士に求められている。その多様な保育ニーズに対応するために保育士の勤務体制はより複雑化し，長時間化している。実際に，保育士の就労条件についてはこれまでも低賃金や就労時間の過多が問題とされており（神谷ら，2011），また保育士は，そうした厳しい労働環境のなかで次々と新たな専門性を身につけていくことが求められる過酷な状況に置かれているのである。

　急激な社会環境の変化において，豊富な知識や高い技術に支えられた「技術的合理性」モデル（Schön, 1983/2007）では対応できない状況が生じ，新たな専門性をとらえるパラダイムが求められるようになった。そして，ショーン（Schön, 1983/2007）が示した「反省的実践家」モデルが日本で紹介されると，単純に知識の量や技量だけではなく，保育実践における省察的な意識そのものが保育士の専門性として結びつけられるようになった。しかし，一

方で，保護者への保育相談やソーシャルワーク，ソーシャルサポートなどの専門的な知識や技術を習得することへの現場の要求も高く，保育領域においてはその専門性をとらえるパラダイムは二項対立的な構造で示されてきた（香曽我部，2011）。

7-1-2　現代社会において求められる保育士アイデンティティの形成

　保育士の専門性をめぐりふたつのパラダイムが相対する現代において，足立・柴崎（2009）は，保育士の成長には危機を乗り越える経験が重要であると述べ，近年の急激な社会変化による危機体験が，保育士の専門性や意識に変容を求め「保育士としてのアイデンティティ」を再形成することを示唆した。そして，保育士の成長が保育年数だけで測れるようなものではなく，どのような時期に，どのような危機を体験し，保育士アイデンティティを形成したのか，その変容していく過程を知ることが，急激に変化する現代社会における保育士の専門性・資質向上を解き明かすために不可欠であると述べている。また，香曽我部（2012）においても，急激に進む少子化・過疎化による影響を受けながら保育士が葛藤を抱えつつも，自らが理想とする保育実践を実現し成長していくなかで保育士アイデンティティを形成している過程が明らかにされ，保育士の成長において保育士が自らの職業的アイデンティティを形成することの重要性が示されている。

7-1-3　自己形成におけるコミュニティの役割

　さらに，保育士アイデンティティについては，実践コミュニティが強く影響を与えると言われており，「共通の専門スキルや，ある事業へのコミットメント（熱意や献身）によって非公式に結びついた人々の集まり」である実践コミュニティと自己形成の関連性が示唆されてきた（Wenger, 1998）。香曽我部（2013）もまた，アイデンティティを包含する概念として自己形成を定義し，保育士の自己形成において，自らが所属する実践コミュニティとともに理想とする保育実践に関する展望を共有化することの重要性を示した。つまり，保育士アイデンティティや自己形成など保育士個人の変容だけでなく，その保育士を取り巻く実践コミュニティのありようやその変容も含めて把握することで，保育士の成長を明らかにすることができ，さらに保育士の

専門性について新たな視点でとらえることが可能になると考えられるのである。

　そこで本研究では，保育士の保育士アイデンティティを包含した概念である自己形成と実践コミュニティに焦点をあて，それらが相互にどのように関わりあいながら保育士が成長していくのか，その変容プロセスを明らかにする。そして，そのプロセスの特徴をもとに，現代社会における保育士の専門性について検討を行う。

7-2   方　法

7-2-1   研究協力者の選定

　本研究では，現代社会における保育士の自己形成と実践コミュニティの変容プロセスの関連について明らかにすることを目的とした。そのため，研究協力者の選定にあたっては，保育士としての経験年数だけではなく，実際に保育士として熟達しているか，実践や研究に携わった経験や他の保育士への影響力などを考慮した。また，急激に変化し，多様な問題を抱える現代社会との関連性を明らかにするために，少子化，過疎化，高齢化が進んだ小規模地方自治体を対象にした。そこで，ここ20年で出生数が半分以下になったG県H町の保育士Aを選定した。保育士Aは，1973（昭和48）にH町に採用され，3年目にはH町の保育に関する研究会に携わり，その後も県指定の公開研究に携わってきた。H町の研究を主導し，H町の保育研究会の委員や会長を歴任，県指定の公開研究を担当した。副所長，所長となり，保育士をまとめ，実践だけでなく研究も同時に行うことで，常に新たな保育実践を行ってきた。保育士Aへのインタビューは，2011（平成23）年10月から2012（平成24）年3月まで週1回程度，合計9回実施した。各インタビューにかかった時間は30〜60分程度で合計6時間18分であった。なお，H町の少子化，過疎化の経緯を表7-1に示した。

7-2-2   データの収集
——ライフライン・インタビュー・メソッドと半構造化インタビュー

　保育士の自己形成に関する語りを引き出すために，刺激素材を用いようと

表 7-1　H町の少子化，過疎化の経緯

年	人口	出生数	変遷
1980	13,190	202	
1985	13,007	167	
1990	12,541	126	
1995	12,174	94	1995：町内唯一の私立幼稚園が公立幼稚園になる（公幼1，公保5） 1997：幼児教育推進会議を設立し，幼保一元教育の推進，少子化対策，効率的運用を議論する
2000	11,483	92	2002：幼児教育センターを設立し，幼児教育行政の一元化を図る。幼保の教育課程を統一する。公立保育所を小学校に併設，公立幼稚園に認可替え（公幼2，公保4）
2005	10,761	81	2006：公立保育所を小学校に併設，公立幼稚園に認可替え（公幼3，公保3） 2006：公立幼稚園1と公立保育所1がこども園1に統合（こども1，公幼2，公保2） 2007：こども園が認定こども園に認証
2010	10,009	51	2010：認定こども園と子育て支援センターの合築新施設の開園

注）公幼：公立幼稚園，公保：公立保育所，こども：認定こども園

考えた。保育士アイデンティティや保育士としての熟達度と関連性が高いと示された「保育者効力感」に着目した。そして，図7-1のように縦軸を「保育者効力感」，横軸を時間の流れとした図を，研究協力者に作成してもらい，その図を視覚的な刺激材料として半構造化インタビューを行った。このように横軸を時間の流れとし，縦軸に自尊感情や効力感などを記入して，その図

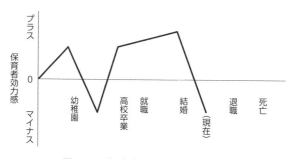

図 7-1　保育士 A のライフライン

表7-2　保育者効力感尺度の質問項目

(1)私は，子どもにわかりやすく指導することができると思う
(2)私は，子どもの能力に応じた課題を出すことができると思う
※(3)私が一生懸命努力しても，登園をいやがる子どもをなくすことはできないと思う
(4)保育プログラムが急に変更された場合でも，私はそれにうまく対処できると思う
※(5)私は保育者として，クラスのほとんどの子どもが理解できるように働きかけることは無理であると思う
(6)私は，クラスの子ども1人1人の性格を理解できると思う
※(7)私が，やる気のない子どもにやる気を起こさせることは，むずかしいと思う
(8)私は，どの年齢の担任になっても，うまくやっていけると思う
(9)私のクラスにいじめがあったとしても，うまく対処できると思う
(10)私は，保護者に信頼を得ることができると思う
(11)私は，子どもの状態が不安定な時にも，適切な対応ができると思う
(12)私は，クラス全員に目を向け，集団への配慮も十分できると思う
(13)私は，1人1人の子どもに適切な遊びの指導や援助を行えると思う
※(14)私は，園で子どもに基本的生活習慣を身につけさせることはなかなか難しいと思う
(15)私は，子どもの活動を考慮し，適切な保育環境（人的，物的）に整えることに十分努力ができると思う

注）※印は反転項目であることを示す。
（三木，桜井，1998）

を用いたインタビュー方法を「ライフライン・インタビュー・メソッド（Life-line Interview Method: LIM）」と呼ぶ。LIM は，時間の経過を伴う研究協力者の心情の変化をとらえるのに有効な方法とされる。LIM では，横軸は人生のある時点からある時点までの時間経過（年齢）を表し，縦軸は研究目的に応じて特定の感情や認知の変化を表す。また，縦軸に関しては，中心が0基準として示されている（Brammer, 1991/1994）。

　手続きは以下のとおりである。まず，保育者効力感について，三木・桜井（1998）が示した「保育場面において子どもの発達に望ましい変化をもたらすことができるであろう保育的行為をとることができる信念」を，その定義とした。次に，三木・桜井（1998）の保育者効力感尺度の質問項目（表7-2）により，その具体的な事項を示した。そして，保育者効力感を保育士が自らの主観に基づいて評定した値をもとにライフラインを作成した。最後に，そのライフラインをともに見ながら，実践コミュニティの変容について半構造化インタビューを実施した。

7-2-3　保育士の自己形成をとらえるための理論的枠組み

　自己という概念について，ジェームズ（James, 1890）は自己を純粋自己「I」と経験自己「me」に分けてとらえることを提案し，心理学に取り入れた（溝上，2008）。さらに，エリクソン（Erikson, 1968, p. 9/1969, p. i）は自己の同一性を重視し，社会のなかで人びとが人生の各段階において自己を形成していくことを明らかにする理論を構築した（井上，1982）。近年では，自己を静的で，唯一の存在としてとらえる従来の立場に対して，「●●としての自己」が複数集合し，それらが対話的な関係を結び，常に動的な存在であるととらえたハーマンスとケンペン（Hermans & Kempen, 1993/2006）の「対話的自己」の概念が注目されている（サトウ，2013）。香曽我部（2013）においても，目まぐるしく社会環境が変化する現代において保育士が社会的な状況の変化を感じ取り，過去の保育実践を省察する際に，過去の自分と今の自分が対話的な関係を築いていることが示された。動的で流動的に自己を理解するべくハーマンスとケンペンが提唱した「対話的自己」の概念は，本研究でも，保育士の自己をとらえる理論的枠組みとして有用であると考えられた。

　この対話的自己のモデルとTEAの理論体系をなすTLMGの自己モデルを援用し，多様な自己を，連なる山脈のような自己群を形成しているものとしてとらえるモデルに「山脈的自己」がある（サトウ，2009）。本研究では，多様な他者との相互作用によって生み出される多様な自己とその自己間の対話的関係を描き出すために，山脈的自己のモデルを用いることとした。

7-2-4　分析方法と手続き

　保育士の自己形成と実践コミュニティが関連しながら変容していくプロセスにおいて，自己形成に影響を与える事象が生起し，自己と相互作用することが想定された。そのため，比較的小規模の質的データに有効であり，明示的な手続きで，言語データから構成概念を紡ぎ出してストーリーラインを記述し，そこから理論（理論記述）を導き出すのに有効な研究技法である大谷（2008）のSCAT（Steps for Coding and Theorization）を用いた。SCAT分析の結果として示されたストーリーラインと理論記述は研究協力者である保育士Aに提示し，保育士Aの語りに出てきた他の保育士にも補完的にイ

ンタビューを行うとともに，さらに保育士 A にフォローアップ・インタビューを行った。

7-3 結果と考察──保育士の自己形成プロセス

7-3-1 自己形成プロセスの時期区分

SCAT の手続きにしたがって，ストーリーラインを構成し，理論記述を導き出した。まず，保育者効力感の変動に着目して，研究協力者が自らの経験を振り返って，保育観が変容するなどの「転機」として認識している経験ごとに時期を第 1 期から第 4 期に区分した。そして，理論記述をもとに，実践コミュニティが変容した時期として，第 1 期：保育実践コミュニティの成員性の獲得期，第 2 期：同じ保育所の保育士との保育実践コミュニティの活性期，第 3 期：他の保育所の保育士や保護者への保育実践コミュニティの拡大期，第 4 期：保育実践コミュニティと保育研究会の融合，地域住民と自然環境の内包期，の 4 つの時期を設定した（図 7-2）。

以下，SCAT による第 1 期から第 4 期のストーリーラインから得られた理論記述とその図式を結果として示し，さらにそれらをもとに考察する。そして，その理論記述をもとに，ハーマンスとケンペン（1993/2006）が示した「対話的自己」のモデルを用い，時期区分における保育士の自己形成と保育実践コミュニティのありようの関係性を図式化する。

a. 第 1 期──保育実践コミュニティの成員性の獲得期
▶理論記述

①当時の H 町役場の緩やかな勤務体制による同僚の保育士と子どもとの出会いが，栄養士とした採用された A の職業意識の変容を促し，保育士として生きることを選択させ，その同僚保育士の後押しによって，先輩たちが築いてきた保育実践コミュニティの成員性を獲得した。

②保母 [1] 不足という状況のなかで，ひとりでも多くの有資格者を得ようと，保母たちが保育士 A のライフイベント（結婚，出産）によって生じる

---

1) 当時，保育に関する資格は「保母」であったため，保母と表記している。

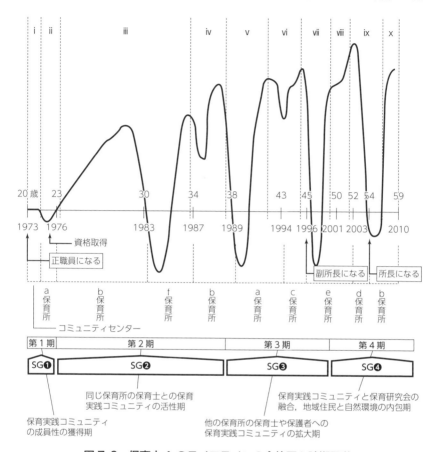

図7-2　保育士Aのライフラインの全体図と時期区分

　　困難を乗り越えさせようと，相互扶助システムによって積極的な援助を
　　行うことが，保育士Aの保育実践コミュニティの発生とその確立に寄
　　与していた。
③保育士Aが保育士としてH町において自らの保育実践コミュニティを
　　発生させ確立するプロセスに，第2次ベビーブームによる社会環境の急
　　激な変化が強く影響を与えた。
　以下の図7-3は，理論記述をもとに，栄養士であったAが保育実践に携
わることで保育士となった際の自己と他者との相互作用を表した図である。

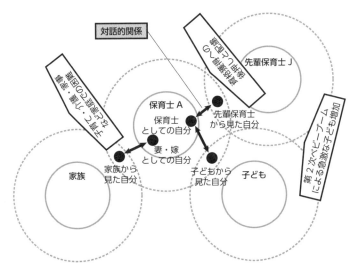

図7-3　第1期における保育実践コミュニティと自己形成

　新たな他者との相互作用によって，保育士Aの自己に多様な対話的関係が
生じる実相を可視化した。矢印は，相互作用した他者との間に生まれた
「●●から見た自分」と「●●としての自分」の対話的関係を示す。

▶考察1──先輩保育士の影響

　この時期に，栄養士として採用されたAは保育実践における子どもとの
出会いをきっかけにして「保育士としての自分」を生み出した。そして，さ
らに，保育士Aが保母資格を取得し，保育士として勤務することを後押し
するような働きかけを先輩保育士が行ったことで，「保育士としての自分」
を次第に確立させて，先輩保育士たちが築いてきた保育実践コミュニティの
成員性を獲得していった。保育士Aは成員性を獲得する際に，「先輩保育士
から見た自分」と「保育士としての自分」の間に起きた対話的関係によって，
「保育士としての自分」を確立させ，保育士という職業を選択した。いわば，
自らの職業選択のあり方において，信念・価値観レベルにまで影響を与えた
ことが示唆されよう。
　図7-4は，図7-3の対話的自己モデルにTLMGを組みあわせて示した統

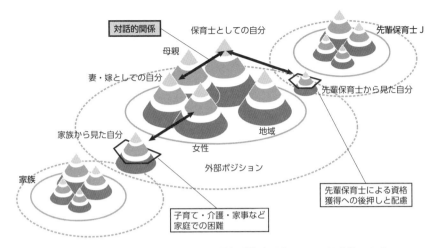

図 7-4　図 7-3 を TLMG を用いて「山脈的自己」として図式化したもの

合モデルである。この時期において，保育士 A は年齢的にも結婚・出産な
どのライフイベントの時期を迎え，家事を優先させ，仕事をセーブしようか
と，自らの仕事のあり方について考えざるをえない状況に置かれた。そのよ
うな状況において，配偶者や両親との関係から「妻・嫁としての自分」が強
まり，「保育士としての自分」と対話的関係を強めていった。そして，この
対話的関係が強まったことが記号となって，「妻・嫁としての自分」として
の信念と「保育士としての自分」の信念が刺激され変容が促された。このよ
うな対話的関係が強まるなか，先輩保育士によって家事や育児などへの配慮
が行われたことで，家事をこなしつつ保育実践を積み重ねていくことができ
た。そうしたなかで「保育士としての自分」の信念は揺らぐことなくさらに
強固なものへと確立していった。それぞれの自己のポジション同士が「対話
的関係」を築き，そこでの対話が記号となって，「●●としての自分」の信
念の変容が促された。

b.　第 2 期──同じ保育所の保育士との保育実践コミュニティの活性期
▶理論記述
①資格取得後，研究委嘱園に異動すると，保育研究会に参画することとな

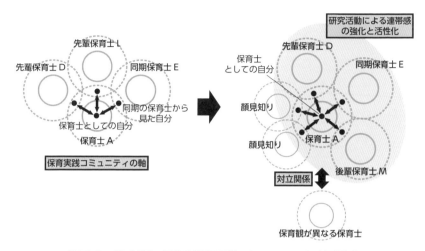

図 7-5　第 2 期における保育実践コミュニティと自己形成

　り，そこで出会った保育士との関係が保育士 A の保育実践コミュニティ
　の軸となった。
②保育研究会では，はじめ保育士 A は見習いとして参加し，主任クラス
　の保育士と関係を深めたが，次第に自らが中堅的な存在へと育ち後輩保
　育士との関係を深め，保育実践コミュニティを活性化していった。
③保育士 A はこの時期の異動によってそこでペアを組んだ保育士とのつ
　ながりが生まれたり，保育研究会や組合活動などでの他の保育士との出
　会いによって同僚や顔見知りを増やし，保育実践コミュニティを増大さ
　せていった。
④研究活動を通じて，自らの保育観を確立するとともに，他の保育士とそ
　れを共有した。また，対立する保育観をもつ保育士との関わりのなかで，
　保育観を共有する保育実践コミュニティの連帯感を強めていった。
⑤H 町の研究委嘱の際に実施する異例の人事によって，保育研究会が，
　保育士 A と保育実践コミュニティに属する保育士 D，E，M といった
　H 町の精鋭たちによって構成されたことで，保育実践コミュニティの活
　性化がさらに促された。そして，研究会内で先輩保育士の保育実践を見
　て後輩保育士が学びを深めていくという暗黙的に営まれる徒弟的な学び

によって，保育実践コミュニティが支えられていった。

▶考察 2——複数の保育士との対話的関係の形成

　この時期に，保育士 A は経験年数を積み重ねていくにしたがって，先輩保育士に加え主任として保育所の中心的な存在である保育士や同期の保育士と保育実践コミュニティを形成するなかで，「同期の保育士から見た自分」との対話的な関係を増大させ，「保育士としての自分」を強化していった。さらに，自らが中堅となっていく過程で，後輩保育士や他の保育所の保育士とも顔見知りになり保育実践コミュニティを活性化させることで，他のより多くの保育士から見た自分との対話的関係を自己のなかに築き，「保育士としての自分」をより強化し，自らの保育観を確立していった。

c. 第 3 期——他の保育所の保育士や保護者への保育実践コミュニティの拡大期

▶理論記述

①第 2 期を経て，同世代である同期保育士とは，世代による共感に加えて同じ保育所にペアとして勤務し日々の保育実践をともにすることで「コア仲間」となる。もっとも，つきあいのある保育士全員が「コア仲間」になるわけではない。「コア仲間」とは，同じ保育所にペアとして勤務し，日々の保育実践をともに積み重ねていった充実感を共有している保育士を示す。

②気のあう仲間がペアを組んだ保育士もまた，保育実践コミュニティの構成員となった。

③幼稚園教育要領の改訂によって大学教員とのつながりが生まれ，新しい保育観を実践していく際に生じる問題解決において，専門家である大学教員に助言をもらうストラテジーを用いることで，保育士は自らの保育実践コミュニティの中心に位置づけられていった。

④自分の年齢が保護者と同じかもしくは超えることで，保護者への意識や話しかけ方などが変容した。そして，保護者と保育環境を共同で充実させることができる関係となり，保育実践コミュニティの構成員として保護者を位置づけるようになっていった。

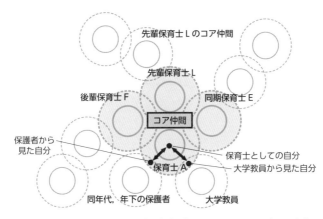

図7-6　第3期における保育実践コミュニティと自己形成

▶考察3──保育実践コミュニティの中核としてのコア仲間

　この時期に，保育士Aは特定の保育士との関係性を強化して，保育実践コミュティの中核的な存在として「コア仲間」を構成し，さらにその特定の保育士を通して多くの保育士を取り込んでいくことで保育実践コミュニティを拡大していった。また，これまで保育実践コミュニティは同じ町の保育士だけであったが，大学教員や保護者など保育士以外の人びとと関係性を築くなかで「大学教員・保護者から見た自分」が生起した。そして，専門家である大学教員や保護者の視点で自分の保育のあり方を見つめ，振り返り，自身との対話的関係を構築することで，自己を変容させていった。

d. 第4期──保育実践コミュニティと保育研究会の融合，地域住民と自然環境の内包期

▶理論記述

① H町の研究制度をひとつの保育園に委嘱してしまうトップダウン方式から，町のすべての保育園から事例を取り上げるボトムアップ方式に変更した際に，コア仲間全員が保育研究会の中心的存在となった。そして，研究力アップのために行った研修や勉強会によって，コア仲間が結束をさらに強めた。

②1989（平成元）年に改訂された幼稚園教育要領に対して，小学校校長を

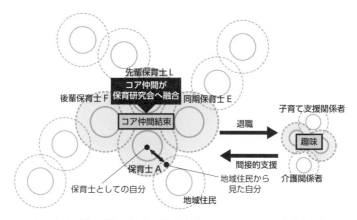

図 7-7　第 4 期における保育実践コミュニティと自己形成

していた教育長が批判的な態度を示した。その批判に対抗するために保
育士 A は研究組織を強化し，自らの保育実践の成果を研究成果として
示した。この研究活動を通じて，すべての施設が共同して研究するシス
テムを保育士 A のコア仲間によって構築したことで，保育士 A の保育
実践コミュニティが H 町の保育研究会の組織へと融合された。

③コア仲間が所長になり，保育士 A も所長になるなかで，保育実践コミュ
　ニティは研究への志向性を薄めた。結果，管理者の視点と先輩保育士と
　しての視点の間で葛藤しながらも，ふたつの視点で後輩保育士を見守る
　志向性をもつようになった。

④所長になると，保育所のある地域住民との関係性を構築し始め，保育所
　を取り巻く自然環境への理解を深めつつ，地域住民と子どもとの関わり
　を意識した保育を志向するようになった。

⑤コア仲間が退職していくと，保育実践における関わりはなくなり，同じ
　趣味や同じ地域行事を通じた仲間関係に移行した。しかし，保育実践コ
　ミュニティが喪失したわけではなく，後輩保育士への信頼から，口は出
　さなくても見守る姿勢を維持しつつ，高齢者介護や子育て支援など社会
　福祉や社会教育などへと人的ネットワークを広げて，保育士を間接的に
　支援しようとする保育実践コミュニティを形成していった。

▶考察4──コア仲間の質的変容

　この時期に，保育士Aは保育研究会の活動を通じて，コア仲間との結束を強めていった。さらに，1989（平成元）年に遊びを中心に据えた保育が「自由保育」として世間で批判の対象となったとき，自らが理想とする保育実践や保育観も批判を受けた。このような状況のなかで，保育士Aは中核的な体制をコア仲間で組織することで，自らの保育実践コミュニティを保育研究会へと融合させていった。その結果，コア仲間との結束を強め，コア仲間と共有している理想の保育実践を「H町の保育」という言葉で示し，組織アイデンティティを形成した。

　また，遊びを中心とした保育をともに推し進めてきたコア仲間の保育士たちが所長になっていくにしたがって，地域住民と関わりを強めることで「地域住民から見た自分」を生み出していった。そして，自らの保育実践を地域住民の視点でとらえ直したり省察したりすることで，「保育士としての自分」と対話的関係を結んだ。

　コア仲間が退職すると，保育実践コミュニティは趣味を通じた仲間へと変容した。その機能は直接的な支援こそなくなるものの，それぞれが介護や子育て支援などの福祉団体に関係を保ちつつそこで新たな人びとと関わることで，現役の保育士を支える間接的な支援を行う「保育士としての自分」を意識するようになった。

7-4　Making ダイナミック

7-4-1　具体的な分析の仕方

　対話的自己とTLMGを統合した山脈的自己を用いて，保育士Aのインタビューデータを分析した。その結果，インタビューを積み重ねていく過程で，保育士Aがキャリア面で自己形成しながら，特に気のあう複数の同僚の保育士（コア仲間）とともに保育実践コミュニティを構築し，自分の理想とする保育を実現してきたことを明らかにした。

　保育士Aの自己形成のプロセスを明らかにするうえで，当初は，インタビューをコア仲間である保育士Aにのみ実施する予定であったが，最終的には保育士Aの語りにでてきた保育士L，D，Eにも補完的にインタビュー

を行い，さらに4名の語りに共通して出てきた後輩保育士Mに対しても実施した（香曽我部，2012）。これらの補完的なインタビューによって，保育士Lを中核としたコア仲間による結束の強化と保育実践コミュニティの構築，公的な保育研究会との融合，そして地域の子育て支援のネットワークへの変容という，30年の長い年月をかけた保育士Aの自己形成プロセスを詳細に明らかにすることが可能となった。

　具体的なデータの分析により，保育士Aの自己形成において複数の保育士が互いに影響を与えあう双方向的なプロセスが存在することが明示された。そのため，多様な他者との関わりによって多様なポジションが生起する自己の対話的関係を示すために，対話的自己理論を用いることとした。さらに，その対話的関係の連鎖のなかで保育士としての信念を変容させていく姿を，TLMGを援用した山脈的自己モデルにより提示した。特に，同時期に保育士Aに立ち上がる複数のポジションの自己の対話的関係によって，保育士としての信念が影響を受ける実相を，山脈的自己モデルによって描き出すことが可能となった。

7-4-2　変容するEFPと見えてきた2nd EFP

　当初EFPとして設定していた《^{EFP}保育士の自己形成》が，どのような未来展望を生み出したのか，分析を通じて見えてきた2nd EFPについて示す。

　保育士Aは専門性を高めつつ自己形成を促すにしたがって，自らの保育実践コミュニティの量的な拡大を行っていたが，関係する保育士が単に増えていくのではなく中核となる気のあう「コア仲間」を介して人びとがつながることで，保育実践コミュニティを増大させていった。この「コア仲間」は他の保育士の「コア仲間」とともに自らの保育実践コミュニティを形成しており，さらにその「コア仲間」の「コア仲間」も自らの保育実践コミュニティを形成していたと考えられ，そのつながりは有機的なネットワークとしてH町の保育士全体に張り巡らされ機能していたことが示された。つまり，保育士Aの自己形成という経験は，ただ単に個人内だけの出来事ではなく，保育士Aが所属する組織，つまり自治体全体の他の保育士集団（保育実践コミュニティ）のあり方と相互作用しつつその向上が図られていたことが示唆

された。このことから，2nd EFP として《$^{\text{2nd EFP}}$自治体全体の保育実践コミュニティの変容》がとらえられた。

7-4-3　文化と PS をいかにしてとらえたか
――保育士集団による組織文化が生み出す自己

　保育士集団のあり方やその相互作用について，第4期において，保育士Ａたち自らが理想とする保育実践を「Ｈ町の保育」とし他の町の保育と切り分けて語っていた。このような同じ組織に所属する者が共通してもつアイデンティティを「組織アイデンティティ」と呼ぶ。ウェンガーら（Wenger et al., 2002/2002）は組織アイデンティティの基本的な部分と密接な関係をもつ文化的要素を「組織文化」と述べたが，本研究では，組織文化が所属する人びとのアイデンティティを創出し維持していく機能をもたらしていることが示唆された。すなわち，Ｈ町の保育士がその専門性を向上させつつ自己形成していくためには，保育士個人を対象とした研修内容や体制の充実だけではなく，保育士自身のなかに存在しうる複数の自己の間で対話的関係を生み出すような組織文化を醸成するアプローチが重要になる。それぞれの保育士の自己形成を有機的につなげ，自治体全体の保育実践コミュニティに変容を起こすためには，各保育士の自己に，「他者から見た自分」との対話的関係を生み出すような組織文化の醸成が重要になると考えられる。

　保育士Ａが理想とする保育である「Ｈ町の保育」を保育士Ａと共有してきたコア仲間たちの理想とする保育を実現しようとする志向性が，周囲の保育士にも影響を与え，組織文化を作り出した。また，その組織文化によって新たに生み出された「他者から見た自分」との対話的関係そのものが，さらに「保育士としての自分」の自己形成を促進する記号（PS）となったことが示された。

7-4-4　援助者としての発達・変容をいかにしてとらえたか

　第4期において保育士が自らの専門的な資質を高めていくにしたがって，私的なつながりであった保育実践コミュニティを公的な組織である保育研究会と融合させた。そしてその機能をＨ町全体へと拡充させていくことで，自分の周りにいる保育士たちだけでなく，Ｈ町の保育士全員を対象とした公

的な機能へと変容させていったことが示唆された。このように保育実践コミュニティを保育研究会と融合させることによって，保育士Aとコア仲間たちが抱いていた理想とする保育実践に，H町の保育士全体で取り組むこととなり，その成果を研究によって保育士全体にフィードバックすることが保育士Aとそのコア仲間に求められた。かかわって保育士Aらには，個人の保育実践の内容だけでなく，成果を町の保育士全体に広めその結果をフィードバックするような，H町全体の保育について得た情報をマネジメントする能力が求められるようになった。実際，保育実践コミュニティが公的な機関へ融合した際に，その中心的な存在であった保育士Aとそのコア仲間たちは，H町全体の保育実践を研究し発表するだけでなく，まとめた成果を自らの評価を加えつつ同じ自治体の保育士たちにフィードバックするなど情報をマネジメントする力を専門的な資質として高めた。このような，コミュニティを評価し管理することでコミュニティがもつ知識資源を他のコミュニティの構成員に継承するシステムを「ナレッジ・システム」（Wenger et al., 2002/2002）と呼ぶ。ナレッジ・システムは，主に知識を生み出しそれを適用するというふたつのプロセスによって知識資源を管理する働きをもつ。つまり，現代社会に生きる小規模自治体の保育士は，自らの保育実践コミュニティにおいて知識資源を生み出しそれを多様な問題に適用することで，その知識資源をコミュニティのメンバーで共有するようナレッジ・システムを認識・管理する力を身につけていくと考えられるのである。

7-4-5　聴き手・語り手にとっての，TEA で経験をとらえる営みについて

　本研究では，保育士Aに対して9回のインタビューを実施した。インタビューが進むなかで，対話的自己ならびに山脈的自己の枠組みよって自らの経験がモデル化されていくことを経験することによって，保育士Aが自らの経験だけではなく自分の周りにいる他者の存在を位置づけていく姿が見られた。そして，山脈的自己のモデルを刺激素材として実施したインタビューでは，保育士Aがもつ多様な「●●としての自分」の語りに保育士A自らが寄り添うことで，筆者自身も自分が認識していなかった新たな自己について発見する経験をした。TLMGと山脈的自己によって，多様な他者との関わりを通じて自身のなかに生み出された多様な自己の連なりとその変容を時

系列に再構成しモデル化したものを，語り手は自分の自己形成のプロセスと
重ねあわせることで，その自己の多様さとその変容プロセスの実相について
明確に認識できることを体感することができたのである。

引用文献

足立里美・柴崎正行　（2009）　保育者アイデンティティの形成と危機体験の関連性の検討．
　　乳幼児教育学研究, *18*, 89-100.

Brammer, L. M.（1991）*How to cope with life transitions: The challenge of personal change*. Hemisphere.［ブラマー, L. M.　楡木満生・森田明子（訳）（1994）　人生のターニングポイント――転機をいかに乗りこえるか．ブレーン出版.］

Erikson, E. H.（1968）*Identity: Youth and crisis*. W. W. Norton.［エリクソン, E. H.　岩瀬庸理（訳）（1969）　主体性（アイデンティティ）――青年と危機．北望社.］

Hermans, H. J. M., & Kempen, H. J. G.（1993）*The dialogical self: Meaning as movement*. Academic Press.［ハーマンス, H. J. M.・ケンペン, H. J. G.　溝上慎一・水間玲子・森岡正芳（訳）（2006）　対話的自己――デカルト／ジェームズ／ミードを超えて．新曜社.］

井上眞理子　（1982）　E. H. エリクソンにおけるアイデンティティ概念の形成過程．ソシオロジ, *27*, 1-19.

James, W.（1890）*The principles of psychology*. 2 vols. Henry Holt.

神谷哲司・杉山（奥野）隆一・戸田有一・村山祐一　（2011）　保育園における雇用環境と保育者のストレス反応――雇用形態と非正規職員の比率に着目して．日本労働研究雑誌, *53*(2・3), 103-114.

香曽我部琢　（2011）　保育者の専門性を捉えるパラダイムシフトがもたらした問題．東北大学大学院教育学研究科研究年報, *59*(2), 53-68.

香曽我部琢　（2012）　少子化，過疎化が地方小規模自治体の保育者の成長に与える影響．保育学研究, *50*(2), 202-215.

香曽我部琢　（2013）　保育者の転機の語りにおける自己形成プロセス――展望の形成とその共有化に着目して．保育学研究, *50*(1), 117-130.

三木知子・桜井茂男　（1998）　保育専攻短大生の保育者効力感に及ぼす教育実習の影響．教育心理学研究, *46*(2), 203-211.

溝上慎一　（2008）　自己形成の心理学――他者の森をかけ抜けて自己になる．世界思想社. pp. 92-98.

向平知絵　（2011）　過疎地域における保育の実態と課題――奈良県十津川村のへき地保育所を事例に．現代社会研究科論集, *5*, 77-94.

大谷尚　（2008）　4 ステップコーディングによる質的データ分析手法 SCAT の提案――着手しやすく小規模データにも適用可能な理論化の手続き．名古屋大学大学院教育発達科学研究科紀要（教育科学）, *54*(2), 27-44.

サトウタツヤ　（2009）　TEA ではじめる質的研究――時間とプロセスを扱う研究をめざして．誠信書房.

サトウタツヤ（2013）心理と行動に関わる理論．やまだようこ・麻生武・サトウタツヤ・能智正博・秋田喜代美・矢守克也（編）質的心理学ハンドブック（pp. 98-114）．新曜社．

Schön, D. A.（1983）*The reflective practitioner: How professionals think in action.* Basic Books.［ショーン，D. A. 柳沢昌一・三輪建二（監訳）（2007）省察的実践とは何か——プロフェッショナルの行為と思考．鳳書房．］

Wenger, E.（1998）*Communities of practice: Learning, meaning, and identity.* Cambridge University Press.

Wenger, E., McDermott, R., & Snyder, W. M.（2002）*Cultivating communities of practice: A guide to managing knowledge.* Harvard Business School Press.［ウェンガー，E.・マクダーモット，R.・スナイダー，W. M. 櫻井祐子（訳）（2002）コミュニティ・オブ・プラクティス——ナレッジ社会の新たな知識形態の実践．翔泳社．］

8章

保育者研修

中坪 史典

8-1　具体的な研究内容

8-1-1　はじめに——保育者研修とは何か

　今日，幼稚園，保育所，認定こども園では，保育者の資質向上や組織の一員としての成長が期待されており，そのための環境づくりのひとつとして保育者研修が重視されている。保育者研修と一口に言っても多様である。たとえば，地方行政や民間団体などが地域の保育関係者を対象に実施する職場外研修もあれば，幼稚園（保育所）のなかで保育者同士が保育を見あったり，事例を持ち寄って話しあったりなど，日常的に学びあう職場内研修もある。また，幼稚園（保育所）に外部講師を招聘（しょうへい）して助言を受けたり，講話を聞いたりする研修もある。

　そのようななかで筆者は，大学院生（当時）とともに，日常的に学びあう職場内研修に注目し，TEM を用いた保育者の子ども理解の促進を試みた。以下，具体的な研究内容（中坪，2015）を紹介する。

8-1-2　なぜ保育者研修に TEM を用いるのか
——子ども理解のツールとしての TEM

　保育の営みは，保育者の子ども理解によってそのありようが異なるとも言われるように，保育者は，自分の子どもの見方を知り，それを修正していくことが求められる（河邊，2001）。保育者の子ども理解とは，保育のなかで

積み上げられる私のなかの「その子」を理解することであり，「その子」との関わりを通して得た情報と，それまでの「その子」についての私の理解を照らしあわせることで，その時点までの「その子」の理解を修正し，新しい「その子」の理解を構成しながら，次の関わりへと移行する行為のことである。したがって保育者の子ども理解は，常に暫定的であり，私の「その子」との関わりを通して再構成し続けるものである（岡田，2005）。

　保育者の子ども理解を促す機会のひとつとして，日常的に学びあう職場内研修がある。そこではたとえば，ある子どもの個別・具体的な事例を共有し，「その子」の気持ちを推理しあうなかで，自分の解釈を述べたり，他者の解釈に耳を傾けたりなど，多様な意見を交流する。それによって保育者は，自分の子どもの見方を知り，新たな気づきを得るとともに，子どもを見る眼差しを修正することができる。筆者らは，こうした保育者研修において以下の理由から（境，2018a），TEM の使用を試みた。

　第一に，子どもの微細な言動が対象化され，「その子」の意図や関連性が浮かび上がることである。TEM によって描き出された径路図（以下，TEM 図と表記）を作成するプロセスでは，径路上に存在する言動や出来事のひとつひとつがラベル化されるとともに，それらの順序やつながりが目に見えるかたちで表れる。こうしたなかで，何気ない行動の裏にある子どもの思いが発見されたり，複数の行動のパターンなどが見いだされたりする。

　第二に，子どもと環境の相互作用が可視化されることである。TEM では，子どもの経験の径路に影響を与えた外的要因を検討し，SD や SG として図中に明記する。保育中の子どもの経験に対する SD や SG は必然的に，他児や保育者，周囲の場所や物からの影響といった保育環境のこととなる。したがって TEM を用いることで，子どもの周囲に存在する保育環境にも眼差しが向けられ，子どもの経験をつくりだす要因として検討できる。

　第三に，不可視的な子どもの可能性や内面に対する推察が促されることである。TEM には，実際には起こらなかったがありえたかもしれない事象を想定し，TEM 図のなかに書き入れるという特徴がある。子どもの経験のプロセスのなかにこうした可能性の径路を書き入れることで，子どもの経験の複雑さや奥深さが見えてくる。

表 8-1　保育者研修の手順（所要時間：60〜70 分）

手順①	対象児の日常の一コマを映し出した映像を視聴する。〔約 3 分〕
手順②	繰り返し映像を視聴しながら，映像中の対象児の言動や，それに影響を与えていそうな周囲の出来事を付箋にできるだけ多く書き出す。1 枚の付箋にひとつのことを書く。〔約 15 分〕
手順③	書いた付箋を集めて出来事の起きた順に並べ，対象児の言動や周囲の出来事に関する一連の流れ（「ゴール」までのプロセス）について，横長に連結した A3 用紙（台紙）に貼る。同じ内容の付箋はひとつにまとめる。付箋が台紙に収まらないときは用紙を継ぎ足す。〔約 15 分〕
手順④	周囲の出来事が対象児にどのような影響を与えているかを語りあう。また，対象児の言動のなかから「ターニングポイント」と言えそうな箇所を選択し，その理由を語りあう。〔約 15 分〕
手順⑤	「もしも」この「ターニングポイント」がなかったらという仮想場面を想定し，その場合にありえたかもしれない対象児の言動を想像して語りあう。〔約 15 分〕
手順⑥	台紙の余白に気づいたことをメモ書きのように気軽に記入する。〔約 5 分〕

8-1-3　TEM を用いた保育者研修の一例

　筆者らは，ある特定の子ども（対象児）の日常を映し出した約 3 分の映像をもとに，ツールとして TEM を用いることで，「時系列に沿って子どもの経験を丁寧に見つめること」「その子どもにとって大切な周囲の出来事は何かをとらえること」を目的とした保育者研修を実施した。映像は，研修対象となった保育園における実際の一場面である。以下，その手順を紹介する（表8-1）。なお，この手順は一例にすぎず，TEM を用いた保育者研修の進め方に制約はない。

8-1-4　TEM がもたらす保育者の子ども理解（1）
——日常の些細な事例を掘り下げる

　以下は，表 8-1 の手順で実施した保育者研修における子ども理解のツールとしての TEM の可能性について，参加した保育者のグループ・インタビューから探り出したものである。その結果，次の 2 点が明らかになった（保木井，2018; 保木井ら，2016）。

　第一に，対象児の日常を映し出した映像と，TEM を用いてその映像を解釈するという手順（手順①〜⑥）によって，何気ない日常の些細な事例を掘

り下げるような子ども理解が促されたことである。この研修で使用した映像
は，「園庭の砂場にいるA子（4歳女児）が，他の女児が掘った砂を握り固
めて団子を作り，砂場のふちに並べている。その後，砂場から少し離れたと
ころで長縄飛びをしている別の女児たちのところへ行き，縄を跳んだのち，
縄を回す側に変わる。しばらくすると3歳児に縄を渡してその場を離れ，最
初にいた砂場に戻る」（2分58秒）というものである。保育者からするとあ
まりにありふれた場面であり，通常の保育者研修であれば，事例をもち寄っ
て話しあうことはおそらくないだろう。

　しかし，手順を進めていくにしたがって，映像から次々に発見が生まれて
いった。たとえば，映像中のA子の言動や，それに影響を与えていそうな
周囲の出来事を付箋に書き出し（手順②），時系列に並べて一連の流れを台
紙に貼る（手順③）作業がA子の微細な行動に保育者の目を向けさせるこ
ととなった。また，周囲の出来事を付箋に書き出す作業は，それらが対象児
にどのような影響を与えているかを語りあい（手順④），ありえたかもしれ
ない対象児の言動を想像すること（手順⑤）を促した。つまり，映像中の
A子のTEM図作成を通して，保育者の子ども理解が広がったのである。

　第二に，A子に詳しい担任保育者の意見が，他の保育者の「A子理解」
を促すだけでなく，彼女のことを知らない他の保育者の意見が，担任保育者
の「A子理解」を促したことである。研修では，「A子には兄が2人いる」「彼
女はとても行動的で，いつもおもしろそうなことを見つけてはサッと行動に
移す」など，担任保育者がA子の情報を伝えることで，他の保育者の「A
子理解」が促されることがあった。興味深いのは，A子のことを知らない
他の保育者が彼女の微細な行動に注目し，周囲の出来事と結びつけて述べた
意見が，担任保育者にとって「目から鱗」となったことである。グループ・
インタビューのなかで述べられた「あまり意識したことがなかった新たな一
面に気づくことができた」という担任保育者の語りにもあるように，先入観
のない他の保育者の見方が担任保育者にとって斬新であり，新たな気づきを
誘発していた。

　TEMを用いた保育者研修では，映像中の対象児の言動や，それに影響を
与えていそうな周囲の出来事を付箋に書き出すことから，その後の語りあい
では，保育者が付箋に書き出した記述をもとに意見を述べることで，それぞ

れの見方の共有が図られる点が特徴的である。こうした語りあいが対象児に詳しい担任保育者と，他の保育者との活発な意見交流や刺激の与えあいを促し，それによって保育者の子ども理解が深まるのである。

8-1-5　TEMがもたらす保育者の子ども理解（2）
──「もしも」を仮想しながら語りあう

　TEMを用いた保育者研修のもうひとつの特徴は，時系列に並べた子どもの経験の径路のなかから，BFPやOPPに該当するような「ターニングポイント」を選び出す点にある。以下は，保育者研修における子ども理解のツールとしてのTEMの可能性について，参加した保育者の会話を録音し分析したものである。その結果，次の2点が明らかになった（境，2018b; 境ら，2014）。

　第一に，保育者が対象児の言動のなかから「ターニングポイント」と言えそうな箇所を選択することで（手順④），「もしも」を仮想するような子ども理解が促されたことである（手順⑤）。「ターニングポイント」とは，子どもの活動に影響を与えた経験や周囲の出来事などBFPやOPPとなるようなものである。ただし，この保育者研修では，BFPやOPPなどの表現でこれらを区分すると，保育者にとって難解な概念になってしまうことを危惧し，これらをあわせた用語として「ターニングポイント」とした。この「ターニングポイント」を選び出すことで保育者は，「ここでもしも友だちの声かけがなかったら」「ここでもしも先生がそばにいなかったら」など，「ターニングポイント」がなかった場合の想像力を働かせていたのである。このような作業は，実際とは異なる「もしも」を仮想するときの端緒となる。

　「もしも」を仮想する語りあいは，実際とは異なる対象児の言動をイメージすることから，子ども理解の拡大に寄与する。ツールとしてのTEMを用いることで保育者は，意識的に対象児の見方を広げるとともに，対象児の言動の意味についての理解を深めることができる。

　第二に，「もしも」の仮想と対象児の実際の言動を結びつけるような保育者の子ども理解が促されたことである。「もしも」を仮想する保育者の語りあいは，確かに豊かに派生するものの，決して際限なく広がるわけではない。多様な場面が想定され，対象児の言動のイメージが広がると，今度はそれら

を検証し，より妥当な解釈を得ようとする反対方向の動きが働く。そうして生じた語りあいには，次のふたつが見られた。ひとつは，複数の可能性を比較し，より対象児の性格や実際の状況に照らして妥当な解釈を採用するような語りあいである。これは，保育者が仮想する「もしも」が突拍子もない妄想に向かうことを阻止し，対象児の可能性の姿を見いだすことを促している。もうひとつは，「もしも」の仮想を契機に，対象児の実際の言動が選択された理由や背景が深まるような語りあいである。多様な「もしも」を想起しても，事実としては実際の言動が対象児の意思やさまざまな諸力によって発生したことには違いない。ときに「もしも」の仮想は，そうした事実を成立させる要因を映し出す鏡のように機能する。

　このように対象児が実際の活動を選んだ（選ばざるをえなかった）理由を検討することで，保育者は子ども理解を深めることができる。

8-1-6　おわりに──子ども理解に喜びを感じる保育者研修を目指して

　保育者研修に TEM を用いることで，日常の些細な事例を掘り下げた語りあいや，「もしも」を仮想した語りあいなど，保育者の子ども理解を促すことが明らかになった。筆者らの研究結果は，

①何気ない些細な子どもの事例を掘り下げて検討することで，保育者が「その子」の微細な言動に目を向けたこと

②子どもの言動に影響を与えていそうな周囲の出来事を付箋に書き出すことで，「その子」が存在する場所，物，他児に対して保育者の眼差しが向けられたこと

③子どもの言動のなかから「ターニングポイント」を選び出すことで，実際には起こらなかったがありえたかもしれない事象を想定するなど，不可視的な「その子」の可能性に対する保育者の推察が促されたこと

などを明らかにしたことから，TEM が保育者研修の有効なツールとなりうることを示唆したものである。

　とはいえ，TEM を用いた保育者研修は，参加者が積極的に上記の手順に基づく作業に参加したり，リラックスした雰囲気のなかで安心して自分の意見を述べたり，自分とは異なる他者の意見に耳を傾けたりなど，子どもの新しい一面を発見することに喜びを感じることが大切である（境，2018c）。し

たがって実際の保育者研修への導入にあたっては，お茶やお菓子を用意する
など，参加する保育者が研修を楽しむための条件を整えることも必要となる。
あなたの地域や幼稚園（保育所）でも，TEM を用いることで，参加する保
育者が居心地のよさを感じ，自分の子ども理解についての解釈をつい述べた
くなるような，そんな「無理なく」「楽しく」「継続的な」保育者研修を始め
てみてはどうだろうか。

8-2　Making ダイナミック

　TEA を用いて質的研究を進めるとき，おおむね私たちは，次のようなイ
メージをもつだろう。

①研究者が自らの関心に基づいてテーマを設定し，それについて語ってく
　れる協力者を招待する（HSI）。
②研究者は協力者の声に耳を傾け（Intra-view），TEM 図の作成を通して
　協力者の語りを分析する。
③研究者は作成した TEM 図を介して，再び協力者と対話する（Inter-
　view）。
④研究者は TEM 図を再検討し，みたび協力者のもとに足を運ぶ（Trans-
　view）。

　このイメージに照らしたとき，既述した筆者らの研究が特異であることが
わかる。たとえば，本研究において保育者は，招待された協力者ではあるも
のの，決して研究者が協力者の声に耳を傾け，TEM 図の作成を通して語り
を分析するわけではない。本研究における TEM 図の作成は保育者自身であ
り，したがって TEM 図を介して対話するのも研究者と保育者ではなく保育
者同士である。本研究は，子ども理解のツールのひとつとして研究者が
TEM を紹介し，保育者研修のなかで保育者がそれを試みたものである。
　この特異性を踏まえ，以下では，EFP，文化や社会，開放系（オープンシ
ステム）などの鍵概念が本研究でどのように反映されるのかを論じる。

8-2-1　TEM を用いた保育者研修における EFP の特異性

　EFP とは，研究者が関心をもった現象であり，研究ゴールとして位置づ

けられるほど重要な概念である。その際，研究者が初期段階で設定した
EFP は，ときにナイーブであることも少なくないため，研究の進捗ととも
に変化させることが推奨される（サトウ，2017）。データ分析の過程で EFP
として記述するべきことが他に見えてくることから，研究者が最初に設定し
た EFP は，研究のとっかかりにすぎない（安田，2015）。

　他方，本研究で設定した EFP は，研究者が関心をもった現象でもなけれ
ば研究ゴールでもない。既述した約 3 分の映像について保育者が TEM 図を
作成する際，EFP がないと作業が始めにくいことから，便宜的に《^{EFP}A 子
が最初にいた砂場に戻る》場面を EFP に設定した。これは単に，映像の区
切りに他ならない。保育者研修のツールとして TEM を用いるときの EFP は，
研究者の質的研究におけるそれとは異なるのである。

　ところで，保育者研修に TEM を用いるとき，経験的に言えば，使用する
映像は 5 分以内の短いものが望ましい。なぜなら TEM 図作成のために保育
者は繰り返し視聴したり，映像中の対象児の言動やそれに影響を与えていそ
うな周囲の出来事を付箋に書き出したりする作業を伴うからである。そうし
たなかで EFP は，映像中のどこでも設定できる。たとえば，5 分の映像を
前半 2 分と後半 3 分に区分し，保育者がふたつのグループに分かれ，前半と
後半についてそれぞれ EFP を設定し TEM 図を作成することもできるだろ
う。筆者らが提案する保育者研修において EFP とは，保育者の裁量によっ
ていかようにでも設定できるのであり，その意味では ZOF の概念を想起さ
せるものである。

　大切なことは，保育者研修に TEM を用いるとき，EFP の設定にあれこ
れと悩まないことである。どこでもよいと開き直り，悩むくらいなら便宜的
に映像の区切りを EFP とすることで，かえって日常の些細な事例や日頃は
気にすることなく見過ごしてしまうような事例を掘り下げて語りあうことが
できる。筆者らの保育者研修で重視するのは，TEM 図の作成を通して保育
者同士が語りあい子ども理解を深めることであり，決して EFP の設定を吟
味することではない。もしかしたら，TEM 図を介した語りあいの楽しさや
おもしろさを実感した保育者が，次のフェーズとして EFP の設定にこだわ
り，どの場面にするのかを相互に吟味するようになるかもしれない。そうな
ると保育者にとって意味のある 2nd EFP が見いだされ，保育者研修の質の

向上につながるだろう。

8-2-2　子どもの言動を文化や社会との関係でとらえる

　TEM を用いた質的研究では，多様な人びとがたどる人生の径路が描き出
されており，いずれも文化や社会との関係でとらえることが目指される。そ
の際，道具立てとして機能するのが SD，SG，BFP，OPP などの概念であ
る（能智，2015; 安田，2009）。換言すれば，TEM を用いた質的研究では，
これらの概念をレンズとすることで，人生の径路や人びとの行動に影響を与
える制度，習慣，慣習などと結びつけて吟味することができる。

　この点を踏まえ，以下では，保木井（2018）をもとに，保育者研修に参加
した保育者が映像中の A 子の言動をいかに文化や社会との関係でとらえた
のかを紹介しよう。参加者のひとりである保育者 B は，砂場にいる A 子が
他の女児が掘った砂で団子を作り砂場のふちに並べたこと，その後，長縄飛
びに参加した A 子はしばらくして砂場に戻ってくるのだが，その間，彼女
が作って並べた団子を誰も壊さなかったことに注目した。

　　　　保育者 B：「周りの子どもたちも，A 子がお団子を作って並べていたの
　　　　　　　　を，もしかしたら『すごい』と感じていて，認めているのだと思った」

　保育者 B は，A 子が作って並べた団子について，彼女が戻ってくるまで
それが保持されたことが再び砂場で遊び始める要因になったと解釈した。そ
して保育者 B は，この出来事を SG と位置づけた。この解釈に他の保育者も
同意し，「A 子が団子を並べている砂場の木枠は，砂場への出入りでまたぐ
部分であり，言われてみると確かに彼女は，ずいぶん危なっかしい場所に団
子を並べている」と述べた。つまり，A 子が作って並べた団子を他児が尊
重するような習慣や慣習が彼女の遊びの再開に影響を与えたというのであ
る。

　このように SG の概念をレンズとすることで，子どもの遊びや出来事のプ
ロセスを文化や社会との関係でとらえることができる。A 子が砂場に戻っ
て遊び始めたのは，単に彼女の内面的な気持ちだけでなく，自分が並べた団
子がそのまま残されていたという状況，もっと言えば，他児が作ったものを

互いに尊重するような習慣や慣習が存在したからであると考えられる。TEM
図の作成は，こうした日常の些細な事例であっても，子どもの遊びを促す周
囲の環境や状況を吟味するきっかけを与えてくれる。

　TEM を用いた質的研究では，たとえば，ライフストーリーやキャリア発
達のプロセスなど（例：石盛ら，2018; 時任・寺嶋，2018），人間の成長や変
容の径路を研究者が TEM 図に描き出すことで，多様な人びとがたどる人生
の道筋を文化や社会との関係でとらえることが目指される。他方，筆者らの
研究は，そうした壮大な径路とは対照的に，幼稚園や保育所のなかで子ども
が経験するわずか数分の出来事を保育者が TEM 図に描き出したにすぎな
い。そこで描出される TEM 図についても，保育者の子ども理解を目的に行
われるものであり，決して質的研究のためではない。それにもかかわらず，
TEM を用いた保育者研修は，TEM を用いた質的研究と同じように，子ど
もの言動を文化や社会との関係でとらえることを可能にするのである。

8-2-3　開放系（オープンシステム）としての保育者の子ども理解

　冒頭で述べたように，保育の営みにおける保育者の子ども理解とは，保育
のなかで積み上げられる私のなかの「その子」を理解することであり，常に
暫定的で再構成し続けるものである（岡田，2005）。この点を踏まえるとき
私たちは，ヴァルシナー（Valsiner, 2000）が『文化と人間発達（*Culture
and human development*)』のなかで示した，人間を含む生物は，常に外界
とさまざまなレベルで交換を行っており，そのことを通じて自らも変化し，
発達する開放系（オープンシステム）である（サトウ，2017）という理論を
想起することができる。保育者の子ども理解もまた，「その子」との直接の
やりとりや，あるいは「その子」が人，こと，物など多様な周囲の環境とや
りとりする様子を間接的にとらえることを通して，いわば，さまざまな記号
レベルでの情報交換を通して，その時点まで保育者のなかにあった「その子」
の理解を修正し，新しい「その子」の理解を構成しながら，次の関わりへと
移行する行為のことである。保育者研修における子ども理解のツールとして
の TEM の利用は，開放系の理論と近しいことがわかる。

　そのうえで筆者らは，上記の情報交換に加えて，保育者同士が協働して
TEM 図を作成し，その過程で対話することが，私のなかの「その子」理解

の再構成につながることを示した。具体的には，子どもの言動を詳細に記述するTEMの手順を通して，日常の些細な事例に潜む子どもの内面の動きや育ちがとらえられること，個々の保育者の視点の違いを生かした相互交流が生じること，「もしも」の可能性を検討するなかで，子どもの意図，保育者などの他者の存在，周囲の環境が，複合的に経験のプロセスを形成していく構造が見えてくること，対象児や保育環境の可能性のありように気づくことで，そのよさを伸ばしていこうとする視座がもてることなどを明らかにしたのである（境, 2018c）。園のなかで繰り広げられる子どもの活動の出来事は，一言で説明できないほど豊かな経験のプロセスが含まれている。子どもの経験のプロセスを非可逆的時間としてとらえることで保育者は，子どもがかけがえのない出来事に遭遇していることに気づくことができる。

引用文献

保木井啓史（2018）　TEMがもたらす日常の一コマからの子ども理解とは．中坪史典・境愛一郎・濱名潔・保木井啓史・伊勢慎・サトウタツヤ・安田裕子（編）　質的アプローチが拓く「協働型」園内研修をデザインする――保育者が育ち合うツールとしてのKJ法とTEM（pp. 141-163）．ミネルヴァ書房．

保木井啓史・境愛一郎・濱名潔・中坪史典（2016）　子ども理解のツールとしての複線径路・等至性モデル（TEM）の可能性．子ども学（萌文書林），4，170-189．

石盛真徳・朴修賢・田淵正信（2018）　中小企業における親族内事業継承に関する事例的研究――近年に事業継承を行った2名の後継者のライフストーリーとキャリア選択プロセスの複線径路・等至性モデル（Trajectory Equifinality Model: TEM）による検討．追手門経営論集，24(1)，49-73．

河邊貴子（2001）　保育者の役割．青木久子・間藤侑・河邊貴子（編）　子ども理解とカウンセリングマインド――保育臨床の視点から（pp. 111-126）．萌文書林．

中坪史典（2015）　保育カンファレンスに活用する――対話や実践知の交流を促すツールとしてのTEM．安田裕子・滑田明暢・福田茉莉・サトウタツヤ（編）　TEA実践編――複線径路等至性アプローチを活用する（pp. 240-243）．新曜社．

能智正博（2015）　ナラティヴ研究とTEM．安田裕子・滑田明暢・福田茉莉・サトウタツヤ（編）　TEA理論編――複線径路等至性アプローチの基礎を学ぶ（pp. 69-73）．新曜社．

岡田たつみ（2005）　「私の中のその子」とかかわり方．保育学研究，43(2)，187-193．

境愛一郎（2018a）　園内研修をデザインするツールとしてのTEM．中坪史典・境愛一郎・濱名潔・保木井啓史・伊勢慎・サトウタツヤ・安田裕子（編）　質的アプローチが拓く「協働型」園内研修をデザインする――保育者が育ち合うツールとしてのKJ法とTEM（pp. 114-140）．ミネルヴァ書房．

境愛一郎（2018b）「もしも」の語り合いで深まる子ども理解とティームワーク．中坪史典・境愛一郎・濱名潔・保木井啓史・伊勢慎・サトウタツヤ・安田裕子（編）　質的アプローチが拓く「協働型」園内研修をデザインする――保育者が育ち合うツールとしての KJ 法と TEM（pp. 164-187）．ミネルヴァ書房．

境愛一郎（2018c）　TEM を用いた園内研修の可能性と留意点．中坪史典・境愛一郎・濱名潔・保木井啓史・伊勢慎・サトウタツヤ・安田裕子（編）　質的アプローチが拓く「協働型」園内研修をデザインする――保育者が育ち合うツールとしての KJ 法と TEM（pp. 188-209）．ミネルヴァ書房．

境愛一郎・中坪史典・保木井啓史・濱名潔（2014）「もしも」の語り合いが開く子ども理解の可能性――複線径路・等至性モデル（TEM）を応用した園内研修の試み．広島大学大学院教育学研究科紀要・第三部（教育人間科学関連領域），*63*，91-100.

サトウタツヤ（2017）　TEA（複線径路等至性アプローチ）とは何か．安田裕子・サトウタツヤ（編）　TEM でひろがる社会実装――ライフの充実を支援する（pp. 1-11）．誠信書房．

時任隼平・寺嶋浩介（2018）　学校改善を担うスクールミドルの成長発達に寄与する教職経験に関する研究．日本教育工学会論文誌，*42*(1)，15-29.

Valsiner, J.（2000）*Culture and human development: An introduction.* Sage Publications.

安田裕子（2009）　未婚の若年女性の中絶経験の変化プロセス――その径路を TEM 図で描いてみる．サトウタツヤ（編）　TEM ではじめる質的研究――時間とプロセスを扱う研究をめざして（pp. 57-74）．誠信書房．

安田裕子（2015）　コミュニティ心理学における TEM/TEA 研究の可能性．コミュニティ心理学研究，*19*(1)，62-76.

第Ⅲ部

看護における
対人援助プロセスを記述する

9章

メンタルヘルス不調による
キャリア中期看護師の休職・離職
4つの BFP と個人の価値変容に着目して

中本 明世

9-1 はじめに

　近年，医療が高度化し，質の高い看護が求められていると同時に看護業務も複雑多様化している状況下で，看護師に求められる能力や役割と責任の重さによる過度のストレスから，メンタルヘルスの不調を訴えるケースも少なくない。病院などの医療現場で働く職員は，援助者としてあるべき姿にとらわれ，日常業務の忙しさから自身の困りごとや感情に向きあう作業を後回しにしてしまう傾向がある。その特性上，人に相談することが苦手な医療従事者も多く存在し，メンタルヘルスの問題は価値観が多様な世の中で今後重要な問題となると言われている（砂道，2014）。日本看護協会（2012）による調査では，1カ月以上の長期病気休暇を取得した看護師のうち，3分の1はメンタルヘルス不調が原因であることがわかっている。また，心の健康問題で休職した看護師の現場復帰率は54.5％であるが，そのうち休職と現場復帰を繰り返している看護師は13.9％であったとの調査結果（木村ら，2019）もある。

　日本看護協会（2018）は看護職の健康と安全に配慮した労働安全衛生ガイドラインを公表し，ヘルシーワークプレイス（健康で安全な職場）の実現に向けた取り組みを示している。看護師のメンタルヘルス不調は，看護への魅力や誇りを失い看護師としてのアイデンティティをも脅かすうえに，看護の質を低下させることになりかねない。したがって，メンタルヘルスに関する

予防的取り組みやメンタルヘルス不調に対する一時的な対応だけでなく，看護師としての内的なキャリア発達，つまり仕事に対するやりがいや自己課題を見いだすといった視点も視野に入れた支援体制を構築することが不可欠と言える。そこで筆者は，看護師のメンタルヘルスケアを含めたキャリア発達支援体制の構築を目指し，研究を行った。

　本章では，まずメンタルヘルス不調による休職・離職経験をもつキャリア中期看護師の経験のプロセスを明らかにした研究1（中本・北岡，2017）を紹介する。次に，研究1の研究協力者のひとりであり，休職経験のあるB氏の休職後の価値変容プロセスをTLMGにより明らかにした研究2（中本ら，2021）を紹介する。

　なお，本研究で用いるメンタルヘルス不調とは，臨床的な診断閾値に達している精神疾患だけでなく，ストレスにうまく対処できず心理的苦痛や不安などを呈し，生産的かつ効果的に就労することができず，社会生活に影響を与える可能性のある心理的および行動上の問題を幅広く含むものを指す。

9-2　研究1
──メンタルヘルス不調による休職・離職経験のプロセス

9-2-1　方　法
a.　研究協力者

　3年以上の職務経験の後にメンタルヘルス不調による休職もしくは離職した経験があり，その後看護職に復帰した看護師を対象とした。休職・離職から復職に至るまでの期間には3週間から1年6カ月と差異があるが，休職・離職期間にどのような経験をしたのかに着目するため，休職・離職期間の長さは問わなかった。また，看護師として復職することに主眼を置くため，復職した場所は問わないこととした。表9-1に，研究協力者の概要を示す。

b.　データ収集
▶調査方法

　研究協力者に対して，面接ガイドラインを用いて半構造的面接を行い，メンタルヘルス不調の自覚からの休職・離職を経て復職し看護師として働き続

表9-1　研究協力者の概要

対象者	年齢	性別	看護師歴	休職・離職時の年齢	休職・離職	休職・離職期間	婚姻状況	前職場	現職場	勤務形態
A	28歳	女	8年	23歳	休	1年6カ月	未婚	病棟	病棟	2交代
B	40歳	女	19年	35歳	休	3カ月	未婚	ICU	ICU	2交代
C	44歳	女	23年	37歳	離	6カ月	未婚	病棟	クリニック	日勤
D	40歳	女	19年	35歳	休	3カ月	既婚	外来	看護部	日勤
E	48歳	男	23年	44歳	休	3週間	未婚	ICU	ICU	2交代
F	40歳	女	20年	36歳	休	2カ月	既婚	老健	老健	3交代
G	44歳	女	23年	37歳	離	1年	既婚	病棟	クリニック	日勤
H	42歳	女	20年	35歳	離	10カ月	未婚	外来	外来	日勤
I	40歳	女	19年	35歳	離	1年	未婚	ICU	特養	日勤
平均	40.7歳		19.3年	35.2歳		7カ月				

注）「ICU」は集中治療室（intensive care unit），「老健」は介護老人保健施設，「特養」は特別養護老人ホーム

ける経験について調査した。内容の整合性を高めるために，都合のあわなかった1名を除く8名には2回の面接を行った。

▶調査内容

　面接内容は，メンタルヘルス不調から休職・離職に至り，その後復職してからの経験について，その時々の状況や行動，心情，他者の関わり，環境などを詳細にとらえるようなものとした。

▶分析方法

　メンタルヘルス不調による休職・離職から復職を経て再度看護師として働くという経験について，状況や行動に着目し意味のまとまりごとに切片化して整理しコード化した。次に，意味内容の類似性，相違性に基づき，質的・帰納的に分析し，サブカテゴリー，カテゴリー，コアカテゴリー化を行った。その後，時間の経過を意識し，研究協力者それぞれのTEM図を作成した。個々のTEM図をもとに2回目のインタビューを実施し（1名を除く），内

容に齟齬がないかなどの確認を行った。そして，2回目のインタビューデータをもとに修正した9名のプロセスを熟読し，修正を繰り返しひとつのTEM図として完成させた。

TEM図では，9名の研究参加者のデータから《^{EFP}看護師としての見通しがもてる》をEFPとして定めた。そのEFPに至るプロセスにおいて《^{OPP}心身にかかっていた仕事ストレスの荷を下ろす》，《^{OPP}看護職へ本格的に復職する》をOPP，《^{BFP❶}心身に強く仕事の負担がのしかかる》，《^{BFP❷}現状と先行きへの不安に職業継続意思が揺らぐ》，《^{BFP❸}何もしていない焦りと不安を抱え葛藤する》，《^{BFP❹}看護師としての自分を立て直す》をBFPとした。また，EFPへの歩みにおいて相反する力や，BFPにおける相反する力のせめぎあいをSD，SGによりとらえた。

9-2-2　結果――見いだされた4つのBFP

研究協力者らのメンタルヘルス不調の自覚から休職・離職を経て復職し看護師を続けるプロセスにおいて明らかとなった4つのBFPに焦点をあて，結果を記述する。TEM図を図9-1に示す。

a.　BFP❶――心身に強く仕事の負担がのしかかる

研究協力者らは，不本意な出来事で医療的ジレンマを抱え心身の負担を感じたり，仕事が忙しく心身に余裕がもてない状態に陥るなど，《^{BFP❶}心身に強く仕事の負担がのしかかる》ことになった。そして，《^{SG}状況を理解してくれる他者の存在》があるものの，《^{SD}共感相手がほとんどいない職場環境》であることで，看護師としての自分の存在価値が見いだせなくなったり，仕事に身が入らなくなっていた。

b.　BFP❷――現状と先行きへの不安に職業継続意思が揺らぐ

メンタルヘルス不調により仕事遂行に支障を及ぼしたことで研究協力者らは今後について考えるが，今の自分の限界を感じながらも休職・離職後の不確定な未来予想から，《^{BFP❷}現状と先行きへの不安に職業継続意思が揺らぐ》ことになった。ここでは，《^{SG}メンタルヘルスの専門家による介入》があるものの，《^{SD}看護師としての役割と責任を問われる職場環境》であることが

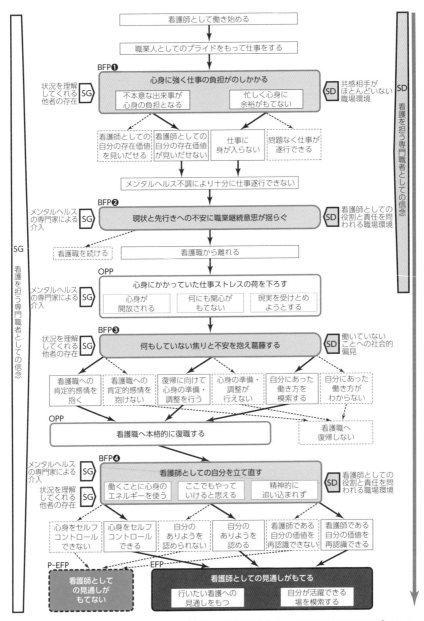

図 9-1　メンタルヘルス不調による休職・離職経験をもつ看護師の経験のプロセス
（中本・北岡，2017 より著者一部改変）

過重な負担となり，看護職から離れることを選択した。

c. BFP❸──何もしていない焦りと不安を抱え葛藤する

　研究協力者らは，看護職から離れ《^{OPP}心身にかかっていた仕事ストレスの荷を下ろす》ことはできた。しかし，働いていないことで，このままではいけないという焦燥感や逃げてはいけないという思いを抱きながらも，自分は看護師として復帰できるのかどうかといった思いも抱き，《^{BFP❸}何もしていない焦りと不安を抱え葛藤する》ことになった。そのようななかで，《^{SD}働いていないことへの社会的偏見》を感じながらも，《^{SG}状況を理解してくれる他者の存在》が助けとなり，看護職への肯定的感情を抱くことができたり，復職に向けて心身の準備・調整を行ったり，前向きに自分にあった働き方を模索することができ，看護職へ本格的に復職するに至った。

d. BFP❹──看護師としての自分を立て直す

　研究協力者らは，《^{OPP}看護職へ本格的に復職する》が，まずは場に慣れることや職場に行くだけで精一杯と感じるなど，心身のエネルギーをおおいに使うような状況であった。そのような状況下であったが，これまでの看護師経験を咄嗟に生かした対応ができたり，これまでと異なる場でも楽しいかもしれないという感情も沸き上がることで，ここでもやっていけると思えるようになった。また，復職した職場でこれまでの経験を生かした役割を与えられたり，自分のペースで仕事ができる環境を与えられることで精神的に追い込まれず，《^{BFP❹}看護師としての自分を立て直す》ことができた。ここでは，《^{SD}看護師としての役割と責任を問われる職場環境》であるものの，《^{SG}メンタルヘルスの専門家による介入》や《^{SG}状況を理解してくれる他者の存在》が助けとなり，心身をセルフコントロールできたり，自分のありようを認めることができたり，看護師である自分の価値を再認識することができ，《^{EFP}看護師としての見通しがもてる》ようになった。

　また，プロセス全体を通してみると，看護職から離れ《^{OPP}心身にかかっていた仕事ストレスの荷を下ろす》までは，《^{SG・SD}看護を担う専門職者としての信念》がEFPに向かう促進要因となっていた一方で，その信念があるがゆえに，置かれた状況にうまく対応できず阻害要因としても働いているこ

とが明らかとなった。しかし，《^{OPP}心身にかかっていた仕事ストレスの荷を下ろす》以降のプロセスでは，《^{SG}看護を担う専門職者としての信念》はEFP に至る促進要因としてのみ働いていた。

9-2-3　考察——4 つの BFP から見えてきたキャリア発達

　職歴を積んだ看護師は組織から期待を受け与えられる仕事の役割も大きいが，役割過重となって負担感が生じることにもなり，キャリア発達の停滞や中断をもたらすことになる。本研究で明らかになった《^{BFP}❶心身に強く仕事の負担がのしかかる》ことになった後の看護師としての自分の存在価値が見いだせない経験や仕事に身が入らない経験は，バーンアウトの要素とされる「個人的達成感の低下」や「情緒的消耗感」と類似していた。看護職者としてのやりがいを見いだして仕事の満足度が高いほど今の職場での継続意思は確実になる（加藤・尾﨑，2011）ため，この時期は，仕事の質的・量的な軽減を図るだけでなく，看護師としての自己成長の実感や存在価値の認識，仕事の向きあい方にも目を向けた介入が必要である。

　次に，《^{BFP}❷現状と先行きへの不安に職業継続意思が揺らぐ》という揺れ動きは，数年の看護師経験のなかでキャリアを構築してきたがゆえと考えられ，看護職から離れることは大きな決断であったと推察する。中堅の看護師は「（経験を）無駄にしたくないという思い」「やるしかないという思い」「負けたくないという思い」などが離職を思いとどまる要因になっている（久保寺，2014）。しかし，研究協力者らの経験から，看護職から離れるというキャリア中断の決断は心身にかかっていた仕事ストレスの荷を下ろしキャリアを再考するきっかけとなったことが明らかになり，長期的なキャリア発達の観点から考えるとキャリアの中断もときに重要な意味をもつと言える。

　特徴的であったのは，看護職を離れ心身にかかっていた仕事ストレスの荷を下ろすまでの時期では，《$^{SG・SD}$看護を担う専門職者としての信念》が阻害要因かつ促進要因として働いていた点である。本来，《看護を担う専門職者としての信念》はキャリア発達を促進させる要因であると考えられる。しかし，この時期の研究協力者らは，「看護師としてこうありたい」「看護師としてこうであらねばならぬ」という専門職者としての信念が強いがゆえに，組織から求められる期待に応えられないことで重圧に感じ，達成感ややりがい

といった自己成長を実感できていない状況に陥ったのではないかと推察する。

　その後，研究協力者らは看護職から離れ心身にかかっていた仕事ストレスの荷下ろしができたものの，《^{BFP}❸何もしていない焦りと不安を抱え葛藤》していた。この経験はその後の看護職への本格的な復職へと向かう重要な転換点と言える。これまで培ってきたキャリアが中断された研究協力者らは，このままの状態だと看護師として働けなくなるのではないか，逃げてはいけないのではないかといった不安や焦りで葛藤するが，自らの経験を振り返り看護職に肯定的感情を抱くことができたり，もう一度看護師として働く自分をイメージし心身の準備・調整を行うなど，復職に向けての準備を進めることができるようになった。シュロスバーグ（Schlossberg, 1989/2000）は，変化の過程を理解し，変化に対処する力や技を駆使し，さらに磨きをかけることで，どのような転機（トランジション）においても自ら主導権を握ってそれを乗り越えることができると述べている。ブリッジズ（Bridges, 2004/2014）は，トランジションでの空白の時期をニュートラルゾーンと呼び，この時期は一見無意味な行動をとることによって自己変容することができるといい，新たな章を開く絶好の機会であると主張している。金井（2002）は節目ごとに意識してキャリアをデザインすることを主張している。つまり，転機であり節目と言える休職・離職後の何もしていない焦りと不安を抱え葛藤する時期に，個人がどのようにそれを乗り越えキャリアをどうデザインするのかは，この時期の課題であり自己変容のチャンスである。

　また，復職後に《^{BFP}❹看護師としての自分を立て直》し，心身をセルフコントロールしたり，自分のありようを認めたり，あるいは看護師である自分の価値を再認識することは，看護師としてのキャリアを再構築するうえで重要である。ベルニエ（Bernier, 1998）は，バーンアウトや仕事関連ストレスからの回復過程の最終段階は「決別し変化する」ステージであると述べている。つまり，受けてきたストレスを断ち切り変わっていく段階であるが，本研究では看護師としての自分を立て直すことでキャリアを再構築していくための変化が起きたと言える。

　《^{OPP}心身にかかっていた仕事ストレスの荷を下ろす》以降は，《^{SG}看護を担う専門職者としての信念》は促進要因としてのみ働いていた。これは，研究

協力者が看護師である自分自身を省察し，今の自分自身の価値を再認識したり自己のありようを認め，「看護師である自分はこうであらねばならぬ」というとらわれていた専門職者としての強い信念から脱却できたことで，キャリア発達に促進的に働いたものと推察する。

9-3　研究 2──看護職から離れた後の価値変容プロセス

9-3-1　方　法

a.　研究協力者

　研究1の研究協力者であった休職経験をもつ B 氏を分析対象とした。研究2では，TLMG により価値変容を明らかにすることで，より詳細に内的なキャリア発達プロセスをとらえることができると考えた。看護管理者や専門看護師・認定看護師などのスペシャリストの資格をもつ者は，専門的な役割を担うことによってキャリア発達は明確化しやすいが，役職をもたないいわゆるジェネラリストのキャリア発達は可視化されにくい。そこで，研究2では役職や特定の分野の資格をもたない看護師を対象とすることとした。

b.　分析方法

　まず，B 氏の生データを熟読し，看護職から離れてから復職するプロセスにおける思考や心情・感情といった心のありように焦点をあてて抽出しコード化した。そして，《[BFP]何もしていない焦りと不安を抱え葛藤する》，《[BFP]看護師としての自分を立て直す》という BFP において何がきっかけとなり，どのような変化が起こったのかに着目し，価値変容のきっかけとなった心のありようを PS ととらえ，TLMG を用いて可視化した。

9-3-2　結果──B 氏の価値変容プロセス

　TLMG により分析した図を図 9-2 に示す。以下，価値変容点[1] を《VTM》で示す。
　B 氏は，ある患者の死をきっかけに医療的ジレンマを抱えていた。そうし

---

1) 価値変容点とは，TLMG の第3層において，個人の価値が変容するような経験，あるいは何か得心がいった状態を表す概念である（廣瀬，2015）。

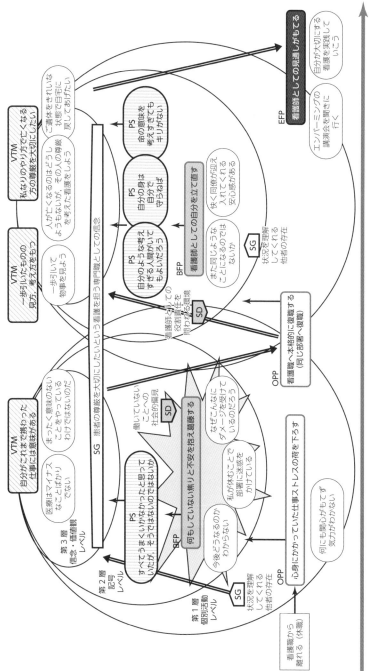

図 9-2　B氏の価値変容プロセス

(中本ら, 2021 を著者一部改変)

注)　⬡：コード

たなかで，B 氏は本来自分が大切にしていた死にゆく人の尊厳を大切にした
いという信念を貫くことができず，医療に携わる自分に嫌悪感を抱くように
なり，心身のバランスを崩して休職するに至った。看護職から離れ（休職），
《^{OPP}心身にかかっていた仕事ストレスの荷を下ろす》ことができたが，《^{BFP}
何もしていない焦りと不安を抱え葛藤する》。B 氏はこのとき，これまでの
看護師経験を振り返りあらためて自らが携わった医療を客観視できたこと
で，《^{PS}すべてうまくいかなかったと思っていたが，そうではないのではな
いか》という思いが沸き上がった（第 2 層）。このことにより，これまでの
医療への否定感情から脱却し，医療はマイナスなことばかりではない，私は
まったく意味のないことをやっているわけではないのだという感情が生じ，
《^{VTM}自分がこれまで携わった仕事には意味がある》という価値変容が起こっ
ていた（第 3 層）。この価値変容によって，B 氏はもう一度看護職に戻ろう
という気持ちがもて，《^{OPP}看護職へ本格的に復職する（同じ部署へ復職）》
ことができた。復職後 B 氏は，《^{BFP}看護師としての自分を立て直す》。ここで，
《^{PS}自分のような考えすぎる人間がいてもよいだろう》，《^{PS}自分の身は自分で
守らねば》という思いが沸き上がり（第 2 層），《^{VTM}一歩引いたものの見方，
考え方をもつ》といった価値変容が起こった（第 3 層）。また，《^{PS}命の意味
を考えすぎてもキリがない》という感情も生じ（第 2 層），《^{VTM}私なりのや
り方で亡くなる方の尊厳を大切にしたい》といった価値変容が起きていた。
そして，B 氏は自分が大切にする看護を実践していこうという決意を抱き，
エンバーミング[2]の講演会を聞きに行くなど興味関心をもって行動を起こす
ようになり，《^{EFP}看護師としての見通しがもてる》という EFP に至っていた。

9-3-3　考察──看護師としてのキャリア発達を促す価値変容

　B 氏は，休職後から復職に至るプロセスにおいて，看護職から離れたこと
であらためて看護師としての自分を俯瞰して見ることができ，すべてうまく
いかなかったと思っていたが，そうではないのではないかという過去への意
味のとらえ直しにより（第 2 層：PS），価値変容が起こったと考えられる。
したがって，離職後の《^{BFP}何もしていない焦りと不安を抱え葛藤する》時

---

2) エンバーミングとは，かけがえのない人を失った遺族の悲嘆を少しでも和らげ，慰める
　目的として，科学技術を用いて亡くなった方を生前の姿に近づける技術のことをいう。

期に内省できる環境や働きかけは重要と言える。また，復職後の《^BFP看護師としての自分を立て直す》時期では，また同じことになるのではないかという思いがありながらも，理解を示してくれた同僚の存在によって精神的に追い込まれない環境下で働くことができた。そこで，自分のような考えすぎる人間がいてもよいだろうと自己のありようを認め，自分の身は自分で守らねばと心のもちようを変えることで（第2層：PS），《^VTM一歩引いたものの見方，考え方をもつ》という価値変容が起こった。またB氏は，ある患者の死をきっかけに医療的ジレンマを抱いていたが，命の意味を考えすぎてもキリがないという感情が沸き上がり（第2層：PS），自分の大切にする看護を行えばよいのだと《^VTM私なりのやり方で亡くなる方の尊厳を大切にしたい》という価値変容が起きたと考えられる。

　予期せぬ出来事をチャンスに変えるために必要なスキルのひとつは「柔軟性（Flexibility）」をもつこと（Mitchell et al., 1999）であると言われている。B氏が予期せぬ出来事であるメンタルヘルス不調による休職後に心のもちようを変えることができたことは，柔軟性を身につけたためと解釈でき，結果として価値変容につながったと推察する。以上の価値変容のプロセスは自己像のとらえ直しとなり，自ら歩んできた道に意味を与え，看護師としてのキャリア発達につながったと言える。

9-4　Making ダイナミック

9-4-1　具体的な分析の仕方

　まず，研究1では，何らかの変化が起こる前の状況に着目しBFPをとらえた。OPPであるのか，BFPであるのかは特に熟考した点であった。筆者は，EFPである《^EFP看護師としての見通しがもてる》へと至るうえで何らかの迷いや複線性が生じる点であるかどうかを考慮しBFPを設定した。一方，《^OPP心身にかかっていた仕事ストレスの荷を下ろす》は，看護職から離れた結果として多くの人が経験することであるととらえたためOPPとした。《^OPP看護職へ本格的に復職する》は転換点としてとらえうる経験であり一般的に考えればBFPと思われるであろうが，本研究ではOPPと設定している。それは，経済的事由に加え国家資格である専門職者の選択として《^OPP看護職へ

本格的に復職する》は文化的な出来事であるととらえたためである。

　また，本研究では休職と離職を「看護職を離れる」という同じカテゴリーとして扱っている。著者も当初は，休職と離職では組織に所属しているか否かによって異なる経験をしているのではないかと考えていた。しかし，職場を離れたことによって仕事ストレスの荷を下ろしたり，何もしていない焦りや不安を抱えて葛藤するといった経験は，同じように起こっていたことがわかった。休職か離職かは「看護職を離れる」ことの手段の違いであり，もう一度看護師として働くうえで自己を立て直していくプロセスは類似していたのである。筆者としては，休職か離職かという手段にとらわれず二分しなかったことで，研究協力者らの真の経験が見えてきたのではないかと考えている。

9-4-2　変容する EFP と見えてきた 2nd EFP

　当初，筆者は研究協力者がメンタルヘルス不調による休職・離職を経て復職したプロセスを明らかにしたいと考えていたため，「看護師を続ける」をEFP と定めた。しかし，分析をするなかで，休職・離職を経て復職した研究協力者らは単に看護師を続けるのではなく，看護師としての自分を立て直し未来を展望できることが，看護師としてキャリアを再構築していくために重要であることがわかった。このことから EFP は《^{EFP}看護師としての見通しがもてる》とし，P-EFP は《$^{P\text{-}EFP}$看護師としての見通しをもてない》と設定した。本研究では，明確にその先の自己像をイメージしていた研究協力者もいたが，一方で，看護師を続けていくという見通しはもっているものの自分が活躍できる場を模索している研究協力者もいた。したがって，本研究の結果から見えてきた 2nd EFP は，見通しの先にある《$^{2nd\ EFP}$明確な看護師としての自己像をもつ》であると考える。

9-4-3　文化をいかにしてとらえたか

　研究1において，文化的諸力である SD と SG をとらえるにあたり，EFPへの歩みを後押しする力と阻害する力を外的要因と内的要因に分けてとらえた。そのうち内的要因としてとらえた《$^{SG\cdot SD}$看護を担う専門職者としての信念》は，看護職から離れ《^{OPP}心身にかかっていた仕事ストレスの荷を下ろす》までは SG となっていた一方で，置かれた状況にうまく対応できず

SDとしても働いていることが明らかとなった。しかし，心身にかかっていた仕事ストレスの荷を下ろした後のプロセスでは，SGとしてのみ働いていた。この《$^{SG \cdot SD}$看護を担う専門職者としての信念》は，看護職という職業文化のなかで培われた信念であることから，文化的諸力としてTEM図に描いている。《$^{SG \cdot SD}$看護を担う専門職者としての信念》は研究協力者らが常にもち続けていた信念であるが，時としてEFPに至るありようを後押しすることもあれば阻害することもあるという，プロセスを通したせめぎあいとして見てとることができた。メンタルヘルス不調による休職・離職に至る過程において，「看護師としてこうありたい」「看護師としてこうであらねばならぬ」という専門職者としての強い信念にとらわれていたことによって本来の自己との乖離が起き，心理的負担となってメンタルヘルス不調を招き，休職・離職に至っているのではないかと推察できる。これは，奉仕志向の強い看護独自の文化ゆえに起こりうることと言えるのではないだろうか。

9-4-4　TLMG分析においてPSをいかにしてとらえたか

　研究2では，研究1の研究協力者のうち休職経験をもつB氏を対象に，《^{SG}看護を担う専門職者としての信念》をもちながら価値変容を起こしたPSをとらえた。一例をあげて説明しよう。《^{VTM}私なりのやり方で亡くなる方の尊厳を大切にしたい》という価値変容に影響を及ぼしたPSは《^{PS}命の意味を考えすぎてもキリがない》であった。これは一見つながりのないようにも思えるが，患者の尊厳を大切にしたいという変わらない《^{SG}看護を担う専門職者としての信念》があることで，患者の尊厳を守るための別の方法を見いだす価値変容が起こったと考える。B氏は「命の意味とか考え出したらキリがない……人が亡くなるのはどうしようもないが，患者さんが亡くなられるかもしれないというときに目標をシフトチェンジするというような。治癒に向かうのではなく，いい最期を迎えるためにはどうすればいいかと考えるようになった」と語っている。つまり，《^{PS}命の意味を考えすぎてもキリがない》という思いは看護に対する諦めではなく，B氏が大切にしている信念を貫くためにこれまでの価値観を変えるPSとなったととらえられた。

9-4-5 援助者としての発達・変容をいかにしてとらえたか

　研究1では，メンタルヘルス不調による休職・離職でキャリアが中断された9名の看護師を対象に，TEMによってそのキャリアの発達を明らかにした。また，研究2では，研究1の研究協力者のうち1名の価値変容に焦点をあて，TLMGによって個人のキャリア発達を明らかにした。人は仕事の経験を積むなかで外的キャリアである役職や職能の拡大といった職務におけるステージとともに内的キャリアも変容する。内的キャリア[3]とは，仕事に対するやりがいや自己課題といった個人がキャリアにおいて主観的に遭遇し経験する段階と課題のことを指す。本研究は主に内的キャリアに主眼を置いた研究であるが，研究1によりTEMで見いだされたBFPに焦点をあて，研究2で個人の価値変容をTLMGによって明らかにしたことで，内的キャリアの発達・変容の様相を掘り下げてとらえることができたと考える。

　医療の高度化に伴い質の高い看護が求められるとともに看護職としての役割の拡大も推進されており，専門看護師や認定看護師といった特定の分野におけるスペシャリストとしての資格や，特定行為に係る看護師の研修制度[4]の導入も進められている。一方で，あえて役職付与を望まずジェネラリストとして働きたいといった看護師も多い。看護職が活躍する場は多様であり，ライフサイクルやライフスタイルにあわせた柔軟な働き方も推奨されているが，役職や特定の分野の資格をもつ看護師に比べ，ジェネラリストのキャリア発達は可視化されにくく，当事者自身も看護専門職者としての成長を実感できないといった声も聞く。研究2で対象としたB氏は役職や特定の分野における資格はもっていないが，10年以上のICU勤務経験のあるいわゆるジェネラリストである。看護師が看護の専門性を発揮していくためには，さまざまな経験を通してキャリア発達をすることが重要であるが，B氏のよう

---

3) シャイン（Schein, 2006）は，外的キャリアがどの段階にあろうと誰もが自分の仕事人生のなかで進んでいく方向やそこにおける自分の役割に対する主観的な感覚，つまり内的キャリアをもっていると述べている。
4) 特定行為に係る看護師の研修制度とは，医学的知識・技術を強化したうえで，病態の変化や疾患，患者の背景などを包括的にアセスメント・判断し，看護を基盤に，特定行為も含めた質の高い医療・看護を効率的に提供することができる看護師を養成するための制度である。主に在宅領域を対象に，在宅・介護領域における質の高い看護師を養成している。

に可視化されにくいキャリア発達のプロセスは TEM と TLMG の分析を重ねることによって，より具体性と説得力をもって示すことができるであろう。

9-4-6　聴き手・語り手にとっての，TEA で意味をとらえる経験について

　本研究では，1回目のインタビューで得たデータを分析し TEM 図を作成したのちに，その TEM 図をもとに2回目のインタビューを行い，「見方の共有」を行った。過不足を調整した TEM 図を媒介にしてさらに3回目のインタビューを行うことで，真正性を担保することができると言われているが，本研究では3回目のインタビューは実施できていない。しかし，研究協力者の語りが豊富であり，2回目のインタビューでおおむね共通認識がもてたと判断した。また，数名の研究協力者には統合した TEM 図をフィードバックし確認いただいた。この過程は，看護師経験をもつ筆者にとって偏った見方や飛躍した見方を避けるために有益であったと考える。研究協力者らと同じ職業経験をもつ研究者は，状況が想像できるだけに客観性に欠ける場合もあるため，このインタラクティブな過程により，語り手の経験を真実性をもってとらえることができたのではないだろうか。

　また，語り手は，自己の経験を TEA でとらえることで，ネガティブな経験であった「メンタルヘルス不調による休職・離職経験」を，むしろ長期的な看護師としてのキャリア発達に重要な意味をもつものとしてとらえ直しをすることができる。一方，聴き手もまた，一見ネガティブな経験としての語りを分析することで，看護師のキャリア発達プロセスの多様性に気づき，価値変容によって成長・発達していく様相をとらえることができる。クランボルツ（Krumboltz, J. D.）が提唱する計画された偶発性理論（Mitchell et al., 1999）によれば，偶然の出来事は人のキャリアに大きな影響を及ぼし重要な役割を果たすとされ，偶然の出来事（予期せぬ出来事）を最大限に活用することが大事であると述べている。メンタルヘルス不調による休職・離職はまさに予期せぬ出来事であるが，この出来事を自らの成長を促す一端としてとらえ，看護師としての自己課題や価値を見いだすといった内的なキャリア発達につなげていく必要がある。TEA は，トランスビューによって双方で見方を共有し，メンタルヘルス不調による休職・離職という予期せぬ出来事を，成長・発達につながる重要な経験として意味づけることのできる

キャリア・カウンセリングの要素も期待できる。

引用文献

Bernier, D.（1998）A study of coping: Successful recovery from severe burnout and other reactions to severe work-related stress. *Work & Stress, 12*(1), 50-65.

Bridges, W.（2004）*Transitions: Making sense of life's changes*（2nd ed.）. Da Capo Press.［ブリッジズ，W.　倉光修・小林哲郎（訳）（2014）　トランジション——人生の転機を活かすために．パンローリング．］

廣瀬眞理子　（2015）　テキストマイニングと TEM．安田裕子・滑田明暢・福田茉莉・サトウタツヤ（編）　TEA 実践編——複線径路等至性アプローチを活用する（pp. 200-207）．新曜社．

金井壽宏　（2002）　働くひとのためのキャリア・デザイン（pp. 110-123）．PHP 研究所．

加藤栄子・尾﨑フサ子　（2011）　中堅看護職者の職務継続意志と職務満足及び燃え尽きに対する関連要因の検討．日本看護管理学会誌，*15*(1), 47-56.

木村恵子・榎本敬允・三上章允　（2019）　心の健康問題で休職した看護師の現場復帰支援の現状と課題．厚生の指標，*66*(12), 29-36.

久保寺美幸　（2014）　中堅看護師が離職を思い留まった要因に関する検討．神奈川県立保健福祉大学実践教育センター看護教育研究集録，*40*, 85-90.

Mitchell, K. E., Levin, A. S., & Krumboltz, J. D.（1999）Planned happenstance: Constructing unexpected career opportunities. *Journal of Counseling & Development, 77*(2), 115-124.

中本明世・北岡和代　（2017）　メンタルヘルス不調による休職・離職経験を経て働き続けるキャリア中期看護師のプロセス．*Journal of Wellness and Health Care, 41*(2), 83-92.

中本明世・北岡和代・片山美穂・川村みどり・森岡広美・川口めぐみ　（2021）　メンタルヘルス不調による休職経験を経て働き続けるキャリア中期看護師の価値変容プロセス．対人援助学研究，*11*, 13-25.

日本看護協会　（2012）　2011 年病院看護実態調査．日本看護協会調査研究報告，*85*, 11.

日本看護協会　（2018）　看護職の労働安全衛生，看護師の働き方改革の推進．https://www.nurse.or.jp/nursing/shuroanzen/safety/index.html（2019 年 12 月 26 日閲覧）

Schein, E. H.（2006）キャリア・アンカーおよび職務・役割プランニング．片山喜康（編集協力）時代を拓くキャリア開発とキャリア・カウンセリング——内的キャリアの意味，E. H. シャイン博士講演録（pp. 13-59）．日本キャリア・カウンセリング研究会．

Schlossberg, N. K.（1989）*Overwhelmed: Coping with life's ups and downs.* Lexington Books.［シュロスバーグ，N. K.　武田圭太・立野了嗣（訳）（2000）「選職社会」転機を活かせ——自己分析手法と転機成功事例33．日本マンパワー出版．pp. 12-22.］

砂道大介　（2014）　職場における復職サポート——ラインケアとメンタルサポートチームの協働について．精神科看護，*41*(2), 9-15.

10章

地域包括支援センター看護職の支援
夫介護者を地域活動につなげるプロセス

髙橋 美保　　田口（袴田）理恵　　河原 智江

10-1　はじめに
——男性介護者への支援における現状と課題

　国民生活基礎調査（厚生労働省，2016）によると，男性介護者の6割，女性介護者の7割が悩みやストレスを抱えていることが示されており，家族介護者の介護負担は大きい現状がある。従来日本では，介護は女性の仕事ととらえられてきたが，近年では介護の担い手も多様化し，男性介護者も家族介護者全体の3割を超えるまでに増加している（厚生労働省，2016）。男性介護者は，家事や介護に不慣れであり，また人に悩みを打ち明けない傾向があることが指摘されており，このような介護負担感の高まりが虐待につながる可能性がある。また特に高齢の介護者は健康上の課題も大きいことから，高齢の夫介護者への支援の必要性が指摘されている。介護負担感の緩衝には，友人や近隣の人びとからのソーシャルサポートが有効とされている（新名ら，1991）。しかしながら，もともと近隣との関係が希薄な夫介護者は，介護を行うなかでソーシャルサポートを得ることが難しく，その不足が介護負担感を高めることが示唆されている。このため，地域の高齢者支援の拠点である地域包括支援センター[1]（以下，包括）では，ソーシャルサポート獲得や健

---

[1]　2005年の介護保険法改正以来，地域の高齢者支援における主要な役割を担う機関であり，保健師または地域ケアや地域保健などに関する経験のある看護師，主任ケアマネジャー，社会福祉士が配置されている。

康保持のため介護者を地域の家族介護者の会や運動グループなどの水平的組織（メンバーが対等な関係で活動を行うグループ）につなげる支援を行っているが，男性に対する支援は困難であることが報告されている（彦ら，2017）。

　研究者は，包括の保健師として勤務してきたなかで，夫介護者を地域のグループにつなげることの難しさを感じていたため，効果的な支援方法を見いだしたいと考えていた。経験的に，夫介護者に対して地域のグループへの参加を勧めても，来るそぶりは見せても実際には参加しなかったり，1回は参加するがその後参加しなくなったりなど，スムーズに参加につながっていくケースは少なく，うまくつながったケースについてもそこに至るまでには多様な径路をたどると感じていた。そのため，TEM図を描くことによって，「夫介護者がこういう状態にある時期には包括看護職[2]のこういう支援が効く」ということを明らかにしたいと考え，包括看護職が夫介護者を地域の水平的組織につなげる支援のプロセスを明らかにすることを目的とし，本研究[3]に取り組んだ。

10-2　方　法

10-2-1　研究協力者

　認知症の妻を介護する夫介護者を地域の水平的組織につなげた経験をもち，包括勤務経験が3年以上の保健師ならびに看護師をリクルートし，同意が得られた7名の看護師を研究協力者とした。

10-2-2　データ収集方法

　インタビューガイドを用いて1名につき1〜2回，60〜90分程度で半構造化インタビューを行った。インタビューでは，夫介護者を地域の水平的組織につなげるために行った支援や関係者との連携，また支援に対する夫の反応

---

2) 包括に所属する，保健師または地域ケアや地域保健などに関する経験のある看護師を指す。
3) 本節でのTEMの活用事例は，髙橋・田口（袴田）・河原（2020）を一部改変し，新たに考察を加えたものである。

を時系列で聴取した。

10-2-3　分析方法
a.　事例ごとの TEM 図を作成する

　逐語録から，包括看護職が夫介護者と最初に面接してから地域の水平的組織につながるまでの「包括看護職の支援」「包括看護職がとらえた夫の介護状況と支援への反応」「包括看護職以外からの支援」「社会資源の状況」に関するデータを抽出後，コード化して時系列に並べ，対象事例ごとの TEM 図を作成した。TEM 図は「包括看護職がとらえた夫の介護状況と支援への反応」の径路を中心に描き，「包括看護職の支援」「包括看護職以外からの支援」「社会資源の状況」のなかで地域の水平的組織につながるように方向づけた要因を SG，つながらないように方向づけた要因を SD で表し，径路の上下に配置した。なお，TEM の手法に基づき，EFP に《^{EFP}夫介護者が地域の水平的組織につながる》を設定し，理論上 EFP と対極に位置する P-EFP に《$^{P\text{-}EFP}$夫介護者が地域の水平的組織につながらない》を設定した。また，事例ごとの TEM 図を，描いた後に再び 60〜90 分程度研究協力者に対面で確認してもらいながらインタビュー内容を深め，加筆修正を行った。

b.　全事例を集約した TEM 図を作成する

　事例ごとの TEM 図から「包括看護職がとらえた夫の介護状況と支援への反応」について類似した内容をカテゴリー化し，そのカテゴリーを用いて全事例を集約した TEM 図の径路を描いた。また，「包括看護職の支援」「包括看護職以外からの支援」「社会資源の状況」についても類似した内容をカテゴリー化し，全事例を集約した SG と SD を上下に配置した。加えて，径路のなかで必然的にほとんどの人が通る OPP と，径路の複線性が生じる BFP を設定し，全事例を集約した TEM 図を完成させた。

c.　TEM 図に時期区分を行う

　全事例を集約した TEM 図において，包括看護職の支援の方針や支援方法が変わる要因となる夫介護者の介護状況や支援への反応を境目として時期を区分した。

10-3　結果と考察——夫介護者の反応に応じて進む包括看護職の支援のプロセス

　包括看護職が夫介護者を地域の水平的組織につなげる支援のプロセスは，図 10-1 の 4 つの時期に分かれた。

10-3-1　第 1 期——夫介護者と支援関係の構築を図る時期

　第 1 期において包括看護職は，妻の介護相談の必要性を感じていないまま他者からの勧めによって面接に応じた夫介護者にも支援を行う。しかし，夫介護者は困りごとも表出せず，サービス利用の提案にも消極的である。このような夫介護者に対するアウトリーチの第一歩として，《^{SG}❹夫との関係性を築くため単独での定期的な接触を提案》していく重要性が示された。本研究では多くの事例でこの提案が了承されていたが，これは《^{SG}支援関係者間での情報共有と支援のすりあわせ》による十分な配慮とともに，《^{SG}看護師資格の高い認知度》が影響したと語られていた。高齢の夫介護者の多くは健康不安を有する（彦ら，2013）ことから，健康に関する話題を入口として包括看護職が働きかけることの有効性が示唆される。支援に消極的な夫介護者に定期的な接触を提案し，これを了承してもらえると，支援は次の段階に進む。

10-3-2　第 2 期——妻の介護環境を整え，夫自身の健康に目を向けてもらう時期

　第 2 期の包括看護職は，自分は介護する側であるとの認識を根強くもっている夫に対し，妻のサービス利用を整えることを最優先とした支援を行う。このことによって介護状況が落ち着いてくると，初めて夫に自身の健康の大切さに気づいてもらえることが示された。先行研究においても，男性介護者の大半は介護に対して「当然の義務」と認識している（宇多ら，2017）ことが報告されているが，妻のサービス利用が整うと，介護負担感の軽減とともに包括看護職への信頼が深まり，夫介護者の気持ちに変化が生じやすくなる。そこで《^{SG}❼信頼も深まった段階で夫の介護を認め，気持ちを受容》し《^{SG}❽夫妻の落ち着いた介護状況を保つためにも夫自身に対し水平的組織への参加勧奨》をすると，夫介護者の意識を変え，自身の健康について夫介護者の自

覚を促しやすくなると考えられる。夫介護者が《^{BFP}妻の介護を続けるために自分の健康を保つ必要性を認識する》ようになったととらえると，包括看護職の支援は次の段階に進む。

　また，第1期で《^{BFP}包括看護職の定期的な接触を了承しない》夫介護者のなかには，日頃から包括看護職が行っている《^{SG}水平的組織の広報活動》に触れ，《^{BFP}関心事にあう水平的組織を自分のタイミングで探す》者もいる。

10-3-3　第3期──参加の一歩を踏み出させ，メリットを感じてもらう時期

　第3期は，包括看護職が夫介護者を後押しして水平的組織への試し参加ができ，さらに参加のメリットを感じてもらえるようにすることが重要な支援であり，支援関係者とともに濃密な支援を行うことが必要な時期である。夫介護者が試し参加をした後，包括看護職は《^{SG⓬}水平的組織に溶け込めるよう，夫や参加者の双方への配慮》をし，《^{SG⓬}水平的組織の参加者からの好意的な反応》や《^{SG⓫}参加者の発言を引き出す運営の工夫》などを得やすくすることによって夫介護者は《^{BFP}参加したメリットが感じられる》ととらえていた。グループ支援においてメンバー間の相互交流を促進するためには，話しやすい雰囲気や環境づくり，人間関係づくりを行うことが必要となる（錦戸ら，2005）。高齢男性は会話が苦手であり，情緒面のサポートについてはその授受が難しいことから（近藤，2007），包括看護職は夫介護者が参加しやすい状況，また地域の水平的組織も夫介護者を受け容れやすい状況を意識的につくっていくことがきわめて重要になると考えられる。一方，《^{SD❷}水平的組織の参加者からの配慮が不十分》である環境や《^{SD❷}自己開示が難しい状況の水平的組織》では《^{BFP}参加したメリットが感じられない》こととなり，参加継続は難しくなるととらえられた。包括看護職は，参加のメリットが感じられなかった夫介護者に対しても訪問を継続することで《^{SG⓬}タイミングにあわせた個別対応》を行いながら《^{SG⓬}夫の関心事にあう別の水平的組織の提案》や《^{SG⓬}水平的組織の参加者との事前調整》をしていく。このことにより《^{BFP}別の水平的組織に参加してみてメリットが感じられる》と，夫介護者は《^{BFP}引き続き前向きに参加する》ことになるととらえられた。夫介護者が試し参加を経てメリットが感じられると，支援は次の段階に進む。

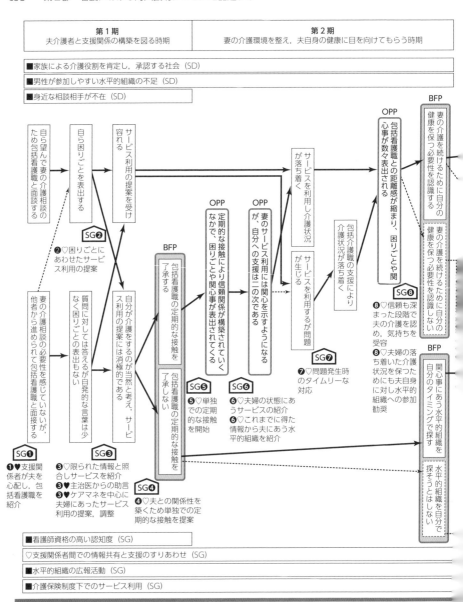

図 10-1　地域包括支援センター看護職の支援
──夫介護者を地域活動につなげるプロセス

（髙橋・田口（袴田）・河原，2020 より著者一部改変）

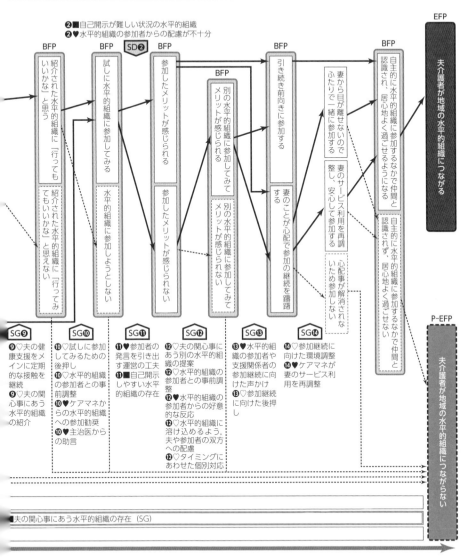

第3期	第4期
参加の一歩を踏み出させ，メリットを感じてもらう時期	参加継続に向けて環境の再調整を行う時期

注）包括：地域包括支援センター，ケアマネ：ケアマネジャー，□□□□□□□：包括看護職がと
　　らえた夫の介護状況と支援への反応，♡：包括看護職の支援，♥：包括看護職以外から
　　の支援，■：社会資源の状況，┊┄┄┄┊：論理的に存在すると考えられる夫の介護状況と
　　支援への反応，━━━━▶：語りからの径路，┄┄┄┄▶：論理的に存在すると考えられる径路

10-3-4　第4期──参加継続に向けて環境の再調整を行う時期

　第4期では，包括看護職は夫介護者の水平的組織への参加状況をモニタリングし，必要時に妻へのサービスの再調整や水平的組織の後方支援を行うことで，夫介護者が地域の水平的組織の一員となっていくように支えていく。

　これら4つの時期を通して包括看護職は《^{SG}支援関係者間での情報共有と支援のすりあわせ》をしつつ，夫妻の介護状況を整えている。また，夫介護者が水平的組織につながることを支えるものとして《^{SG}介護保険制度下でのサービス利用》がある。

10-4　まとめ

　本研究において，夫介護者を地域の水平的組織につなげていくためには，段階的に夫介護者の意識を変えていくことが必要であり，その段階に応じた支援の展開が必要であることが示された。そのなかでも，夫介護者が自分の健康を保つ必要性を自覚したととらえられたところで，直接的・間接的に濃密な支援を行い，水平的組織への試し参加を後押しし，確実にメリットを感じられるようにすることが重要であると考えられる。また，夫介護者が参加する地域の水平的組織は介護者同士の家族会ではなくとも，参加者からのソーシャルサポートによって介護肯定感が得られることが示された。よって，夫介護者を地域の水平的組織につなげるためには，男性の関心事にあう多くの種類の水平的組織を育成し，周知していくことが必要であると考えられる。

10-5　Making ダイナミック

10-5-1　具体的な分析の仕方

　分析にあたり最初に突きあたった壁は，「何の径路」を中心に置いてTEM 図を描いたらよいのかという根本的な問題であった。包括看護職の支援のプロセスを表すため，当初は変化していく支援自体の径路を描こうと考えていたが，いざ分析にとりかかってみるとしっくりいかず，試行錯誤することとなった。そのなかで，支援はそれ自体で独立して存在するのではなく，

支援対象との相互作用のなかで展開されるものである，という原点に立ち戻ることにより，包括看護職の支援を変化させるのは夫介護者の介護状況や反応であるという気づきを得た。そこから，包括看護職が夫介護者の変容をとらえ，それに応じて支援を変化させていく様子を表すため，何度も TEM 図を描き直した。最終的に，「包括看護職のとらえた夫の介護状況と支援への反応」の径路を中心に置き，アセスメントに基づき実施され，また夫介護者の介護状況と反応を変化させていく包括看護職の支援を SG，SD とし，夫介護者との相互作用のなかで展開される包括看護職の支援のプロセスを描くこととした。また，夫介護者に影響を与え，包括看護職の支援とも切り離すことができないものとして，「包括看護職以外からの支援」と「社会資源の状況」も SG，SD に加えた。

　実際の分析の手順は，大きく 2 段階に分かれる。本研究では，最初からすべての研究協力者の語りを集約せず，いったん一人ひとりの TEM 図を作成し，これをもとに全体を集約することとした。これは，研究協力者に 2 回目のインタビューを行う際に，本人の語りから作成した TEM 図を示して確認をしていくほうが効果的と判断したためである。また，一人ひとりの TEM 図を作成することは，研究者が語られた支援内容への理解を深めることにつながり，全体を集約する際にも助けとなった。

　一人ひとりの TEM 図を作成するにあたっては，逐語録より夫介護者が包括看護職と最初に面接してから地域の水平的組織につながるまでの「包括看護職の支援」「包括看護職のとらえた夫の介護状況と支援への反応」「包括看護職以外からの支援」「社会資源の状況」に関するデータを抽出し，これらを時系列に並べた。

　続いて EFP に《[EFP]夫介護者が地域の水平的組織につながる》を設定し，その径路を描き，夫介護者の状況を変容させている「包括看護職の支援」「包括看護職以外からの支援」「社会資源の状況」を SG，SD として TEM 図を作成した。

　すべての研究協力者の TEM 図を集約するにあたっては，一人ひとりの TEM 図の「包括看護職の支援」「包括看護職のとらえた夫の介護状況と支援への反応」「包括看護職以外からの支援」「社会資源の状況」のそれぞれについて，類似した内容をカテゴリー化し，そのカテゴリーを用いて TEM 図

を作成した。

10-5-2　変容するEFPと見えてきた2nd EFP

　本研究では，地域社会から孤立して，もしくは希薄な関わりをもちつつ，妻を介護していた夫介護者が家族介護者の会などの地域の水平的組織に参加するようになり，そのなかで新たに人びととのつながりが得られることを目指して行われた支援のプロセスを描くことから，最初はEFPを《^{EFP}夫介護者が地域の水平的組織に参加する》と表現した。しかし研究メンバーや他の研究者とディスカッションするなかで，「参加する」とはどのような状態を指すのか，1回だけ参加してその後参加しなくなる場合も含まれるのか，もし「参加する」がある程度継続して参加することを指すとすると，何回参加すれば継続していると言えるか，など議論が繰り返された。そこで，包括看護職は夫介護者がどのような状態になることを目指しているのか，という観点から「参加する」の意味を問い直した。その結果，EFPを《^{EFP}夫介護者が地域の水平的組織につながる》と置き直し，「つながる」とは参加の回数ではなく，「夫介護者が自らの意思で継続的に参加する状態」を指すと定義した。

　実際にインタビューを行うなかで，研究協力者からも「介護者の会には1回のみ行ってその後は行かなくなった夫介護者が，次に紹介したスポーツの会にはつながった」と語られており，このようなEFPを設定したからこそさまざまな事例を集約したTEM図を示すことができたと考えられる。本研究では，研究者自身がテーマについての実践経験を有し，またディスカッションを行った研究者も同様の実践経験やフィールドワークからの知見を有していた。そのため，EFPはこのディスカッションを通じて変容し，分析を通じてあらためて確認されることになったと考えらえる。

10-5-3　文化をいかにしてとらえたか

　支援開始時には，分析した事例のすべての夫介護者が自分自身への支援の必要性を認めず，妻への支援のみを受け容れていた。夫介護者の背景や支援開始の経緯はさまざまであるにもかかわらず，みなが同じ反応を示した背景として，共通の文化の存在がうかがわれた。日本では介護は家族が行うもの

という考えが浸透しており，在宅療養を支える介護保険制度も被保険者である本人（妻）へのサービス提供に限定され，介護者は支援対象に含まれない。包括看護職のインタビューにおいても，「夫介護者は自分が妻を介護するのが当然である」との考えや，「自分の支援は二の次との考えをもっている」と感じていることが語られていた。そこで，社会規範や制度からなる「文化」として，《^{SD}家族による介護役割を肯定し，承認する社会》を SD に置いた。加えて，男性介護者は身近な専門職や他の家族にも弱音が吐けないこと（斎藤，2015）なども関連していると感じられたが，どのような男性特有の文化が影響しているかを明らかにするためには，今後は，夫介護者自身へのインタビューが必要であると考えられる。

　また，支援の受け容れに消極的な夫介護者との関係性を築くため，包括看護職は単独での定期的な接触を提案し，多くの事例でその申し出は受け容れられていた。高齢の夫介護者は多くの場合健康不安を有する（彦ら，2013）ことから，包括看護職が健康に関する話題を入口として働きかけたことが奏功したと考えられるが，研究協力者より，その背景として看護師が医療職として広く認知されていることの影響を感じていることが語られていた。また，ケアマネジャーからの初回相談においても，夫妻の健康に関する相談は，包括に配置されている 3 つの専門職種，すなわち看護職，主任ケアマネジャー，社会福祉士のうち，なかでも看護職にもちかけられるケースが多いことも語られていた。看護師資格の認知度という視点は研究者にとって新たな発見であったが，自身の実践を振り返ると，同様に看護職だからこその信頼感が活動を支えていた側面があることを認識した。このため，看護職への信頼と期待が文化として存在すると考え，《^{SG}看護師資格の高い認知度》を SG に置いた。

10-5-4　援助者としての発達・変容をいかにしてとらえたか

　包括看護職の支援の方針や支援内容は，「包括看護職のとらえた夫の介護状況と支援への反応」に対応して変容していくと考え，夫の介護に対する考え方や意識，サービスの利用状況，支援についての受け容れや反応が大きく変化する境目をもって，支援プロセスの時期区分を行っていった。

　第 1 期と第 2 期の境目は，包括看護職からなされた定期的な接触の提案が

夫介護者に了承してもらえた時点とした。第1期では夫介護者との支援関係の構築が支援の主眼であったが，定期的な接触の提案が受け容れられると，支援の主眼は夫介護者自身に健康に意識を向けさせることへ移る。このため包括看護職は，まずは妻の介護環境を整えることで夫介護者の信頼を得て，状況が落ち着いてくると夫介護者への働きかけを強化する。これらの支援が奏功して夫介護者が自分の健康を保つ必要性を認識すると，第3期に移行する。第3期の支援の主眼は，夫介護者に地域の水平的組織参加の一歩を踏み出させ，メリットを感じてもらうことであり，このため夫介護者の関心事にあう地域の水平的組織を提案し，参加に向けた後押しを行っていくことになる。夫介護者が地域の水平的組織への試し参加を通じて参加のメリットが感じられると，包括看護職の支援も第4期に移行する。第4期の支援の主眼は，夫介護者が安定的に水平的組織に参加し，その一員となっていくように支えていくこととなり，包括看護職の支援は，夫介護者の水平的組織への参加状況のモニタリングと，必要に応じた妻へのサービスの再調整や水平的組織に対する後方支援へと変化する。

10-5-5　聴き手・語り手にとっての，TEAで意味をとらえる経験について ──トランスビューの経験を含む

　安田・サトウ（2012）は，語り手はTEM図を介して自らたどってきた世界を確認するとしているが，研究協力者とTEM図を確認していくなかでも，「自分の支援の振り返りができた」，「自分の支援がこのように図で示されるとわかりやすい」，「あなたに認めてもらえた感じ，自分の支援に自信がもてた」，「仕事のモチベーションが上がった」，「今後の支援のヒントになる」といった反応がみられた。各包括における看護職の配置は通常ひとりからふたりであり，同職種の相談相手が少ない現状がある。今回，TEM図作成に向けたインタビューを通して支援を振り返っていく取り組みは，多忙な業務のなかでの研究協力者自身の振り返り，支援の整理，自身の評価ともなっていた。

　一方，このような研究協力者の反応は，研究者にとっても研究を進めていくうえでの励みにとなった。また，「研究って難しいと思っていたけれどおもしろいですね，なんか楽しい」，「やりっぱなしじゃなくてこうしてまとめ

るって大事ね。でも，仕事をしながらでは，なかなかできないのよね」とも言われた。研究者は，語ってくれた研究協力者のためにも何としてもこの研究を仕上げたいと強く思った。同時に研究者は研究初心者ではあるが，現場の実践者と研究者が一緒に作り上げていくこのような取り組みは何物にも代えがたい研究の醍醐味なのではないかと感じた。

　また，研究協力者からは，「この図が欲しい」との声があがった。図で可視化できることから，次に同じようなケースの支援を行う際に「今，ここまで来ているのだから今度はここを目指して支援をしていけばいいという指標としても使っていけるのではないか」，「図で表していることで他職種へ説明するときにもわかりやすく，協働に役立つ」というように，より実践的な活用方法も聴かれた。これらのことから，TEMは支援者のための支援ツールとしても有効なのではないかと感じた。

　インタビューにあたっては，時系列で出来事を聴いていくことにあわせて，どうしてそのような支援をしようと思ったのか，それによって夫介護者の反応がどう変わっていったのかと，単に出来事を追うだけにとどまらないように聴いていくことを心がけた。また同時に，地域の水平的組織につながらなかった可能性についても質問し，理論上考えられるP-EFPへの径路も探った。これらのことにより，「いつもはこのようにはしないけれど，このケースの場合はこのように支援したのよね」などと遡って深く考えたうえで答えてもらうことができた。TEM図を描くうえではインタビューガイドの内容や質問の仕方が重要であることを再認識した。

　分析にあたっては，研究者も包括の保健師としての勤務経験があることから，包括看護職が行おうとしていた支援内容や夫介護者の状況はイメージしやすいという強みを感じた。一方で，このことは思い込みを生じさせる危険性をはらむものとして留意した。インタビューを繰り返し，研究者の思い込みの解釈とならないように再確認を行いながら研究協力者とともにTEM図の加筆修正を行っていくことは，分析の信頼性を高めるうえでも欠くことのできないプロセスであったと感じる。

引用文献

彦聖美・宮下陽江・中村悦子・鈴木祐恵・新田大貴・川西早苗・大木秀一　（2017）　能登地域における家族介護者と支援者の当事者グループ活動の実態及び介護者支援のニーズ——男性介護者・家族介護者サポートネットワークシステム構築に向けた取り組みから．石川看護雑誌，*14*，85-93.

彦聖美・鈴木祐恵・金川克子　（2013）　高齢期の妻や親を介護する男性の介護状況に関する実態調査——石川県における介護支援専門員に対する質問紙調査．石川看護雑誌，*10*，37-46.

近藤克則（編）（2007）　検証「健康格差社会」——介護予防に向けた社会疫学的大規模調査．医学書院．pp. 83-79.

厚生労働省（2016）　平成 28 年国民生活基礎調査．
https://www.mhlw.go.jp/toukei/saikin/hw/k-tyosa/k-tyosa16/index.html（2020 年 4 月 20 日閲覧）

新名理恵・矢冨直美・本間昭　（1991）　痴呆性老人の在宅介護者の負担感に対するソーシャル・サポートの緩衝効果．老年精神医学雑誌，*2*(5)，655-663.

錦戸典子・田口敦子・麻原きよみ・安斎由貴子・藤山正子・都筑千景・永田智子・有本梓・松坂由香里・武内奈緒子・村嶋幸代　（2005）　保健師活動におけるグループ支援の方向性と特徴——既知見の統合による概念枠組み構築の試み．日本地域看護学会誌，*8*(1)，46-52.

斎藤真緒　（2015）　家族介護とジェンダー平等をめぐる今日的課題——男性介護者が問いかけるもの．日本労働研究雑誌，*57*(5)，35-46.

髙橋美保・田口（袴田）理恵・河原智江　（2020）　地域包括支援センター看護職が夫介護者を地域の水平的組織につなげる支援のプロセス——認知症の妻を介護する高齢の夫介護者に焦点を当てて．日本地域看護学会誌，*23*(2)，43-51.

宇多みどり・都筑千景・金川克子　（2017）　訪問看護を利用している男性介護者の実態と支援ニーズ——夫介護者と息子介護者の比較による検討．神戸市看護大学紀要，*21*，49-59.

安田裕子・サトウタツヤ（編）（2012）　TEM でわかる人生の径路——質的研究の新展開．誠信書房．pp. 172-174.

11章

保健師が10代妊婦と家族を支援するプロセス
「寄り添う」と「介入」のはざまでの関係構築

大川 聡子

11-1 はじめに──保健師の「寄り添う」と「介入[1]」の間にある 関わりの明確化

　2018年の10代母親の出産数は8,778人（厚生労働省，2019a）であり，前年比1,122人（12.8%）減少し，全出生数の0.96%である。一方，同年の10代の人工妊娠中絶件数は13,588件（厚生労働省，2019b）である。10代での妊娠は全体としては少数であり，出産を選択する人も少ない。しかし，10代母親は妊娠の受容が困難（厚生労働省，2009a）であり，その後の生活に大きな「社会的リスク」を抱えていく可能性が高い（定月，2009）こと，また児童虐待に至る保護者側のリスクのひとつである（厚生労働省，2019c）ことから支援が必要なケースとされ，さまざまな実態調査が行われている。保健師を対象としたこれまでのインタビュー調査では，特定妊婦[2]を対象としたもの（黒川・入江，2017）や，保健師が妊娠中から支援が必要と考えた母親を対象にしたもの（中原ら，2016）があるが，発達過程の途上にある

---

1) 本章における「介入」の定義は，単に親権行使に関する公的介入（親権のはく奪など）を指すものではなく，支援者が保護者・家族の希望やニーズに反する方向に行動を向けさせること，またそうするよう促すことを指す。

2) 特定妊婦とは，出産後の養育について出産前において支援を行うことが特に必要と認められる妊婦のことであり，児童福祉法に規定されている。具体的には若年，経済的問題，妊娠葛藤，母子健康手帳未発行・妊娠後期の妊娠届，妊婦健康診査未受診，多胎，心身の不調などの特徴をもつ妊婦を指す（厚生労働省，2009b）。

10代は，学業の継続や就労への支援など他の年代の妊婦とは異なる独自の
ニーズをもっていると考えられる。このため，10代妊婦の特徴を踏まえた
支援を明確化していくことが必要である。

　一方，母子保健に関する国民運動計画「健やか親子21（第2次）」の重点
課題として「育てにくさを感じる親に寄り添う支援」が掲げられ，母子保健
活動においては「寄り添う」支援の大切さが，多くの先行研究において述べ
られている（中板，2020など）。しかし，対象者と関わるなかで，相手に何
らかの変化を促さざるをえないこともある。松本（2007）は，「子ども虐待
に対する取り組みでは，公権力の家族への介入という契機と，家族・子ども
への支援という契機を同時に含むことにその特徴がある」こと，また「二つ
の相反する契機を含むことは，往々にして制度設計上のわかりにくさや，現
実の支援の難しさ，家族の側の混乱を招く」ことを指摘している。なかでも
児童相談所は「保護者に対する援助機能を有している一方で，一時保護等の
行政権限を有していることから，児童相談所が行う援助に対する保護者の反
発が生じている場合も少なくない」（津崎，2014）と指摘され，2019年の改
正児童虐待防止法において，介入機能と支援機能の分離が規定された。行政
機関の保健師も「親から見ると介入機関の介入職種と同じに見えて，保健師
を警戒することに繋がっている可能性がある」とされており（小林・稲垣，
2014），保健師も「支援」と「介入」のはざまで，保護者への対応に苦慮し
ていることが推察されるが，そうした状況にどのように対応しているのか，
これまで十分に明らかにされていない。

　本研究では時間を捨象せずプロセスを重視するTEAを用いて，10代妊婦
を支援した保健師を対象としたインタビュー調査をもとに，「支援」と「介入」
のはざまでの関係構築のプロセスを明らかにし，各期における10代妊婦と
家族への関わり方について考察する。

11-2　方　法

　A市において2014年7月以降に妊娠届を提出し，2016年6月までに出産
した10代妊婦のなかで，双子を出産，母親に精神疾患あり，パートナーか
らDVあり，転居複数回あり，パートナー音信不通，母親に被虐待歴あり，

妊娠届出週数の遅延，生活保護受給，保健師からの関わり拒否などの事例を担当していた保健師に，インタビュー調査を行った。調査実施は 2017 年 1 月である。インタビューは研究協力者勤務先のプライバシーが確保できる個室で行った。

　データ収集方法として，事前に母子保健業務経験のある 1 名の保健師にパイロットインタビューを行い，その内容をもとにインタビュー項目を精選し，インタビューガイドを作成した。作成したインタビューガイドに基づき，以下の内容の聞き取りを行った。

　　①妊娠中から支援を行った若年母親事例の概要
　　②妊娠中から育児期の保健師の関わりと対象者の反応
　　③紹介した社会資源と利用状況
　　④支援にあたって工夫した点
　　⑤若年妊婦・母親及びその支援者にとって今後必要だと考えること

研究協力者は 13 名，すべて女性であった。研究協力者の保健師経験年数は，5 年未満が 5 名（38.4%），6〜10 年が 4 名（30.8%），21 年以上が 4 名（30.8%）であった。インタビュー時間は研究協力者 1 名あたり 45〜132 分で，平均 68.78 分であった。聞き取り事例は全員で 13 名であり，事例の転居などで引き継ぎが行われた場合は，複数の保健師から聞き取りを行った。研究協力者 1 名あたりの回答事例数は 1〜3 名，事例の出産年齢は 16〜20 歳で，18 歳未満が 5 名（38.5%），18 歳以上が 8 名（61.5%）であった。妊娠届出週数は，妊娠 15 週未満での届出が 8 名（61.5%），15 週以上が 5 名（38.5%）であった。

　インタビュー内容は研究協力者の同意を得て IC レコーダーに録音した。分析は逐語録にしたものをデータにし，母親が妊娠に気づいてから出産に至るまでの保健師の関わりに関する内容を抽出した。これらの意味内容を解釈し，コード化，カテゴリー化した。その内容から，複数の事例において支援の転換点となっていた内容を BFP とし，BFP に影響する要因をコード，カテゴリーのなかから導き出し，TEM 図を作成した。

　研究協力者には研究内容および倫理的配慮を文章および口頭にて説明し，協力の自由と中断を保障し，同意を得たうえで署名を得た。本研究は，大阪府立大学大学院看護学研究科研究倫理委員会の審査を受けて実施した。

表 11-1 TEM 概念の本研究における位置づけ

概念	本研究における位置づけ
EFP	10代母親の可能性を信じて関わり続ける
P-EFP	保健師が関わることができない
OPP	家族と接触を試みる 妊婦が出産する
BFP	妊娠届提出時面談の有無 支援関係成立の成否 家庭内協力者の見極め 関わりのスタンス
SG	若い母親のブランド化 誰かに必要とされたい思い 早い自立を迫られる環境 学校への不適応 妊娠前からの妊婦・家族との関わり 病院からの連絡 多機関とのチームでの関わり 育児に協力的な家族
SD	電話に出ない 厚意を受け容れがたい成育歴 公的機関の関わりを拒絶する家族 不安定な生活基盤 家族からの防衛 出産までのタイムリミット

11-3 結果——保健師が 10 代妊婦と家族に関わるプロセス

11-3-1 本研究における TEM 概念の位置づけ

本研究における TEM 概念の位置づけを表 11-1 にまとめた。

11-3-2 10 代妊婦と家族の，妊娠から出産までのプロセスと保健師の関わり

TEM により分析した図を図 11-1 に示す。図では，妊婦の経験とそれにあわせた保健師の支援の両面を描いているため，妊婦の思いや行動については，たとえば「妊婦が妊娠に気づく」などの主語を入れ，保健師の行動と区別できるようにした。

保健師が 10 代妊婦と家族を支援するプロセスは 4 つの BFP を中心に，第

1 期：ファーストコンタクト，第 2 期：10 代妊婦と支援関係をつくる，第 3 期：家族における育児の協力者を探す，第 4 期：他の支援者とともに出産・子育てを支える，の 4 期に分けられた。以下，保健師の語りの内容を「　」，妊婦の行動や保健師の支援・思考を〔　〕で示す。なお，プライバシー保護のため，ローデータの主旨に沿うかたちでその表現を一部改変している。

a. 第 1 期──ファーストコンタクト

　母親が 10 代で妊娠する背景に，ママ友トークをしたい，かわいいママになりたいと憧れる《[SG❶]若い母親のブランド化》，《[SG❷]誰かに必要とされたい思い》，《[SG❸]早い自立を迫られる環境》，不登校・いじめ経験などの《[SG❹]学校への不適応》がとらえられた。

　　　「本人さんも早くから自立せざるをえなかったかたちはあるのかなっ
　　　て，あんまり家にいてもひとり食い扶持がかかってしまうっていうこと
　　　で。本人もちゃんと学校に行っていない，いうところが，本人の言葉を
　　　借りればあって」《[SG❸]早い自立を迫られる環境》

　10 代妊婦は妊娠に気づき産婦人科を受診後，母子健康手帳交付のために，市町村へ妊娠届を提出する。妊娠届は市役所や保健センターなどで受理されるが，保健師がいない機関に提出した場合，妊娠届出時に担当保健師が本人と会うことはできない。これが最初の BFP《[BFP❶]妊娠届提出時面談の有無》となった。「妊娠届の提出に来所する」と病院から連絡があったり，妊婦が保健センターや他の行政機関と関わりがあった場合は，保健センターに妊娠届を提出に来るため〔保健センターで保健師が面談する〕ことにつながりやすかった[3]。

　　　「慣れた感じでうち（保健センター）に，妊娠届のときも 10 代妊婦を
　　　連れてお母さんは一緒に来て，最近保健師さんは家に来いひんやんか，
　　　みたいな感じで」《[SG❺]妊娠前からの妊婦・家族との関わり》

---

3) 2016 年の母子保健法の改正により，市町村の努力義務として母子健康包括支援センター（子育て世代包括支援センター）の設置が追加され，妊娠期から子育て期にわたる総合的相談や支援をワンストップで実施し，保健師などの専門職がすべて妊産婦などの情報を継続的に把握し，支援することとされた。このため，妊娠届出時の面接を保健師や助産師など専門職が行う自治体は，調査当時と比較すると増加している。

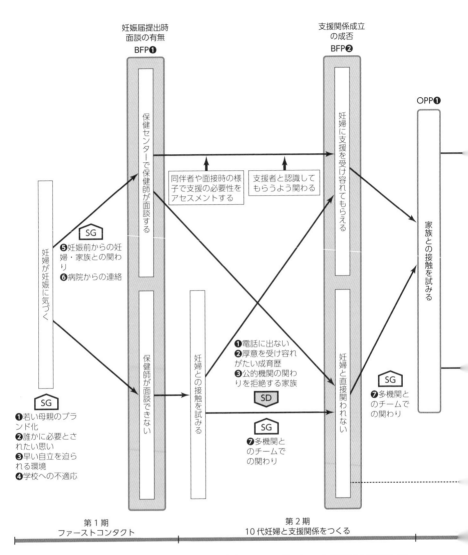

図 11-1　10 代妊婦と家族の妊娠から出産までのプロセスと保健師の関わり

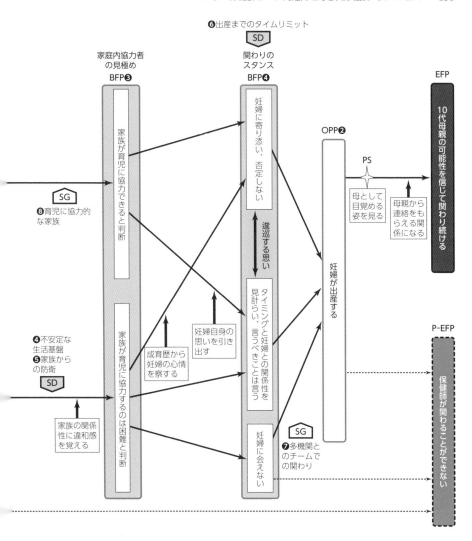

　面談の際，保健師は〔同伴者や面接時の様子で支援の必要性をアセスメント〕していた。特に夫婦関係が今後の家族形成のキーになると考えており，妊婦面接にパートナーが同席するか否かを注視していた。

> 「夫婦がないと，親子とか家族というのにならないような，そこが弱いと。だから彼が若くて最初の面接のときにふたりで来てくれたというのは，すごく重大なことだなと」〔同伴者や面接時の様子で支援の必要性をアセスメントする〕

　面談時も保健師は型通りに面接項目を聞き取るのではなく，妊婦の人となりを見ながら世間話をし，家族の関係性にも配慮しつつ，嫌なことを聞かれたという印象をもたれないよう〔支援者と認識してもらうよう関わって〕いた。また，面談が終わっても一緒に福祉事務所に行くなど，妊婦に保健師と関わることによるメリットを感じてもらいながら，胎児への気遣いや普段の生活の様子を把握していた。

> 「私はあなたに関心をもっていて，あなたをサポートするためにここにいるんだよと。だから何か困ったことがあったら，どんなことでもいいから，妊娠以外のことでもいいから言ってね」〔支援者として認識してもらうよう関わる〕

b.　第2期──10代妊婦と支援関係をつくる

　妊娠届提出時に担当保健師が面談できなかった場合，保健師は電話や家庭訪問を通して，なんとか本人と接触を試みようとする。妊婦に一度でも会うことができれば，保健師は自分を助けてくれる人だとわかってもらい，その後の支援にも応じてくれる可能性が高い。しかし，会うことができても途中で連絡がつかなくなったり，訪問しても不在であったり，手紙を入れて帰っても応答がないこともあった。10代妊婦は知らない人からの《^{SD❶}電話に出ない》ことも多かったり，なかには《^{SD❷}厚意を受け容れがたい成育歴》をもつ人もおり，人に受け容れてもらうといった経験が乏しく，優しくされても，気にかけてもらってうれしいという気持ちを表に出せず，戸惑う人もいるという。これらの要因が《^{BFP❷}支援関係成立の成否》に影響を及ぼしていた。

　10代妊婦と連絡が取れない場合，その親を介して連絡をしようとするが，

それでも連絡に応じてもらえないことがある。こうした対応に保健師は《[SD❸]公的機関の関わりを拒絶する家族》が原因となっているととらえていた。こうした場合,《[SG❼]多機関とのチームでの関わり》により,本人の状況を把握していた。

　　「初めてのとき（妊娠届提出時）も会えていない,保護者自体も保健センターから,公的機関からの電話にもかかわらず出ないとなると,接触のもちようがない」《[SD❸]公的機関の関わりを拒絶する家族》

c.　第 3 期──家族における育児の協力者を探す

　すべての事例において《[OPP❶]家族との接触を試みる》ことが行われていた。10 代妊婦の家族のありようはさまざまで,《[SG❽]育児に協力的な家族》もあれば,経済的問題により妊娠中の転居を余儀なくされるなど《[SD❹]不安定な生活基盤》や《[SD❺]家族からの防衛》がある家庭もあった。介入を望まない家族は,訪問の約束を突然反故にしたり,一方的に発言して保健師や妊婦に口を挟ませないなどの方法で支援の受け容れを拒むことがあった。保健師はこれらを,家族の生活パターンを乱されたくないといった防衛機制[4]ととらえていた。

　　「ええようにすごく言うんです。フォローされないようにみたいな感じの発言がすごく多くて,大丈夫です,家庭でやっていけますからみたいな,そんな感じのおばあちゃんでした」《[SD❺]家族からの防衛》

　また,妊婦が母親を頼っても,母親に余裕がなかったり,また母親の関心が他に向いていて,娘の妊娠を受け止めきれていないなど,保健師が〔家族の関係性に違和感を覚える〕こともあった。

　　「（分娩の）最後すごい,お母さん,お母さんと,お母さんに会いたい,と泣いていたのに,お母さんはあんまりそこに入ってきてくれなくて」〔家族の関係性に違和感を覚える〕

　こうした関わりを経て,保健師は《[BFP❸]家庭内協力者を見極め》ていた。〔家

---

4)　防衛機制は,アンナ・フロイト（Freud, 1936/1998）によって最初の系統的理論がもたらされ,不安や罪悪感を払いのけることにより自我を保護するもの（Cramer, 1990）とされている（中西, 1999）。本文中の行為は,DSM-5 の防衛機制分類における,「否認」ならびに「統制」にあたると推察される。

族が育児に協力できると判断〕した場合，本人に連絡が取りにくい場合には家族に連絡したり，本人と信頼関係を築くために親と関わることもあった。一方，保健師が家族に何らかの"いびつさ"を感じ，〔家族が育児に協力するのは困難と判断〕することもあった。

　　「子どもを子どもとして認めて，任せて自立させていくというのが，ここ（の家族）はなかったのかなと。そういう人がまた子どもをもって，どんなかたちでおばあちゃん，お母さんが子どもを育てていくのかなという，心配やなということがあって」〔家族が育児に協力するのは困難と判断〕

d.　第4期──他の支援者とともに出産・子育てを支える

　保健師は，10代妊婦はこれまでもいろいろ否定されてきた経験が多かったであろうことを推察し，否定せず，本人と一緒に育児を行うなど〔成育歴から妊婦の心情を察し〕，〔妊婦自身の思いを引き出す〕関わりを行っていた。

　　「（関わるうえで）気をつけていた点は，あかんよという言葉は使わんかったと思います。たぶんずっと言われてきた子やから。ちょっと一緒に何かやるみたいな感じで」〔成育歴から妊婦の心情を察する〕

　　「おばあちゃんと話をしていても，やっぱり本人の話が全然わからへんのでね。だからそれもありがたいですけど，やっぱり本人に話を聞いて本人の考え，育児をしていくのは本人なので，そこを聞いていかなあかんなと，けっこうこのケース以外にもそんなケースがあって，すごくそこは思いました」〔妊婦自身の思いを引き出す〕

　その後の《^{BFP❹}関わりのスタンス》は，〔妊婦に寄り添い，否定しない〕と〔タイミングと妊婦との関係性を見計らい，言うべきことは言う〕および〔妊婦に会えない〕に分岐した。〔妊婦に寄り添い，否定しない〕支援は多くの保健師から語られた。その一方で，意に添わないとわかっていても，社会のルールに反することや妊婦と子どもの今後の生活を考えて，〔タイミングと妊婦との関係性を見計らい，言うべきことは言う〕こともあった。そのことにより，本人と連絡が取りにくくなることもあったという。保健師は，妊婦に寄り添いたいという思いを根底にもっており，保健師として自分が言わなければならない内容なのか，言った相手がどう受け止めるのか，またその

後の関係構築についても悩み，逡巡する思いをもっていた。

　　「私でないといけないのかって。役割として厳しいことを警告しなあ
　かんとか，そのへんがいつも（保健師の）話題になっているところで。
　保健師が見た事実によってそういうふう（施設入所など）になった場合
　に，保護者の方はどんなふうに受け止めはるんやろうかとか。施設から
　退所後，関係がもてるんだろうかとか。保健師はやっぱり，いろいろ悩
　んでいると思うんですけど」

　そうした思いを断ち切る背景に，出産までに子どもの生活環境を整えなけ
ればならないという，《^{SD❻}出産までのタイムリミット》があった。保健師が
「言うべきこと」を伝え，本人とは一時的に関係が途切れることがあっても，
他の家族から情報を得るなどして支援は継続されていた。また妊娠中に〔妊
婦に会えない〕ケースもあり，《^{SG❼}多機関とのチームでの関わり》は，行き
詰まりを感じていた保健師を支えていた。その後《^{OPP❷}妊婦が出産する》。

　10 代妊婦は出産し，母親となることで「やるしかない」と，態度や行動
が大きく変わり，保健師が目を見張るほどの成長を遂げることがある。また
保健師が「こうするといいよ」と勧めたことをすぐ実行に移すこともあった。
保健師にとって，それが 10 代で出産することの新たな意味を見いだす PS
〔母として目覚める姿を見る〕となっていた。

　　「子育てで 10 代の子は勉強というか，成長していく過程は見られて私
　らは楽しいというか，やっぱり成長というか，すごいですよね。何より
　もそれが楽しみですね」〔母として目覚める姿を見る〕

　信頼関係ができた母親は，保健師に直接関係ないことでも保健師に電話で
報告してくれるなど〔母親から連絡をもらえる関係になる〕。

　　「（保健師の名前を）呼び捨てで電話とかかかってくると，どうしたん
　やと言って。困ったことがあったんかとか。いいんですよ。市の行政と
　接触する窓口として利用してもらったら私はいいと思うし，お母さんを
　サポートすることが，ひいてはその子どもが幸せになるということだか
　ら，いいと思うんです」〔母親から連絡をもらえる関係になる〕。

　こうした 10 代母親との関係構築過程を経て，保健師は《^{EFP}10 代母親の
可能性を信じて関わり続ける》ことができていると考えられた。

　　「別なケースですけど，子どもが産まれるとすごく変わって，自分

から積極的にいろいろな質問をしてくれるようになってきたりとか（略）。みんながみんなそうではないかもしれないんですけど，諦めずに関わる必要はあるのかなという。あんまり（相手の）反応が悪いと，次行くのは二の足を踏んでしまうというところがちょっとあるんですけど，きっと聞いているかなというところを信じていくということもいるかなと思いますね」《^{EFP}10代母親の可能性を信じて関わり続ける》

11-4　考察──10代妊婦の特徴を踏まえた支援のあり方

11-4-1　妊婦中に家族との関係を把握し，支援の方向性を検討する

　青年期における親子関係が心理的離乳（Hollingworth, 1928）へと向かう過程において，落合・佐藤（1996）は，子である青年が「親が自分を抱え込もうとしている親子関係」や「危険から親によって守られている親子関係」を生きていると思っている状態から，「自分は親から信頼・承認され頼りにされている」と思う状態へと変化していくとし，その転換点を高校生から大学生の始めごろと定義している。10代妊婦は多くがこの年齢にあたるため，「子どもを抱え込む親」と「子どもを独立した存在としてとらえる親」といったように，親の子どもへの関わり方にも多様性がみられた。

　こうした，親からの分離の渦中にある10代妊婦が新しい家族を築くときの困難さについて，家庭でのしつけの方針が他の同居家族と不一致である者が多く，結果として一貫性のない養育行動をとっていることが推測されると指摘がなされている（賀数ら，2009）。また，スミスバトルとレオナルド（Smithbattle & Leonard, 2014）は家族が育児に介入しすぎて10代妊婦の自立を妨げていることを指摘し，家族関係にもつれがあり，とげとげしい雰囲気がある場合は，別居もひとつの選択肢であると述べている。このため保健師は，妊婦本人の思いを引き出すことや，同居家族がいる場合その家族がどのくらい妊娠に関心を寄せ，育児に協力できるのか，祖父母世代が育児に介入しすぎていないか，さらに家族間の雰囲気や関係性を注意深く観察していく必要がある。また思春期にある10代妊婦は，家族だからこそ話せない，親の期待を裏切りたくない，心配をかけたくないという思いもあると考えられる。こうした親と妊婦との関係を推察し，必要であれば仲介していくこと

も，10代妊婦との関わりにおいて重要である。

11-4-2　防衛状態にある家族との関係構築

　冒頭に述べた「介入」と「支援」のふたつの契機（津崎，2014）は，排他的なものではなく，相補的なもの（鷲山，2020）とされている。対象者に複数の機関が関わる場合は，一方が「介入」役割をとっても，「支援」役割にある機関から関わりをつなぐことができる。しかし，「介入」ならびに「支援」を行うのが一機関で自分ひとりである場合や，役割分担が明確でない場合には，どちらかの立場に立たざるをえず，対象者から反発が起き，支援者に葛藤が生じると考えられる。また「多問題家族・機能不全家族においては家族の態度は極めて防衛的・攻撃的であり，問題を指摘されたり話しあいに持ち込まれたりすると支援に対する拒否がより強化する」（Zerwekh, 1991）ことや，保健師の子ども虐待事例への支援において，「支援拒否」を困難に感じると回答した保健師は86.0％に上る（上野ら，2017）ことから，支援を拒否する10代妊婦とその家族に一機関で，あるいはひとりで関わっていくのは容易ではないといえる。今回の事例では，《^{SG}❼ 多機関とのチームでの関わり》，〔支援者と認識してもらうよう関わる〕，〔成育歴から妊婦の心情を察する〕，〔妊婦自身の思いを引き出す〕，〔タイミングと妊婦との関係性を見計らい，言うべきことは言う〕など多様な技術で「介入」と「支援」が継続されていた。

　トラウマを抱える人びとは，しばしばさまざまなサービス部門につながるべき複雑なニーズを有している（SAMHSA, 2014）ことが指摘されている。また子ども時代に愛された経験がない親（池田，1984），社会的に孤立している親（CDC, 2020）は子ども虐待に陥りやすいことも指摘されている。今回対象としてあげた事例には，両親が離婚もしくは両親と死別していたり，被虐待歴を抱え社会的に孤立していた事例も複数あった。こうした10代妊婦に関わる際に，「介入」と「支援」の役割を分離するだけでなく，対象者が安心できる支援者を中心に多機関で連携し，対象者を孤立させることなく「支援」を継続し，相手との関係性を見極めて「介入」していくことが必要であることが示唆された。

11-5　Makingダイナミック

11-5-1　具体的な分析の仕方

　10代母親に対して，妊娠期からの関わりが関係構築を促すことが指摘されていることから（Skerman et al., 2012），本研究では10代妊婦と家族が妊娠に気づいてから出産に至るまでの時期を対象とし，その時期における保健師の関わりに関する内容を抽出した。

　具体的な方法として，インタビュー後に特に印象に残った数事例のローデータを読み，抽出した内容を意味のまとまりごとに解釈し，コード化した。まず数事例のコードを時系列に並べ，暫定的なTEM図を作成した。その後全員のデータを俯瞰し，誰かに必要とされたいという思いを強くもつ10代妊婦に，保健師はこれまでの成育歴において否定されてきた経験が少なからずあったことを推察し，寄り添いつつ，時に伝えるべきことは伝えながら，出産に至るプロセスを支えるという流れを読みとることができた。その流れを軸とし，BFPを加え，流れに影響すると考えられるコードを並べていった。また研究協力者が支援プロセスにおいて悩んでいた内容は記録しておいた。ある研究協力者が選ばなかった選択肢が，他の研究協力者によって選ばれ，よってBFPとなる可能性があると考えられたためである。ある程度TEM図が構造化できたら再度13事例のローデータに戻り，BFPとOPPやその関連要因の表現にローデータとの離齬がないか見直し，表現を修正した。最後に，作成したTEM図に13名分の径路をなぞりながら，見落とした要因がないか再度確認した。

11-5-2　変容するEFPと見えてきた2nd EFP

　筆者は研究開始当初にはEFPを定めておらず，ローデータを読んでいた際に終着点と思えた，《^{EFP}10代妊婦との関係構築ができる》と《$^{P\text{-}EFP}$支援拒否》をそれぞれ暫定的にEFP，P-EFPと置いていた。その後ローデータを読み直し，保健師が最終的に何を目指していたのか，あらためて検討した。保健師の「きっと聞いているかなということを信じていく」という語りから，EFPは《^{EFP}10代母親の可能性を信じて関わり続ける》とした。またTEM図作成当初はP-EFPを《$^{P\text{-}EFP}$支援拒否》としていたが，データを読み返し，

途中に支援拒否はあっても最終的に 10 代妊婦は保健師の関わりを受け容れ
ていれていたと考えられたため，《^{P-EFP}保健師が関わることができない》に
表現を修正した。

11-5-3　文化をいかにしてとらえたか

　本研究は，10 代妊婦の妊娠から出産を経た直後までを対象としている。
その理由は，児童虐待予防対策の方向性に「妊娠期からの切れ目のない実施」
が打ち出されたこと，先述の「健やか親子 21（第 2 次）」においても「妊娠
期からの切れ目のない支援」が基盤課題のひとつとして掲げられるなど，妊
娠中からの支援が児童虐待予防および母子保健活動において重要であると明
示されたことによる。歴史的には，この「健やか親子 21（第 2 次）」が策定
された 2015 年度以降の母子保健事業の方向性の転換が，市町村における保
健師の支援のあり方に大きな影響を及ぼしている。また妊娠した際に市町村
に妊娠を届け出，保健師らが妊婦面接を行うのは日本特有の制度であり，妊
婦の全数把握がなければ，このような妊娠期の支援を行うことは難しい。

　加えてこの TEM 図では，原家族が 10 代母親に対し大きな影響力をもっ
ていることが示された。民法では婚姻すれば成人と見なされる，いわゆる「成
年擬制」があり，法律上婚姻した未成年は成年と同様に扱われる。しかし新
しい家族を築いたとしても原家族の影響は大きく，保健師もその影響力を意
識し，本人の思いを聞くことに重きを置いていた。

11-5-4　援助者としての発達・変容をいかにしてとらえたか

　本研究における援助者としての発達・変容には，10 代妊婦が出産し〔母
として目覚める姿を見る〕ことで，10 代妊婦に受け容れてもらえないと感
じても，「諦めずに関わる必要がある」と保健師の認識が変化していたこと
があげられる。

　もうひとつ筆者が印象に残ったのは，「（10 代の母親が成長していく過程
が見られて）私らは楽しい」といった，保健師自身が 10 代妊婦の成長に楽
しさを感じている点である。母子保健活動において，保健師が支援したい思
いが必ずしも届くとは限らず，関係をつくることや関わることそのものが難
しい場合もある。それでも母親に関わり続け，子どもの成長と母親が母親と

して成長していく姿を見届けることのできる母子保健活動のやりがいや，10代妊婦を支援したいと強く願い頼られる関係になりえたことに充実感を覚える保健師の思いを，TEM 図の作成を通してあらためて認識することができた。

11-5-5　聴き手・語り手にとっての，TEA で意味をとらえる経験について

　TEA を通して筆者が最も明らかにしたかったのは，「介入」と「支援」のはざまにある保健師の関係構築過程であった。TEM の大きな強みは時間軸を捨象せず当事者の経験に即して内在的に扱うことであり，TEM 図を作成することで，「寄り添う」前後のプロセスや，その背後にある SG や SD を示すことができた。これにより，何が 10 代妊婦との関係構築を促進し何が阻害要因となるのか，また阻害要因が生じた際に保健師は次にどのような手を打っていくのかを，一部ではあるが示すことができたと考えている。

引用文献

CDC (Centers for Disease Control and Prevention). (2020) *Child abuse and neglect, Risk and Protective Factors.*
　　https://www.cdc.gov/violenceprevention/childabuseandneglect/riskprotectivefactors.html（2020 年 5 月 29 日閲覧）

Cramer, P. (1990) *The development of defense mechanisms: Theory, research, and assessment.* Springer-Verlag.

Freud, A. (1936) *Das Ich und die Abwehrmechanismen.* Internationaler Psychoanalytischer Verlag.［フロイト，A.　黒丸正四郎・中野良平（訳）（1998）　自我と防衛機制. 牧田清志・黒丸正四郎（監修）　アンナ・フロイト著作集 2. 岩崎学術出版社.］

Hollingworth, L. S. (1928) *The psychology of the adolescent.* Appleton.

池田由子　（1984）　概説・被虐待児症候群. 池田由子（編）　現代のエスプリ 206 号・被虐待児症候群（pp. 5-34）. 至文堂.

賀数いづみ・前田和子・上田礼子・安田由美・仲宗根美佐子　（2009）　沖縄県離島における若年母親の養育行動──一般母親との比較. 沖縄県立看護大学紀要，*10*，15-23.

小林美智子・稲垣由子　（2014）　虐待された子どもへの医療・保健の役割と課題. 津崎哲郎（研究代表者）　平成 26 年度研究報告書・今後の児童虐待対策のあり方について──（2）虐待対策における課題解決の方向性（pp. 35-39）. 子どもの虹情報研修センター.

厚生労働省　（2009a）　子ども虐待対応の手引き（平成 21 年 3 月 31 日改正版）.

厚生労働省　（2009b）　養育支援訪問事業ガイドライン.
　　https://www.mhlw.go.jp/bunya/kodomo/kosodate08/03.html（2020 年 8 月 22 日閲覧）

厚生労働省　（2019a）　平成 30 年（2018）人口動態統計（確定数）の概況．母の年齢（5 歳階級）・出生順位別にみた出生数．
https://www.mhlw.go.jp/toukei/saikin/hw/jinkou/kakutei18/dl/08_h4.pdf（2020 年 2 月 29 日閲覧）

厚生労働省　（2019b）　平成 30 年度衛生行政報告例の概況．
https://www.mhlw.go.jp/toukei/saikin/hw/eisei_houkoku/18/dl/kekka6.pdf（2020 年 2 月 29 日閲覧）

厚生労働省（社会保障審議会児童部会児童虐待等要保護事例の検証に関する専門委員会）（2019c）　子ども虐待による死亡事例等の検証結果等について（第 15 次報告）．

黒川恵子・入江安子　（2017）　特定妊婦に対する保健師の支援プロセス──妊娠から子育てへの継続したかかわり．日本看護科学会誌, *37*, 114-122.

松本伊智朗　（2007）　介入と支援のはざま．小林美智子・松本伊智朗（編）　子ども虐待──介入と支援のはざまで（pp. 9-24）．明石書店．

中原洋子・上野昌江・大川聡子　（2016）　支援が必要な母親への妊娠中からの保健師の支援──妊娠届出時等の保健師の判断に焦点を当てて．日本地域看護学会誌, *19*(3), 70-78.

中板育美　（2020）　子どもの虐待を防止する援助のあり方を考える──「寄り添う」ことと「危機介入」は相反するのか．保健師ジャーナル, *76*(5), 379-384.

中西公一郎　（1999）　防衛機制の概念と測定．心理学評論, *42*(3), 261-271.

落合良行・佐藤有耕　（1996）　親子関係の変化からみた心理的離乳への過程の分析．教育心理学研究, *44*, 11-22.

定月みゆき　（2009）　若年妊娠・出産・育児への対応．母子保健情報, *60*, 53-58.

SAMHSA（Substance Abuse and Mental Health Services Administration）．（2014）　*SAMHSA's Concept of Trauma and Guidance for a Trauma-Informed Approach.* HHS Publication No.（SMA）14-4884. Rockville, MD: Substance Abuse and Mental Health Services Administration.［大阪教育大学学校危機メンタルサポートセンター・兵庫県こころのケアセンター（訳）（2018）　SAMHSA のトラウマ概念とトラウマインフォームドアプローチのための手引き．］

Skerman, N., Manhire, K., Thompson, S., & Abel, S.（2012）Making engagement with Plunket's Well Child service meaningful for teenage mothers. *Kai Tiaki Nursing Research, 3*(1), 31-36.

Smithbattle, L., & Leonard, V.（2014）Teen mothers at midlife: The long shadow of adversarial family caregiving. *Advances in Nursing Science, 37*(2), 87-100.

津崎哲郎　（2014）　児童虐待対策における課題点の現状と解決策の検討．津崎哲郎（研究代表者）　平成 26 年度研究報告書・今後の児童虐待対策のあり方について──（2）虐待対策における課題解決の方向性（pp. 3-34）．子どもの虹情報研修センター．

上野昌江・足立安正・安本理抄・根来佐由美・大川聡子　（2017）　保健師の子ども虐待事例への支援についての実態調査報告書．

鷺山拓男　（2020）　子ども虐待予防──「取り締まり」か「援助」か．保健師ジャーナル, *76*(5), 352-356.

Zerwekh, J.（1991）A family caregiving model for public health nursing. *Nursing Outlook, 39*(5), 213-217.

第IV部

臨床・障害における
対人援助プロセスを記述する

12章

ひきこもり青年の
きょうだいの家族からの自律過程

和田 美香

12-1 背景と目的——ひきこもり青年のきょうだいが抱える困難

　日本の社会問題であるひきこもりへの支援が続けられてきたが，近年では長期化・高齢化によって 80 代の親が 50 代の子どもの生活を支える「8050 問題」が注目されている。『子供・若者白書』（内閣府，2019）では，長期化するひきこもりの実態について特集し，対策をいっそう充実させていく必要性を報告している。全国的な支援組織である KHJ 全国ひきこもり家族会連合会（以下，家族会）は，親亡き後の問題へ対応するため 2012 年に兄弟姉妹（以下，きょうだい）の会の活動を始め，グループ相談会や居場所を開催している。今後，高齢化したひきこもり本人や家族への支援を充実させる必要があるが，一方で長期化しないための支援を検討することも同様に重要と言える。たとえば，家族会は，ひきこもりの居場所に関する実態調査（2020）をもとに，中学生から 20 代のひきこもり好発期における予防的対応の重要性を報告している。

　ひきこもり青年を抱える家族では，ひきこもる子どもと親との間で共生的な関係性が形成されやすく，社会への橋渡し機能が発揮できずに長期化を招く悪循環になる傾向がある（齊藤，2007）。また，家庭内暴力や退行が生じたり，不潔恐怖や手洗い強迫など何らかの精神症状が顕在化したりすることで，家庭内の生活や人間関係さえ維持することが困難になる場合も少なくない。青少年を健全に育成するための総合的施策である子ども・若者育成支援

166

推進法（2010）では，基本理念として「とりわけ良好な家庭的環境で生活することが重要」とあげられており，ひきこもり支援として本人を抱える家族支援を充実させていくことに課題があると考えられる。

　その家族支援においては，ひきこもる本人の問題と，その問題に取り組む家族を支えることが基本となり，家族内のコミュニケーション，本人についての正しい理解，公平で明確な家族のルールの点から家族のリソースを高めていくことが有効とされる（齋藤，2017）。家族内のコミュニケーションには，ひきこもる本人（以下，同胞）と親およびそのきょうだいも関与し，さまざまなやりとりが生じていると考えられる。ただし，これまでの家族支援は親を対象とし，きょうだいへの支援という視点は長く見過ごされてきた（山下，2019）。そのような家族の一部にのみ焦点をあてる支援のあり方は，不自然と言える。家族それぞれの相互作用の結果として困難が生じていることを考慮すれば，成長過程において家族としてともに生活し難い状態にあるきょうだいへの支援に取り組むことは，ひきこもりの長期化を防ぐひとつの手立てとしても，子ども・若者の健やかな育成のためにも重要と考えられる。

　成長過程で同胞がひきこもることによるきょうだいへの影響については，連鎖反応としてきょうだいもひきこもり始める場合があることや（田中，1996），親が「きょうだいも問題を抱えている」と認識していることが報告されている（天谷ら，2003）。また，和田（2016）は，きょうだいには「家族に変わってほしい」という思いと「変わらないかもしれない」という思いの間で循環するような内的な動きがありさまざまに関わりつつ，家族から自律していく径路を明らかにしている。しかし，今のところきょうだいについて検討した研究は蓄積に乏しい。本研究では，和田（2016）がとらえたきょうだいにおける家族から自律していくまでの多様な径路を踏まえつつ，何らかの類似した特徴によるパターンを見いだして類型化を検討することにより，それらの類型ごとに必要となる支援について示唆を得ることを目的とする。

12-2　方　法

12-2-1　研究協力者とデータ収集の方法
　思春期・青年期に，同胞が6カ月以上のひきこもり状態にあった，そのきょ

表 12-1　研究協力者

研究協力者	年代	同胞との続柄	同胞の年代	年齢差	何らかの問題が起こり始めたときの協力者の年代	ひきこもり開始時の協力者の年代
A	30 代前半	妹	30 代後半	3 歳	10 代前半	20 代前半
B	30 代後半	妹	40 代前半	4 歳	10 代後半	10 代後半
C	20 代前半	妹	30 代前半	6 歳	10 代前半	10 代前半
D	30 代前半	弟	30 代後半	3 歳	20 代前半	20 代前半
E	20 代後半	妹	30 代前半	3 歳	10 代前半	10 代後半
F	20 代前半	姉	20 代後半	3 歳	10 代後半	20 代前半
G	30 代後半	姉	30 代前半	2 歳	20 代前半	20 代前半
H	20 代後半	姉	20 代後半	2 歳	20 代前半	20 代前半
I	20 代後半	姉	20 代前半	4 歳	20 代前半	20 代前半

うだい 9 名を研究協力者とした。おおよそ小学校高学年から大学生くらいまでの間に同胞と同居していた方とし，過去の研究の 14 名のデータから選定した（表 12-1）。選定の理由は，研究協力者は家族から自律していくまでの道筋を比較的明確に語っていることから，径路の類型をとらえる目的に合致すると判断したためである。また，本研究では，径路の類型を検討する目的から，TEM の「1・4・9 の法則」における 9 名を採用した。

　データ収集では，支援団体で研究趣旨を説明し，了解いただいた支援者から研究協力者を紹介してもらった。半構造化面接を 2〜3 回行い，同意を得たうえで IC レコーダーに録音し逐語録を作成した。面接は，同胞のひきこもりの時間的経過に沿って語られるその流れにあわせて行った。主な質問項目は，

　①同胞のひきこもりのきっかけ

　②ひきこもり始め，一番状態がよくないと感じたとき，および状態がよくなったと感じたときの出来事

　③家族のなかで起こった印象に残る出来事，およびそのときの同胞・父親・母親へ感じたこと

　④最も大変に（つらく）感じたこと

⑤同胞から受けた影響

についてであった。面接の2回目では，1回目の語りの概要を書面で示し，3回目では2回目の語りに基づく TEM 図を示し，思い起こしたことをつけ加えてもらいつつ，語りを深める質問を行った。

12-2-2　分析方法

EFP を設定するにあたり，きょうだいが家族から自律していく体験は，家族状況に巻き込まれずきょうだいにとってのほどよい距離感を調整していくことだと考えられた。そこで，EFP を《^{EFP}距離感を自己調整する》とした。また，それに即して P-EFP を《$^{P-EFP}$距離感の調整が難しい》とした。

具体的な手順を以下に示す。

①逐語録を読み込み，記述内容を意味のまとまりごとに分けて，見出しをつけた。

②その見出しを時間の経過に沿って並べ，個別に TEM 図を作成した。

③研究協力者間の同様の体験を同じ列にそろえて，まとめて新たな見出しをつけた。

④多くの研究協力者が体験しているポイントを OPP，体験が多様に分かれていくポイントを BFP とした。

⑤体験の径路を，同胞との関わり（会話のあり・なし）と家族から距離を置く時期の観点から分類し，5つの類型を見いだした。そして，各類型内で同様の体験をまとめて新たな見出しをつけ，全体をひとつのモデル図にまとめた。

⑥SD や SG としてとらえられる体験を，それらが作用する位置がわかるように記述した。

きょうだいの体験の径路を検討した結果，本研究においてどのように TEM の概念が位置づけられたかについて説明する。きょうだいは共通して同胞が家族と話さなくなることをひきこもりの始まりと認識していた。そこで，《^{OPP}同胞が話さない》を OPP とした。そして，きょうだいは同胞のひきこもりの生活が本格化するにつれて，同胞や親との関わり方をさまざまに試み状況に応じて変えていた。そこで，《^{BFP}同胞のひきこもりの本格化》を BFP とし，同胞との会話がある場合とない場合を含む《^{OPP}同胞との関わり》

表12-2　TEM 概念の本研究での位置づけ

概念	本研究での位置づけ
EFP	距離感を自己調整する
P-EFP	距離感の調整が難しい
BFP	同胞のひきこもりの本格化 家族内の不毛なやりとりによる悪循環
OPP	同胞が話さない 同胞との関わり 距離を置く 自分や家族を客観的に見る
SD	家に押しとどめる親の意向 受験勉強・就職活動・結婚への足かせ
SG	進学時の自主性の尊重 親戚からの無条件の支え 女の子には自由な家 偶然のきっかけの発生 先生・友人・恋人からの援助

を OPP とした。しかし，そうした関わりを通じても状況は変わらず，不毛とも言えるやりとりのなかで，きょうだいのあり方はそれぞれの家族のなかで多様に分かれていた。そこで，《^{BFP}家族内の不毛なやりとりによる悪循環》を BFP とした。やがて，きょうだいはそれぞれの仕方で家族とは距離を置く行動を起こし，自分の生活を取り戻すことを通して家族状況を客観的に見るようになっていた。そこで，《^{OPP}距離を置く》と《^{OPP}自分や家族を客観的に見る》を OPP とした。これらの TEM 概念の本研究における位置づけを，表12-2 に示す。

　また，分析の過程できょうだいの体験における多様な径路について，同胞との関わり方の違い（早期に会話が戻る，会話がない状態からある状態へ，会話がない）と，家族から距離を置く時期の違い（早期物理的，後期物理的・心理的）に着目して分類し，5 つの類型をとらえた（表12-3）。そして，本研究における TEM 概念と各類型を踏まえて，モデル図を作成した（図12-1）。

表 12-3　径路の類型

		家族から距離を置く時期	
		早期 物理的距離	後期 物理的・心理的距離
同胞との関わり	早期に会話が戻る	関わりつつ 早期に物理的距離を置く Ⅰ型（D）	関わりつつ 後期に距離を置く Ⅲ型（A, E）
	会話なし→あり	途中から関わり始め 早期に物理的距離を置く Ⅱ型（G, H）	途中から関わり始め 後期に距離を置く Ⅳ型（C, I）
	会話なし		関わりがなく 後期に距離を置く Ⅴ型（B, F）

12-3　結果——同胞との関わり方と距離を置く時期による類型化

12-3-1　径路における 5 つの類型

　きょうだの径路は，5 つの類型によってとらえられると考えられた。すなわち，Ⅰ型：関わりつつ早期に物理的距離を置く，Ⅱ型：途中から関わり始め早期に物理的距離を置く，Ⅲ型：関わりつつ後期に距離を置く，Ⅳ型：途中から関わり始め後期に距離を置く，Ⅴ型：関わりがなく後期に距離を置く，である。以下に，それぞれの類型について説明する。

a.　Ⅰ型——関わりつつ早期に物理的距離を置く

　同胞がひきこもり家族と話さなくなったり暴力的な行為をするのを見聞きしたりして動揺しながらも，自分と同胞との間では比較的早くに会話が戻り関わりを続けながら，進学や就職などをきっかけとして早期に物理的距離を置くパターンである。いったん家から物理的に離れても，家族と向きあわないといけないという思いもあり，実家に帰省し同胞や親に働きかける。対応について自問自答し気持ちの整理をしつつ心理的距離を置き，自分なりの家族との距離感を保てるように調整していく。

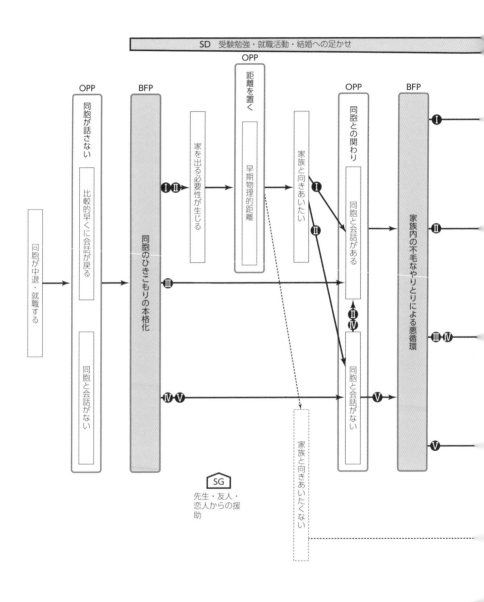

非可逆的時間

図12-1　距離感を自己調整するまでの径路

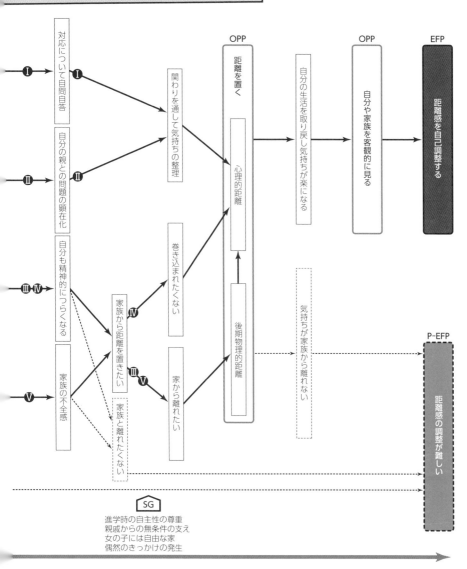

b. Ⅱ型——途中から関わり始め早期に物理的距離を置く

　同胞がひきこもり始めたころは，むしろ自分の生活に関心が向いていてほとんど接触をもたず，進学や就職を理由に早期に物理的距離を置くが，何らかの心境の変化から関わり始めるパターンである。家から離れ自分の生活が安定してくると，家族と向きあいたいとの思いが生じ関わり始めるが，それによって自分と親との関係における問題が顕在化する。意識的に関わりながら気持ちを整理し心理的距離を置き，自分なりの距離感を保てるよう調整していく。

c. Ⅲ型——関わりつつ後期に距離を置く

　同胞が家族と話さなくなることで最初は会話がなくとも，自分と同胞との間では比較的早くに会話が戻り家族とともに気を遣いながら関わり，後期に家族から距離を置くパターンである。家庭内暴力がある場合は同胞の機嫌によって生活が左右され，暴力行為がない場合でも自殺の可能性などから気を遣いながら生活する。さまざまに働きかけても家族の状況は変わらず自分も精神的につらくなり，後期に物理的・心理的距離を置き，家族との距離感を調整していく。

d. Ⅳ型——途中から関わり始め後期に距離を置く

　同胞が部屋にひきこもって話さなかったり拒否的な態度をとったりすることでほとんど接触をもたない状態が続いた後，何らかのきっかけを通して関わり始め，後期に家族から距離を置くパターンである。同胞から拒絶され関わらない時期があった後，家族内の出来事を通して同胞の理解者となり，家族関係を調整する役目を果たす。ただし，それが重荷となり自分も精神的につらくなり，心理的距離を置いて家族との距離感を調整するようになる。

e. Ⅴ型——関わりがなく後期に距離を置く

　同胞がひきこもり始めたときから会話がなく，直接関わることなく何年も時が過ぎ，大学院への進学や結婚などのきっかけを通して後期に家族から距離を置いていくパターンである。同胞と直接の関わりはなくとも，同胞の世話にかかりきりの母親に代わって母親的な役割を担ったり，自分はひきこも

らないと勉強に励んだりして，間接的な相互作用がある。家族に対する不全感から後期に物理的・心理的距離を置いて，家族との距離感を保てるように行動の調整をしていく。

12-3-2　径路における社会文化的影響

きょうだいの自律の径路において，親の価値観や子育てに関する考え方，親戚や先生からの働きかけといった社会文化的な影響を受けながら，それぞれに家族との距離感を調整していくことがとらえられた。それらの影響として，①同胞のひきこもりが本格化するときから距離を置くまでの間に作用するSD，②Ⅰ・Ⅱ型のきょうだいにおける家を出る必要性が生じるときから物理的距離を置くまでの間に作用するSG，③Ⅲ・Ⅳ・Ⅴ型のきょうだいにおける距離を置きたいと思うときから実際に距離を置くまでの間に作用するSD と SG，について説明する。

①《^{BFP}同胞のひきこもりの本格化》から《^{OPP}距離を置く》まで

きょうだいは，学校や職場における何らかの挫折や危機体験を経てひきこもっている同胞と一緒に生活しながら，逆に自分は一生懸命に受験勉強をしたり就職活動をしたり，結婚に向けて相手と関係を作っていくことになる。ひきこもる同胞と同年代にあって同様の発達課題に取り組むなかで，失敗した同胞の姿を身近に見ることにより，きょうだいが巻き込まれるような感覚をもつ苦しい状況を《^{SD}受験勉強・就職活動・結婚への足かせ》ととらえた。実際に生活上で同胞から嫌味を言われたり拒否的態度を受けたりするといったことだけなく，ひきこもりの同胞がいることにより自分の歩みが妨げられるような目に見えない作用がとらえられた。

②〈家を出る必要性が生じる〉から《^{OPP}距離を置く（早朝物理的距離)》まで

きょうだいが進学などの理由で家を離れる必要性が生じたときに，周囲から後押しされるような《^{SG}先生・友人・恋人からの援助》をとらえた。きょうだい自身は家を離れることがまだ選択肢のひとつでしかない状態から，先生が親身になり進学を強く勧めてくれてその流れに乗るように学校の寮に入ったり，恋人に家から引っ張り出されるように同棲を始めていたりした。

③〈家族から距離を置きたい〉から《^{OPP}距離を置く》まで

この時期に《^{OPP}距離を置く》ことを妨げるような作用として，《^{SD}家に押しとどめる親の意向》をとらえた。たとえば，きょうだいがひとり暮らしをしようとするときに，親から家にいてほしいという思いや家から出さないという考えを，言葉や態度で受け取るということがあった。また，《^{OPP}距離を置く》ことを後押しする作用として，《^{SG}進学時の自主性の尊重》《^{SG}親戚からの無条件の支え》《^{SG}女の子には自由な家》《^{SG}偶然のきっかけの発生》をとらえた。たとえば，《^{SG}進学時の自主性の尊重》は，進学時に親が子どもの自主性を重んじて，家から押し出すように作用していた。

12-4　考察——類型ごとの径路の特徴と必要となる支援への示唆

本研究では，ひきこもり青年のきょうだいが，どのように家族との距離感を自己調整していくようになるかについて，同胞との関わりと家族から距離を置く時期の観点から径路の類型化を検討し，5つの類型を見いだした。また，距離感を自己調整するようになることへ援助するあるいは妨げるように作用する社会文化的な影響をとらえた。

きょうだいは，同胞がひきこもっている状況から比較的早い時期に家を離れ物理的に距離を置いたとしても，家族への思いを残したまま心理的に適切な距離を置くことができていない場合，後の過程で気持ちの整理が必要になることが示唆された。青年期にあるきょうだいは，家族と離れて生活していたとしてもまったく関わらずにいることは難しく，生活の時々でひきこもりの同胞を抱え続けている家族の現実に向きあうことになる。早期に家を離れたⅠ型とⅡ型のきょうだいは，物理的な距離を置いた結果として家族と向きあう準備ができ，同胞や親とコミュニケーションをとることを通して距離感を調整できるようになっていた。このことから，困難な状況から物理的な距離を置くことは，上手に向きあうための心のゆとりにつながるが，気持ちの整理は単に物理的に離れることを通してなされるのではなく，家族に接近しやりとりを通してなされる場合もあると言える。

また，後期に距離を置いていたきょうだいでは，生活上で同胞と会話をしている場合，家族の話し相手になったり家族の状況を変えようとしたりする

ことを通して感情の揺れが大きく，自分もつらく危なくなっていた（III 型・IV 型）。一方，同胞と直接会話することがない場合は，同胞の不機嫌な態度や親への暴言などに対する嫌悪感といった負の感情と，力になりたいといった正の感情との間でどちらか一方が優勢になることにより，会話がある場合と比べて感情の揺れは小さく，しかし，家族全体がうまくいっていないといった家族状況の不全感として認識していた（V 型）。このことから，後期に距離を置くことになるきょうだいでは，同胞や親の振る舞いに反応して生じる自分の感情に気づき，複雑な感情の揺れを軽減するスキルが必要になると考えられる。

　きょうだいが家族と距離を置くようになるまでには，周囲からの援助するあるいは妨げるような社会文化的な影響があると考えられる。同胞がひきこもることにより，青年期のきょうだいにとっては進学や就職，結婚などの進路選択において，同胞の心情や家族状況に制約を受けた行動の選択になる傾向があり，足かせのように感じられていることが示唆された。また，きょうだいにとって親は援助および妨げのどちらの影響も内包しており，タイミングによって優位性が変わると推測される。

　以上のことから，きょうだいへの支援としては，単に家族から物理的に離れるように働きかける支援にとどまらず，心のあり方に着目しきょうだいが自分や家族を客観的に見ることを通して感情の揺れを軽減したり，家族との心理的な距離感を自分なりに調整することができるように，援助者が働きかける必要があると考えられる。

12-5　Making ダイナミック

12-5-1　具体的な分析の仕方

　まず，語りのデータを読み込み個別に TEM 図を作成し，EFP に向かう道筋において多くのきょうだいが通るポイントとなる体験を OPP，径路が分かれていくポイントとなる体験を BFP と設定した。その際に，OPP である《$\overset{OPP}{距離を置く}$》体験のタイミングが研究協力者によって早い時期と遅い時期に分かれることや，一口に距離といってもいわゆる物理的なものと心理的なものがあることに気づいた。また，家族内のやりとりにおいて同胞と

の会話がある場合とない場合によって体験内容が異なることや，最初は会話がなくても途中から会話が戻る場合があることもわかった。そこで，家族から距離を置く時期と同胞との関わりにおける会話の有無に着目し，多様なきょうだいの径路を類型化することにし，結果として5つの類型を見いだした。最終的に，それぞれの類型の道筋がたどれるように統合的なTEM図を作成した。

12-5-2　変容するEFP

　分析の当初では，きょうだいが家族から自律していくまでの径路の類型化を検討するために，先行研究（和田，2016）を参考にしてEFPを《自己コントロールする》と設定していた。しかし，「コントロール」という言葉はやや研究者視点のものとも思われ，研究協力者にとっては必ずしも実感を伴う言葉ではない可能性が考えられた。語りデータにおいては「距離」という言葉が多く使われており，家族との距離が感覚的に重要なことが示唆されたため，《^{EFP}距離感を自己調整する》を設定した。

12-5-3　文化をいかにしてとらえたか

　きょうだいが家族内の不毛なやりとりによる悪循環を感じて家族から距離を置いていく過程において，きょうだいは親や親戚などの周囲から影響を受けていた。その周囲からの影響には，日本における社会文化的な価値観や考え方があるのではないかと思われた。すなわち，生活上では一般的な考え方や価値観として見過ごしてしまうようなことのなかに，日本の社会の根底にあるような文化が表されている場合があると考えられた。たとえば，子どもの性別によって親の期待や教育方針が違い，長男である同胞には進学や就職のときに何かと親の指示があったが，女の子のきょうだいは比較的自由に進路選択ができたことがあげられる。その背景には，斎藤（2003）が指摘するような長男を重視する文化的価値観があると推測された。研究協力者の歩みに影響を与える外的な力の作用をSDならびにSGの概念を用いて可視化することにより，きょうだいを取り巻く社会文化をとらえることができた。

12-5-4　援助者としての発達・変容をいかにしてとらえたか

　きょうだいは,ひきこもる同胞と直接の会話がある場合でもない場合でも,家族とともに生活するなかで相互作用する存在である。親が同胞に対して適切に接していない様子を見て,きょうだいの立場から親に助言したり,同胞の話し相手になりながら外に向かうよう働きかけたり,あるいは不機嫌な同胞の姿を見ないように避けていてもそのような自分の行動が同胞に見えてしまうことがあるなど,家族として存在しているだけで互いに影響を与えあってしまうことになる。家族内で不毛に思えるやりとりの悪循環が生じて維持されていくとき,きょうだいの反応は類型によって大きく分かれるが,それぞれの仕方で家族から距離を置き,客観的に見ることを通して距離感を自己調整するようになっていた。村瀬（2017）は,援助者が善意からではあるのに,コミュニケーションにおいてかすかなずれやつながらなさを積み重ねてしまうことがひきこもり現象の拡大再生産の流れを作っているとし,全体状況を視野に入れつつ微妙な心のひだをとらえたアセスメントが必要だと述べている。本来大人が担うような家事や家族の世話などを日常的に行っている子どもであるヤングケアラー（厚生労働省,2021）としてきょうだいを見た場合,悪循環が生じている家族システムのなかにいて状況に巻き込まれながらも,徐々にそこから心理的に離れそのシステムを客観的に眺めて家族関係を理解（アセスメント）し,自分なりに上手に関われるように発達的に変容しているととらえることができるだろう。一方で,きょうだいがヤングケアラーとして大きな負担を担うことにより適応的な変容が難しいために支援が必要な場合でも,要支援と認識されていない可能性があることが示唆された。

12-5-5　聴き手・語り手にとっての,TEA で意味をとらえる経験について

　研究協力者の語りでは,家族に対するポジティブな思いとネガティブな思いの間を行ったり来たりするようなこともまれではなかった。しかし,面接における語りの内容を,次回の面接で書面に時系列に並べて示したり TEM 図を描き提示することにより,語り手は混沌とした体験を整理できたり,聴き手とともにひとつひとつの体験について,その文脈における意味を理解できたりすると思われた。また,体験を可視化することは,過去からの道筋を経た現状についてあらためて意味づけし直し,今後の見通しをもつことにも

役立つと思われた。

引用文献

天谷真奈美・宮地文子・高橋万紀子・瀬戸岡祐子 （2003） 社会的ひきこもり青年を抱える家族の課題認識に関する研究. 埼玉県立大学紀要, 5, 23-32.

KHJ 全国ひきこもり家族会連合会 （2020） ひきこもりの居場所に関する実態調査報告書.
　　https://www.khj-h.com/news/investigation/4314/ （2020 年 9 月 18 日閲覧）

厚生労働省 （2021） ヤングケアラーについて.
　　https://www.mhlw.go.jp/stf/young-carer.html （2021 年 3 月 28 日閲覧）

村瀬嘉代子 （2017） ひきこもり支援における心理職の課題. 江口昌克（編） ひきこもりの心理支援──心理職のための支援・介入ガイドライン （pp. 223-228）. 金剛出版.

内閣府 （2010） 子ども・若者育成支援推進法.
　　https://www8.cao.go.jp/youth/wakugumi.html （2020 年 9 月 18 日閲覧）

内閣府 （2019） 令和元年版子供・若者白書.
　　https://www8.cao.go.jp/youth/whitepaper/r01honpen/pdf_index.html （2020 年 9 月 18 日閲覧）

中垣内正和 （2004） ひきこもりを生む社会. アディクションと家族, 21(1), 17-26.

齋藤暢一郎 （2017） 家族支援. 江口昌克（編） ひきこもりの心理支援──心理職のための支援・介入ガイドライン （pp. 223-228）. 金剛出版.

齊藤万比古 （2010） ひきこもりの評価・支援に関するガイドライン. 厚生労働科学研究費補助金こころの健康科学研究事業「思春期のひきこもりをもたらす精神科疾患の実態把握と精神医学的治療・援助システムの構築に関する研究」.
　　https://www.mhlw.go.jp/stf/houdou/2r98520000006i6f.html （2020 年 9 月 18 日閲覧）

斎藤環 （2003） ひきこもり文化論. 紀伊国屋書店.

田中千穂子 （1996） ひきこもり──「対話する関係」をとり戻すために. サイエンス社.

和田美香 （2016） ひきこもり青年のきょうだいが家族から自律していく過程──自律を援助するおよび妨げる社会文化的影響. 発達心理学研究, 27(1), 47-58.

山下真 （2019/9/25） 兄が妹が…引きこもり 親亡き後, 募る不安 金銭援助, 責任感じ. 西日本新聞. 一面.
　　https://www.nishinippon.co.jp/item/n/545889/ （2020 年 9 月 18 日閲覧）

13章

発達障害の子どもの母親にとっての「障害受容」という記号のもつ意味[1]
TEM を用いた自己分析によって生じた自己変容に着目して

山根 佐智子　　三田地 真実

13-1　はじめに――「障害受容」という言葉の呪縛

　発達障害の子どもの親として，筆者（第1筆者：山根，以下同）はいつのころからか「障害受容」という言葉を意識するようになった。発達障害について学ぼうとする講演会で，また，息子の就労支援を受けようとする現場で，そして何より，発達障害の子どもをもつ親が交流を目的に集うような場において，「障害受容」という言葉をしばしば耳にしてきた。

　たとえば，筆者が代表を務める X 市の発達障害者の家族会[2] の集まりのなかで，発達障害の子どもの親がわが子を理解する難しさや親子関係がうまく構築できない苦しみを語る場面において，「（親である）あなたが子どもさんの障害を受容しないと」あるいは「（親である）あなたが障害受容できていない」のように「障害受容」という言葉が使われることがある。また，わが子の障害を受容できないと訴える親に対して，「それはあなたが障害に偏見をもっているから」と答える支援者に出会うこともある。この「偏見をもっているから」という支援者の言い分は，障害を受容できないと悩む親にとって，障害を受容する助けになるどころか，むしろ「受容できない親がやっぱ

1）本章は，山根・三田地（2019）として発表したものに加筆修正したものである。
2）発達障害の子どもをもつ親や家族が，子育ての不安や就労，親亡き後の問題について語りあう場であるとともに，発達障害の知識や支援機関の情報などを収集する目的で集う場。個人の有志で立ち上げる団体や，社会福祉協議会の支援を受け運営されている団体などがある。

り悪いのだ」とさらに追いうちをかけているようにさえ見える。このように他の親が「障害受容」という言葉で苦しめられている様子を見る場面があるとともに，筆者自身も実際にそのように言われた親のひとりでもある。しかし，そもそも「障害受容」とは何なのか，どのようにすればそれができるようになるのかについては，支援者からも，また親同士の会話においてもほとんど語られることはない。

　「障害受容」の概念の誕生とその変遷について研究した中田（2017）によれば「『障害受容』という概念は，身体的中途障害の当事者を対象として，その領域の専門家が機能訓練を早期に実施するために検討すべき課題として誕生した」（p. 15）とある。その後「障害受容」という言葉は身体的な中途障害だけでなく，知的障害など生来的なものを含んだ「障害」と呼ばれる状態や，回復が困難な疾患に対しても使われるようになっていった。さらに，そのような状態にある本人だけでなく，その保護者や取り巻く家族の問題として，「（自分の，あるいはわが子の）障害を受容するということ」は「治療や訓練の期間に限定されないあらゆるライフステージでの課題」とその意味するところが拡大していった。中田（2017）は，発達障害のある子どもの保護者についての研究にこのような「障害受容」という概念が広範囲に使われてきた流れを受け，「多くの研究は保護者が子どもの障害を受容することを前提に調査や論考を行ってきている」（p. 15）としている。

　わが子の障害に対する親の障害受容の定義としては，「親が新しい価値観を持ち，自己の成長を感じる状態に達すること」（下田，2006）に代表されるように，親の「障害受容」を「価値転換」と意味づける研究報告が多く見られる（北原，1995; 玉井・小野，1994）。また「親の障害受容の問題は，子どもの養育，ひいてはその後の発達に重大な影響を与えることが予想される」（桑田・神尾，2004，p. 273）と指摘する研究がある。支援者や親の間にも，親はわが子の障害を早急に受容しなければならないという考え方は深く浸透していると，筆者自身がさまざまな支援者や家族と関わってきた経験からも感じる。

　このように，本来身体的中途障害の早期訓練の実施を目的として誕生した「障害受容」という言葉は，障害と名のつく状態や回復が困難な疾患など，多様な領域で用いられることで「捉えどころのない曖昧な概念へと変化して

いった」（中田，2018）。それにもかかわらず，発達障害のある子どもの親は
もとより，関わる支援者の間でも「障害受容」とはどのようなことを指して
いるのかについて明確に語りあうことも，関係者の間で共有されることもな
いまま，親や本人にとって「（障害受容は）当然乗り越えるべき課題」とし
て存在しているのではないだろうか。もしそうであるならば，ただでさえわ
が子の日常生活の困難さに直面し，それらに日々対処することに必死な親に
対して，さらなる苦しみを課すことになりかねない。筆者自身も発達障害の
ある息子と向きあうなかで「障害受容」という言葉の呪縛に長い間苦しめら
れたひとりである。

13-2　筆者が「障害受容」について TEM で表す理由

　筆者がその一員として活動している家族会は，X 市の社会福祉協議会を事
務局として 2013 年に発足した成人期の発達障害の子どもをもつ親の会であ
る。この会の多くの親が，長い間，わが子の育てにくさや成長に違和感をも
ちながらもその背後に発達障害があることに気づかず，子どもが高校や大学
で不登校になったり，就労でつまずいたり，社会に出てから職場での仕事や
対人関係のトラブルが原因でうつやひきこもりになるなど，追い詰められた
末に病院を受診し，そこで初めてわが子が発達障害であると診断を受けてい
る。親たちが現在抱えている困難はさまざまであるが，その困難さは，わが
子が大人となっている今から遡って子どもが学齢期のときの親の不適切な対
応に端を発している場合が多い。たとえば，大人になったわが子から「自分
が小さいころに親に否定された」「親が自分を理解してくれなかった」「自分
の自己肯定感が低いのは親のせいだ」と，今でも責められるという話を家族
会のメンバーから聞く。親たちもまた，子どもが学校やさまざまな場面で起
こす問題行動の原因は親の育て方や家庭環境のせいと言われ続け，自信を失
い，しかし何とかしなければという思いから，わが子に厳しく対応してしまっ
たと当時を振り返る。自分の子育てが子どもの成長に悪い影響を与えてし
まったのかもしれないと，多くの親たちが今も自責の念に苦しんでいる。
　そのような親たちが家族会に集い，それまでの家族の歴史や自分たちが抱
える苦しみを語りあうなかで「障害受容」という言葉が出てくることがある。

そういうとき，この言葉は，「（障害受容）すべき」という前提のもとで語られ，そもそも「障害受容とは何なのか」「親や子どもがどういう状態になれば障害が受容できたと言えるのか」という議論になることはない。筆者自身も長い間この「障害受容すべき」ということに疑いをもつこともなかった。自らが家族会の代表となってからは，むしろ自分はあたかも「障害受容」しているかのように振る舞ってきた。その一方，心の奥底では常に「自分は本当に『障害受容』ができているのだろうか」と自問し続けていた。そして，自分のなかにある「障害受容」という言葉に対する漠然とした「違和感」をどうしても消し去ることができなかった。

　筆者は，息子の高校入学を機に発達障害を学ぶために通信制の大学に入学したが，所属したゼミの上級生が，TEM を使ってさまざまなプロセスを描き出し分析する姿を見て，自分の「障害受容」のプロセスを TEM で描くことによって自分のなかに存在する「障害受容という言葉に対する違和感」の正体を明らかにできるのではないか，さらに自分が本当に「障害受容」できているのか否かを明確にすることができるのではないかと思った。TEM を描こうと思った最初の動機は，あくまでも個人的なものであり，他人に見せたり，公に発表するためではなかった。

　これまで発達障害の子どもをもつ親の障害受容過程に関する研究は，段階説や慢性的悲嘆説，螺旋形モデルなど理論的枠組みにあてはめて論じるものが多く（桑田・神尾，2004; 嶺崎ら，2006; 山根，2012），「障害受容」という言葉そのものに対する違和感，あるいは「障害受容すべき」という課題を背負わされた親の戸惑いや葛藤などの心理的プロセスに焦点をあてたものは見られない。また，筆者を含めわが子の発達障害の診断にたどりつくまでに長い時間がかかっている場合，それまでのさまざまな経験が障害受容に及ぼした影響を無視することはできない。しかし，桑田・神尾（2004）が指摘するように「従来の研究は，障害受容過程の段階の記述，心理的な現象についての記述は多くなされてきたが，障害受容に影響を与える促進要因や阻害要因に関する系統的な研究は少ない」。以上から本章の目的を，TEM を用いた自己の心理的プロセスの変容を非可逆的時間に沿って分析することで，発達障害の子どもの親である筆者にとっての「障害受容」の意味を明らかにすること，および発達障害のある子どもの保護者支援に示唆を得ることとした。

13-3　方　法

13-3-1　対象と手続き

　発達障害のある子どもをもつ母親である筆者自身を対象とし，《^{EFP}障害受容できる》を EFP として，息子（A 男）が小学校 2 年から大学を卒業するまでの 15 年間にわたる筆者の「障害受容」に関する経験のプロセスをTEM を用いて描いた。TEM を描くにあたっては，筆者自身が卒業論文（山根，2014）で作成した記録を基礎データとした。これは息子が小学校 2 年で学校へ行けなくなってから大学入学までの 11 年間について，①ある出来事（事実）ごとに，②筆者が実際にとった行動（反応），③そのときの親としての筆者の気持ち（感情）を時間軸に沿って文章で記したものである。このデータをもとに描いた TEM 図に，息子が大学 1 年から卒業までの 4 年間を加え，15 年間の TEM 図を描いた。できあがった TEM 図は，筆者の「障害受容」との向きあい方によって 4 期に分けられた。すなわち「障害」という言葉への葛藤が始まった BFP❸により第 2 期の始まりを，障害者手帳を取得させた EFP により第 3 期の始まりを，「自分なりの障害受容でいいのだ」と思えた OPP で第 4 期の始まりを区分した（図 13-1・図 13-2 を参照）。

13-3-2　TEM の概念と適用

　本章における TEM の鍵となる概念の意味と図中での表記の仕方は以下のとおりである。

　EFP：A 男に障害者手帳を取得させる（＝障害受容できる）

　P-EFP：一般枠にこだわる

　2nd EFP：「障害受容」という言葉はいらない

　2nd P-EFP：「障害受容」という言葉の呪縛にとらわれ続ける

　SD：「障害受容」を妨げる力

　SG：「障害受容」を促進する力

　BFP：「障害受容」に対する記号が変容した部分

　OPP：2nd EFP に至るうえでの心理的変容に必要であった経験

13-4　結果と考察
──「障害受容」の意味づけの変容とたどりついた答え

　筆者の「障害受容」との向きあい方に焦点をあて，TEM 図を次の 4 期に分けて記す。
　　第 1 期：息子を守る手段としての「障害受容」（診断を受け容れることが障害受容なのだと親が追い詰められていくプロセス）
　　第 2 期：社会で生きていくための選択としての「障害受容」（診断を受けたが楽にならず，障害者手帳を取得することで受容ができたと思うまでのプロセス）
　　第 3 期：息子らしさを求めてたどりついた「障害受容」の意味（「手帳の取得」で明らかになった問題を経て，筆者自身の障害受容の意味を発見するまでのプロセス）
　　第 4 期：新たな気づき
　第 1 期と第 2 期を図 13-1 に，第 3 期と第 4 期を図 13-2 に示す。

13-4-1　第 1 期──息子を守る手段としての「障害受容」
　第 1 期は，息子が学校へ行けなくなってから「『障害』という言葉への葛藤が始まる」までで，図 13-1 の左側の部分である。
　筆者（以下 Y とする）の息子（以下 A 男とする）は中学校 1 年の夏に高機能広汎性発達障害の診断を受けたが，A 男の行動に変化が表れてから，初めてこの問題について病院を受診するまでに 6 年という歳月がかかっている。
　小学校 2 年の 5 月，A 男は突然の腹痛で登校できなくなった。病院に連れていっても身体的な異常は見つからず，医師からは心の問題と言われた。困り果てた Y が担任に相談に行くと，担任の口から出たのは「お母さんの愛情不足じゃないですか」という言葉だった（図 13-1 の①）。予想もしなかったこの言葉に対する衝撃は，Y のその後の選択に大きな影響を与えた。「愛情不足」と言われショックを受けた Y は，前年度，A 男が小学校 1 年のときの担任だった教師に相談に行く。すると返ってきたのは，「問題は早いうちに出たほうがいい。後になるほど厄介だから」という言葉だった。「問題」

という言葉に Y は返す言葉を見つけることができなかった。

　学年が進むにつれ，A 男の学校でのトラブルやいじめも多くなった。小学校 4 年で A 男に対するいじめが始まると，担任からは，「いじめられるのは A 男くんにすきがあるから」と，いじめも A 男の問題であるかのように言われた（図 13-1 の②）。また，小学校 5 年のとき，同級生の母親に勧められ，Y は思い切って A 男を民間のカウンセリングに連れていった。するとカウンセラーから「お母さんが変わればお子さんも変わります」と言われ（図 13-1 の②），Y は「やはり私のせいなのだ……」と絶望的な気持ちになった。

　これらの「愛情不足」「問題」「A 男にすきがある」「母親が変われ」という言葉は，A 男が学校へ行けないのもいじめられるのも原因はすべて母親の「愛情不足と育て方の問題」というメッセージとなり，Y のなかで「母親失格」という言葉となった。

　診断が下りるまでの 6 年の間に，何度も「A 男を学校へ行かせない」という選択肢があったにもかかわらずそうしなかったのは，この「母親失格」という言葉が，Y にとって「A 男を何としても学校へ行かせる」以外の代替選択肢をとることを抑制する「記号」となったからである（図 13-1 の BFP❶）。

　A 男は出席と欠席を繰り返しながらも，何とか小学校を卒業し，Y は中学校入学という新たなスタートに希望を抱いた。しかし小学校の同級生のほとんどが同じ中学校に進学する環境のなかで，A 男への同級生らによるいじめは入学直後から始まった。A 男が診断を受けたのは中学校 1 年の夏だったが，「病院へ行く」という選択を決定づけたのは，担任の「A 男くんは嘘つきだ」という言葉だった（図 13-1 の③）。その言葉は，Y を絶望に陥れた。もはや学校に A 男の味方は誰もいないのだと思った。A 男を守るためには，病院へ行き何でもいいから A 男に病名をつけてもらうことしかないという気持ちだった。

　しかし，そのときでさえ，Y は自分の息子に「障害」と名のつく診断が下されるとは夢にも思っていなかった。「発達障害」という当時は耳慣れない診断名を素直に受け容れることができたのは，そのとき医師から言われた「これは環境のせいでも，親の育て方のせいでもありません」という言葉があったからだった（図 13-1 の④）。この医師の一言によって，「母親の愛情不足」という Y が 6 年間背負い続けてきた重荷から解放された安堵感が，「障害」

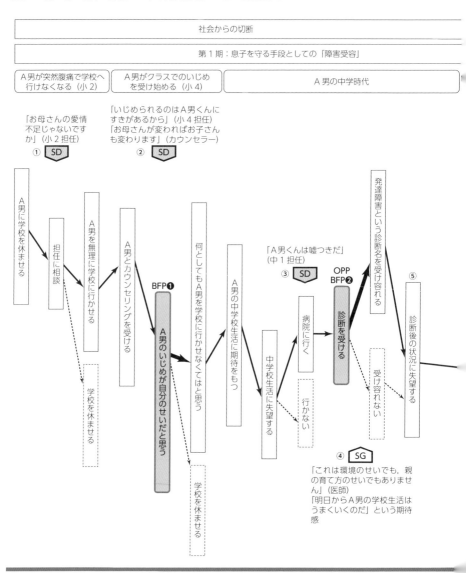

| 社会からの切断 |
| 第 1 期：息子を守る手段としての「障害受容」 |

A男が突然腹痛で学校へ行けなくなる（小 2）　　A男がクラスでのいじめを受け始める（小 4）　　A 男の中学時代

「お母さんの愛情不足じゃないですか」（小 2 担任）
① SD

「いじめられるのはA男くんにすきがあるから」（小 4 担任）「お母さんが変わればお子さんも変わります」（カウンセラー）
② SD

A 男に学校を休ませる

担任に相談

A男を無理に学校に行かせる

学校を休ませる

A 男とカウンセリングを受ける

BFP❶
A 男のいじめが自分のせいだと思う

何としてもA男を学校に行かせなくてはと思う

学校を休ませる

A男の中学校生活に期待をもつ

中学校生活に失望する

「A男くんは嘘つきだ」（中 1 担任）
③ SD

病院に行く

行かない

OPP BFP❷
診断を受ける

④ SG
「これは環境のせいでも，親の育て方のせいでもありません」（医師）「明日からA男の学校生活はうまくいくのだ」という期待感

発達障害という診断名を受け容れる

受け容れない

⑤ 診断後の状況に失望する

非可逆的時間

図 13-1　第 1 期～第 2 期の TEM 図

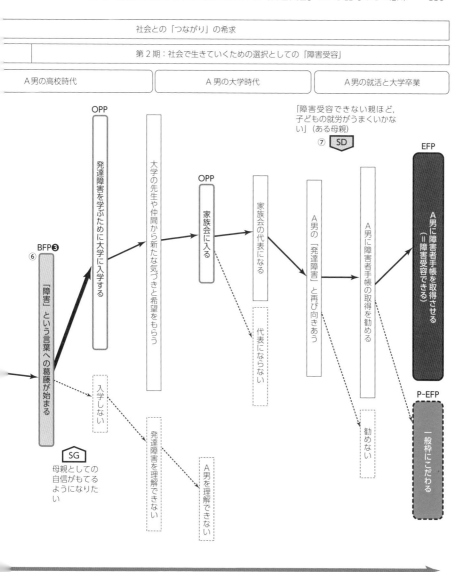

社会との「つながり」の希求

第2期：社会で生きていくための選択としての「障害受容」

A男の高校時代　　　　A男の大学時代　　　　A男の就活と大学卒業

OPP

「障害受容できない親ほど，子どもの就労がうまくいかない」（ある母親）

⑦ SD

EFP

発達障害を学ぶために大学に入学する

大学の先生や仲間から新たな気づきと希望をもらう

OPP

家族会に入る

家族会の代表になる

A男の「発達障害」と再び向きあう

A男に障害者手帳の取得を勧める

A男に障害者手帳を取得させる（＝障害受容できる）

BFP❸

⑥

「障害」という言葉への葛藤が始まる

入学しない

代表にならない

SG

母親としての自信がもてるようになりたい

発達障害を理解できない

A男を理解できない

勧めない

P-EFP

一般枠にこだわる

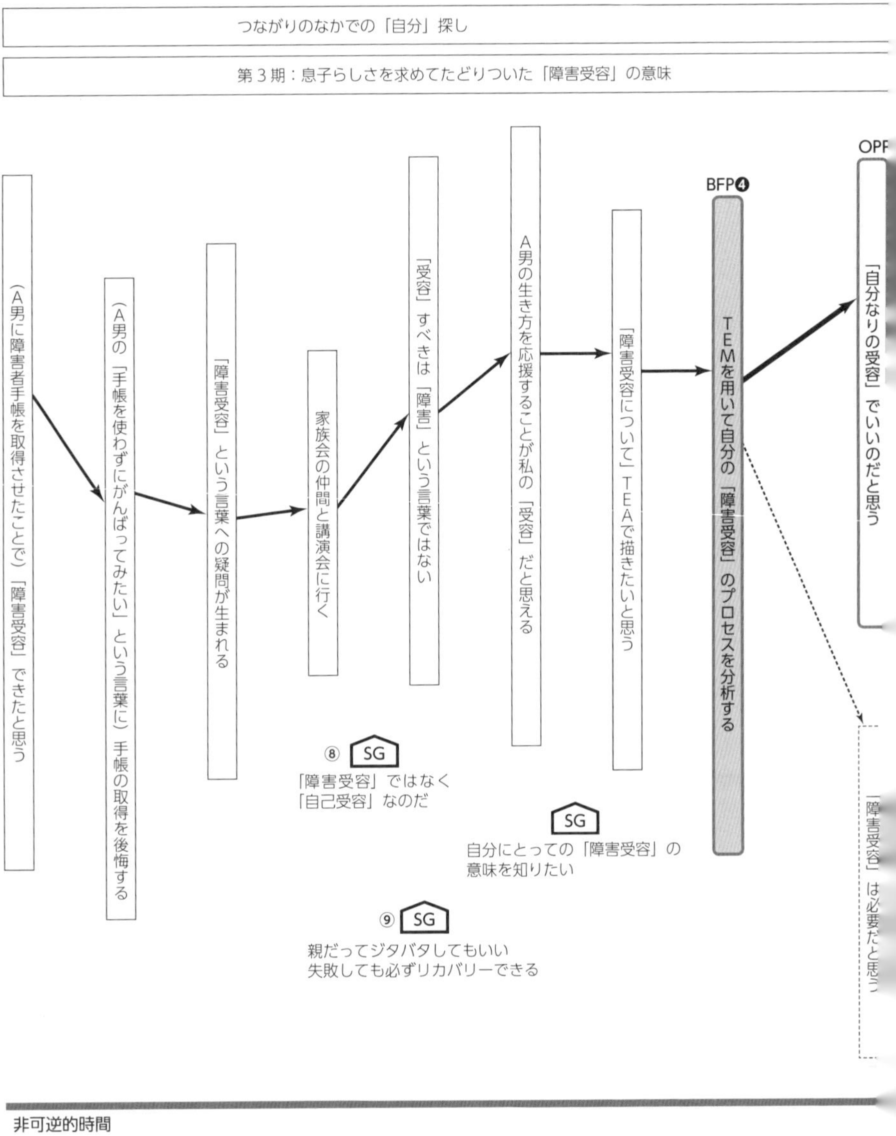

つながりのなかでの「自分」探し

第3期：息子らしさを求めてたどりついた「障害受容」の意味

OPP

BFP❹

（A男に障害者手帳を取得させたことで）「障害受容」できたと思う

（A男の「手帳を使わずにがんばってみたい」という言葉に）手帳の取得を後悔する

「障害受容」という言葉への疑問が生まれる

家族会の仲間と講演会に行く

「受容」すべきは「障害」という言葉ではない

A男の生き方を応援することが私の「受容」だと思える

「障害受容について」TEAで描きたいと思う

TEMを用いて自分の「障害受容」のプロセスを分析する

「自分なりの受容」でいいのだと思う

「障害受容」は必要だと思う

⑧ SG
「障害受容」ではなく「自己受容」なのだ

SG
自分にとっての「障害受容」の意味を知りたい

⑨ SG
親だってジタバタしてもいい
失敗しても必ずリカバリーできる

非可逆的時間

図13-2　第3期〜第4期のTEM図

社会との「再接続」

第4期：新たな気づき

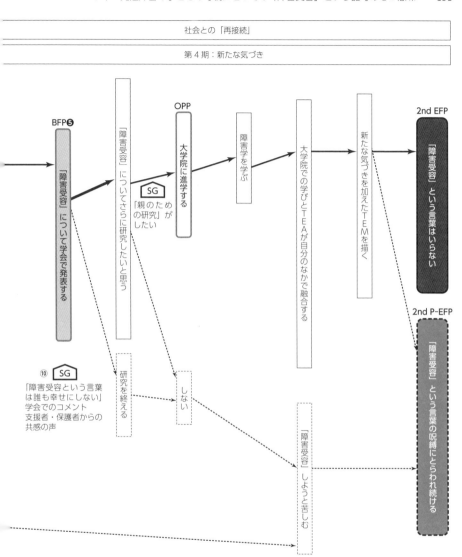

という言葉へのショックよりもはるかに大きかった。そして原因がわかったことで、「明日からA男の学校生活はすべてうまくいくのだ」という期待感（図13-1の④）がYに「発達障害という診断名を受け容れる」ことを後押しする力として働いた（図13-1のBFP❷）。

　しかしYの期待に反し、診断後もA男へのいじめや学校生活での困難が変わることはなかった。Yの落胆は大きかった（図13-1の⑤）。そして受け容れたはずの「障害」という言葉に対する葛藤が心のなかに生まれたのを感じた（図13-1の⑥）。

13-4-2　第2期——社会で生きていくための選択としての「障害受容」

　第2期は、「『障害』という言葉への葛藤が始まる」から「A男に障害者手帳を取得させる」までで、図13-1の右側の部分である。

　A男を守るのは自分しかいないという思いから、YはA男が高校に入学した年に、通信制の大学へ入学し、発達障害について学んだ。そこで発達障害の特性や困難だけでなく、強みと可能性も学んだ（図13-1のBFP❸）。大学の先生の「発達障害はその人の一部であって、すべてを表すものではない」という言葉や、Yと同じ保護者の立場で学ぶ母親の「私の目標は息子の納税」という言葉は、Yに新たな気づきとA男の将来への希望を与えてくれた。

　高校入学後のA男は、新しい環境のなかで、クラスメートとのトラブルもなく、少しずつ学校生活を楽しめるようになっていった。このとき、Yは母親として一生聞くことはないと思っていた「学校が楽しい」という言葉をA男から聞くことができた喜びをかみしめていた。そして将来の夢を見つけ、大学に進学したA男の成長を心からうれしく思う一方で、A男を、そして発達障害のある人を「障害者」という言葉で表すことへの抵抗感が強くなっていくのを感じていた。

　A男が大学4年になり、就職活動でつまずいたとき、ある母親に、「障害受容できない親ほど、子どもの就労がうまくいかない」と言われ（図13-1の⑦）、Yは、A男が就職できないのは、母である自分が「障害受容」できないからかもしれないと焦りを感じた。そして、A男が社会で生きていくためにも、Yが障害受容するためにも、障害者手帳を取得することが最善の方

法なのだと自分に言い聞かせ，A男に手帳を取得させた。これによってYも，そしてA男自身も「障害受容できた」と思ったのである（図13-1のEFP）。

13-4-3　第3期──息子らしさを求めてたどりついた「障害受容」の意味

　第3期は，手帳の取得後から「自分なりの『受容』でいいのだと思う」までで，図13-2の左側の部分である。

　就職はできなかったものの，大学卒業後はアルバイトとして働いていたA男があるとき，「僕はこのまま手帳を使わずに頑張ってみたい」と言った。その言葉を聞いたYは，自分の勝手な思いで，A男に障害者手帳を取得させてしまったことに気づいた。「障害者」という言葉にあれほど抵抗感をもっていた自分が，A男に「障害者」という言葉を押しつけてしまったことが，情けなく，許せなかった。そのとき，Yのなかに，当事者，家族にとっての「障害受容」とはいったい何なのだろうという疑問が湧いてきた。

　そんな疑問を抱えながら，家族会の友人に誘われて行った講演会で，Yは「『障害受容』ではなく『自己受容』なのだ」という言葉に出会った（図13-2の⑧）。この言葉は，親は子どもの「障害」の部分を受け容れるのではなく，子どもそのものを受け容れるのだというメッセージとしてYの心に深く響いた。そのときYは，自分が今まで「障害」という「言葉」を受け容れることに必死になっていたことに気づいたのである。

　そこであらためて，他の親は「障害受容」という言葉をどのように感じているのだろうと思ったYは，家族会に参加する母親ふたりに，わが子の障害受容の意味を尋ねてみた。すると「子どもが生きていくために必要な力は何かを考えられること」という意見や「自分より先に死ななければOK」という答えが返ってきた。親がわが子を受容するとき，そこに「障害」という言葉はいらないのだとYは思った。

　さらに別の講演会で「発達障害という言葉の前で，親だってジタバタしてもいい」「失敗しても必ずリカバリーできる」という言葉を聞いたYは（図13-2の⑨），初めて，親だって迷ってもいいのだという安心感に包まれ，「一番大切にするべきはA男の気持ちだ」と思えた。そしてわが子に失敗させないように親が子どもの人生を決めるのではなく，失敗するかもしれないけれど，それでも私はA男の選んだ生き方を応援しようと思えたとき，Yは，

これが自分にとっての「障害受容」の意味だと思うことができた。

　ここまで，Y は A 男と歩んだプロセスを描きながら，自身の気持ちとあらためて向きあい整理することで，自分にとっての「障害受容」とは「この子を信じて応援できること」という答えにたどりつくことができた。そして「障害受容」という言葉の意味は，親一人ひとりにとって違い，共通する概念も受容すべき時期もない「自分なりの受容」でよいのだと思った（図13-2 の BFP❹）。

13-4-4　第 4 期──新たな気づき

　第 4 期は，学会発表から新たな心理的変容が生じるまでで，図 13-2 の右側の部分である。

　「障害受容」という言葉をめぐる自身のこれまでの経験と心理的変化について Y は「発達障害の母親にとっての『障害受容』の意味」としてまとめ，学会のシンポジウムで発表する機会を得た。このシンポジウムは，Y が発達障害について学んだ通信制大学の教員（第 2 筆者：三田地）の呼びかけで集まった発達障害の子どもをもつ保護者 3 名と特別支援学校の教師 1 名がそれぞれの立場から「発達障害の子どもの保護者支援」をテーマに発表するものであった（三田地ら，2018）。教師や支援者など専門家が多く集まる学会で，保護者でしかない自分の当事者研究が受け容れてもらえるのか，Y はとても不安だったが，質疑応答の際にひとりの先生からの「障害受容という言葉は誰も幸せにしない」というコメントに，自分の思いを受け容れてもらえたと実感することができた。また，シンポジウム終了後に，何名かの支援者や保護者の方から共感の声をかけてもらえたことも Y にとって大きな励みとなった（図 13-2 の⑩）。この経験は，親視点での研究の必要性を実感できるものとして，Y の気持ちを大きく変える力となった。そして「自分のための研究」ではなく「同じ立場の親のための研究」にしたいという思いが強くなり，Y は大学院に進学することを決心した（図13-2 の BFP❺）。

　大学院入学後，Y は「障害学」と出会い，「障害」を社会との関係性のなかで考えるという視点を学んだ。そのとき読んだ本のなかに「障害」という言葉の意味を「『できる／できない』という能力的な観点のみからとらえ，『できないこと』の否定的価値を当事者に押しつけている」として，「障害受容」

を「専門家の都合で解釈された障害観の押しつけ」（田島，2009）と批判する考え方にYは衝撃を受けた。さらに，「障害受容＝価値転換」という定義に対しても，「個人の変容のみにとらわれていること」が「当事者に障害の否定性を内在化する方へ仕向けようとする根源的な原因をつくっている」（田島，2009）という部分に，Yは共感を覚えるとともに，ずっと自分が抱えてきた悶々としたものの「正体」を見たような気がした。

　そのとき，「障害受容」という言葉に「違和感」をもつのは自分だけではないという思いと，TEAの「個人の変容を社会との関係性のなかで表す」という概念がYのなかでピッタリとあてはまり，「障害受容」のTEM図をあらためて社会との関係性のなかで見直してみたいと思った。その結果，Yは自身が抱えていた苦しみが，直接関わりをもつ人びとを通して現れた社会の価値観によるものであり，「障害受容」という言葉もまた，社会との関係性によって家族に背負わされた苦しみであると確信することができた。そして，Yのなかで「『障害受容』という言葉はいらない」という新たな心理的変容が生じた（2nd EFP）。

13-5　Makingダイナミック

13-5-1　具体的な分析の方法

　筆者は，A男が小学校2年で突然学校に行けなくなったとき，担任に言われた「母親の愛情不足」という言葉による苦悩を6年間背負い続け，中学校の担任の「A男くんは嘘つきだ」という言葉が契機となって，病院を受診し「発達障害」という診断に結びついた。しかし，診断を受けたことでA男の学校生活が改善すると希望をもったもののその期待を裏切られた失望感から，一度は受容したと思っていた「障害」という言葉への抵抗感をもつようになる。母親としてA男の発達障害を受容しなくてはいけない（障害受容すべき）という思いと「障害」という言葉へのどうしようもない抵抗感との葛藤に苦しむなかで，どうしたら自分が「障害受容できる」のかを知るために最初のEFPを《^{EFP}障害受容できる》としてTEM図を描いた。

　TEM図を描きながら，教師や医師などから筆者に向けられた数々の「言葉」が，息子と自分を守るための径路の選択においてSDやSGとしてBFP

における PS となっていたこと，また筆者の発達障害に対する理解や障害観，「障害受容」に大きく影響していることがわかった。筆者はこれらの言葉のもつ記号としての力に焦点をあて TEM 図を描いた。

13-5-2　変容する EFP と見えてきた 2nd EFP

　筆者が TEM 図を描いた最初の目的は，「どのようなプロセスを経て障害受容ができるのか」を知ることであった。しかし，実際に TEM 図によって描き出されたのは，親が受容すべきは「障害」という言葉ではなく，障害の「部分」でもなく，「子どもそのもの」だという「受容」すべきものの意味の変化である。「障害を社会との関係性のなかで考える」障害学の視点と，さらに「個人の変容を社会との関係性のなかで描く」という特徴をもつ TEA と出会い，筆者の視点が個人から社会との関係性に広げられたことで，「障害受容」という言葉への意味づけの変容が生じた。また，「障害受容」という言葉に違和感をもつのは自分だけではないとわかったことで，筆者が抱えていた苦しみが，直接関わりをもつ人びとを通して現れた社会の価値観によるものであり，「障害受容」という言葉もまた，社会との関係性によって家族に背負わされた苦しみであると確信することができた。そして TEM 図を描き終えたとき，筆者にとっての EFP は《^{EFP}障害受容できる（障害受容すべき）》から《自分なりの障害受容の意味を見つける》になり，さらに《$^{2nd\ EFP}$「障害受容」という言葉はいらない》に変容した。

13-5-3　文化と PS をいかにしてとらえたか

　A 男の小・中学校時代，A 男の不登校やいじめに対する教師や周囲からの言葉（「母親の愛情不足」「母親が変われ」）は，母親としての自己肯定感を下げる記号となって筆者を追い詰めた。このときの筆者は，これらの言葉すべてを，学校（教師）と筆者（母である自分）という 2 者間の問題としてとらえたことで，学校や地域とのつながりが心理的苦痛となり，社会との関係を自ら切断していった。しかし，TEM により社会との関係性の視点から見つめ直したとき，彼らの言葉の根底には，「学校は行くのが当たり前」「不登校は問題行動」「子どもの問題行動は家庭環境や子育てが原因」という社会の価値観の影響があり，それを彼ら自身も自覚せずに言葉として発してい

るのではないかと思うようになった。当事者や家族を傷つけ，翻弄させている言葉の多くは，個人の言葉を通して語られた社会の価値観であり，それが直接関わる教師や身近な人びとから発せられることで，あたかもそれが社会で生きるための唯一の答えであるかのごとく当事者に押しつけられているのではないだろうか。

　「障害受容」という言葉についても社会がもつ「障害観」との関係性のなかで見ることで，筆者に新たな気づきをもたらした。田島（2009）は「障害」という言葉に対する社会の価値観について「本来なら多様な意味を持つはずの障害観（感）が能力という観点に限定されたもので，(中略)『できること』がよいという社会的価値観と共鳴し合い，障害に否定的な価値を与える」と述べている。当事者や保護者たちは，このような社会の価値観を「障害受容」という言葉によって受け容れることを強要されるのである。近年，「発達障害」への理解が進んできたとはいえ，この社会に根深く存在する「障害」という言葉に対する否定性や能力主義的な考え方が，教師や支援者などの「社会適応させる」支援となって障害をもつ本人や家族に向けられている。そして，そこから生まれる言葉や考え方は，「障害」を本人や家族の問題として，本人や家族だけに価値転換や障害受容などの「変容」を求める「記号」として働く。TEM 図を描くことによって，筆者が長い間抱えてきた「違和感」の正体は，「障害」に対する偏見ではなく，社会が与える「障害への否定的価値観」に対する抵抗感であると明確に言うことができた。このとき初めて，筆者は「障害受容」という言葉の呪縛から自由になった気がした。

13-5-4　援助者としての自己の発達・変容をいかにしてとらえたか ──「言葉がもつもうひとつの記号」

　筆者は TEM による自己分析を通して，言葉が筆者の心理的変容をもたらす記号であると同時に，筆者と社会との関わりに変容をもたらす記号でもあることに気づいた。

　小・中学校を通して，筆者や A 男に向けられた教師や支援者の言葉は，A 男が病院を受診するための PS となったが，筆者の「障害受容」に対しては IS となった。すなわち，A 男の小・中学校時代の体験は，母親としての自己肯定感を低下させただけではなく，わが子への信頼感を奪い，結果的に

「A男に何としても病名をつけてもらう」ために受診するという選択につながった。しかしそれは，筆者の「発達障害」に対する否定的価値観を生み出す力にもなり，A男は発達障害があり，筆者は発達障害の子どもの母親であると，誰にも打ち明けられず，周囲とのつながりを困難にしていった。理解されない苦しみや不安を抱えながらも誰にも頼ることはできない絶望感と，A男を自分が守らなければという孤独感が，いっそう息子の問題を自分の問題とさせ，「障害」を自分のなかだけに押し込める結果となった。それは，筆者自身の「障害」という言葉への抵抗感を増幅させる記号となったと同時に，筆者と社会との関係性を切断する記号にもなった。（第1期）

　しかし，筆者が大学に入学し，発達障害について学ぶなかで出会った教師や同じ立場で学ぶ母親の言葉は，筆者の自己肯定感を上げると同時に，周囲を信頼し，支援を求める勇気となり，筆者にとって社会と再びつながるうえでのPSとして働いていた。それは筆者を家族会に入会させ，代表になるという決断をすることを推し進める力として働いた。（第2期）

　筆者がこれまで発達障害の子どもをもつ母親の心理的支援や障害受容の問題について研究を続けてきた一番の理由は「母親としての自信を取り戻すため」である。そして，筆者を講演会に誘ってくれた家族会の仲間，研究を応援し学会で発表する機会を与えてくださった大学の先生や共感の声を寄せてくださった方々を通して，筆者は少しずつ母親としての自分に自信をもてるようになり，再び社会とのつながりをもちたいと思えるようになった。自己肯定感や自信は人との関係性のなかで取り戻せるのだとあらためて思う。（第3期）

　今，保護者支援に求めることをひとつあげるとすれば，それは「社会との再接続のための支援」である。自らも自閉症の子どもの母親である法律家の内藤（2019）は「ひとつのドアが閉じるとき，もうひとつのドアが開く。しかし，私たちは閉じたドアばかりに目を奪われ，開いたドアに気づかない」というヘレンケラーの言葉を引用し，「まさに，そのもうひとつのドアに気づくか否かが，トラブルの後に続く人生の分岐点であり，もうひとつのドアに気づかせることが支援者の役割だ」と述べている。

　筆者がそうであったように，日々のトラブルは本人だけでなく親の自己肯定感を低下させ，周りとのつながりを困難にする。親は，周りに「迷惑をか

けないように」「目立たないように」とひたすら願い，なるべく周りと関わらないことでわが子を守ろうとする。しかしそんなときこそ，身近な教師，友人，支援者は，保護者に理解と共感の言葉をかけてほしい。自分だけの世界に閉じこもらなくていいこと，新しいドアがあることを伝えてあげてほしい。理解と共感は彼らの自己肯定感を上げ，社会とのつながりを取り戻す勇気となる。そして，自分自身で新しいドアを開け，新しい世界や歩むべき道を見つけるだろう。保護者自身がまず，自分を肯定できることがわが子を肯定できる力となり，保護者が安心して社会とつながれることが，やがて子どもが社会で生きていく力になると信じている。

13-5-5　筆者にとって TEA で意味をとらえる経験について

　先に，「障害受容」という言葉は「障害」を本人や家族の問題に押し込める「記号」だと記した。周囲との関係やつながりに疲弊した家族は，自ら周囲との関係を断ち，社会から孤立してしまう。それはいっそう親や本人を追い詰める力となる。本章の執筆の依頼を受け，あらためて自分の描いた TEM 図を整理し，見返してみたとき，筆者の歩んできたプロセスは，息子の障害をどう理解するかという親子のヒストリーであると同時に，筆者自身が社会との再接続を求めて歩んできたストーリーであると気づいた。このことは筆者自身の新たな発見であり，発達障害の子どもをもつ多くの母親が歩む径路であると思う。この TEM 図に描かれたいくつかの OPP は筆者が 2nd EFP にたどりつくためになくてはならなかった経験であり，そこには必ず筆者と息子を理解しようとしてくれる人たちがいた。今度は筆者が，理解する人は必ずいる，受け容れてくれる場所は必ずあるということをひとりでも多くの保護者にお伝えしたいと思った。

　今，発達障害のわが子を抱え，孤独に苦しむお父さん，お母さん方に筆者自身の経験をお伝えしたいと思えるのは，筆者自身が，大学の先生や友人などさまざまな方に支えられ，また，大学院で学ぶ仲間たちとの関わりのなかで，社会との再接続を実感しているからに他ならないのだと思う。

補記：支援者の立場で本稿を再読して――支援者に読んでもらいたい親御さんのプロセス

　第2筆者（三田地）は，もともと，教員，そして病院で言語聴覚士（ST）として多くの障害のある子どもたち，その保護者と接してきた経験がある。まだ駆け出しの新米STだったころ，先輩教員やSTが「あの親，まだ障害受容ができていないね」とこともなげに言うのを聞いて，「そんなこと，簡単に言っていいの？　そんな簡単にできることなの？」という違和感をずっと覚えていた。第1筆者の山根氏からのお話をうかがうたびに，その違和感の正体がどんどん解き明かされる感じがしていた。親の特徴などを分析する研究は多々あろう。しかし，このように親御さんが「障害受容」という記号にどのように苦しめられているのか，それを本当の意味で乗り越えられているのかというプロセスが描き出されたものは，第2筆者が知る限り存在しない。その意味でも支援者にこそ読んでもらいたい。

引用文献

北原佶　（1995）　発達障害児家族の障害受容. 総合リハビリテーション，*23*(8)，657-663.

桑田左絵・神尾陽子　（2004）　発達障害児をもつ親の障害受容過程についての文献的研究. 九州大学心理学研究，*5*，273-281.

内藤由佳　（2019）　法律――自閉症が生みだす「法」. 野尻英一・高瀬堅吉・松本卓也（編）〈自閉症学〉のすすめ――オーティズム・スタディーズの時代（pp. 169-197）. ミネルヴァ書房.

中田洋二郎　（2017）　発達障害における親の「障害受容」――レビュー論文の概観. 立正大学心理学研究年報，*8*，15-30.

中田洋二郎　（2018）　子どもの発達障害を親はいかに受容するか. 教育と医学，*66*(5)，368-376.

嶺崎景子・伊藤良子　（2006）　広汎性発達障害の子どもをもつ親の感情体験過程に関する研究. 東京学芸大学紀要（総合教育科学系），*57*，515-524.

三田地真実・岡村章司・山根佐智子・畔田みどり・瀬野寛子・谷田悦男・神山努　（2018）　発達障害児の保護者が本当に求める「支援」の在り方――保護者からの問題提起. 日本特殊教育学会第56回大会（2018大阪大会）発表論文集，2-13.

下田茜　（2006）　高機能自閉症の子をもつ母親の障害受容過程に関する研究――知的障害を伴う自閉症との比較検討. 川崎医療福祉学会誌，*15*，321-328.

田島明子　（2009）　障害受容再考――「障害受容」から「障害との自由」へ. 三輪書店.

玉井真理子・小野恵子　（1994）　発達障害乳幼児の父親における障害受容過程――聞き取り調査4事例の検討. 乳幼児医学・心理学研究，*3*，27-36.

山根佐智子　（2014）　自閉症スペクトラムの子どもをもつ母親への心理的支援の一考察――ライフヒストリーを「書く」「語る」プロセスが自己受容に及ぼす影響について. 星槎大学卒業論文.

山根佐智子・三田地真実　（2019）　発達障害の子どもの保護者からみた「障害受容」の意味――複線径路・等至性モデリング（TEM）を用いた分析より. 日本自閉症スペク

トラム学会第 18 回研究大会口頭発表.

山根隆宏　（2012）　高機能広汎性発達障害児・者をもつ母親における子どもの障害の意味
　　づけ──人生への意味づけと障害の捉え方との関連. 発達心理学研究, *23*(2), 145-
　　157.

14章
混合研究法（MMR）による家族援助介入実践

廣瀬 眞理子　　ジョン・W・クレスウェル

　社会科学ならびに健康科学における研究では，しばしば異なる方法論が組みあわされてきた。とりわけグラウンデッド・セオリーが混合研究法（Mixed Methods Research: MMR）において組みあわされている。グラウンデッド・セオリーは質的研究のひとつであり，質的研究法の代表的なものとしては他にも，ナラティブ研究，現象学，ケーススタディ，エスノグラフィーなどがある（Creswell & Poth, 2017）。混合研究法において質的研究を量的研究に組みあわせる意図は，数に文脈を加えること，つまり数に対象者の個別の声を加えることで，問題をより完全に理解することである。したがって，日本においてポピュラーな質的アプローチである TEA も，混合研究法において有効な方法となりうる。TEA の混合研究法による文献や実践はまだ少ないが，研究者がこの組み合わせで質的・量的両データを使うことにより，人びとの発達の径路を理解することが可能になる。

　本章の目的として，はじめに（14-1〜14-3節），クレスウェル（John W. Creswell）が混合研究法について論じる（廣瀬が翻訳した）。そこで読者は方法論を一般的に理解することができる。そして，プロジェクトに強力な質的な構成要素を提供するために，TEA をどのように混合研究法に組みあわせるかについて説明する（TEA-混合研究 11 ステップ）。次に（14-4〜14-5節），混合研究法プロジェクトで TEA を用いた家族支援実践として，これまで支援の届きにくかった青年期の発達障害者の家族を対象としたプログラ

ム介入研究（廣瀬，2018）を紹介する。このようにして，TEA を用いるとともに，この革新的な質的アプローチを混合研究法に取り入れて発展させていくことができる。このプロジェクトは，保育，看護，臨床そして障害分野でのサービスにも応用されていくことだろう。

14-1　混合研究法とは何か

14-1-1　起　源

　およそ 30 年の歴史のなかでの実証研究や出版されてきた多くの本によって，混合研究法についての私たちの理解は確かにより明確になってきている。混合研究法の現在の考えの起源をたどると，数名の研究者が量的研究と質的研究に別々に取り組むのではなくそれらを組みあわせることを概念化し始めた，1985～1990 年の時期に遡る。当時，西洋における質的研究は，従来の量的研究アプローチとは異なるまったく別の方法論として紹介されてきた。何年もの間，社会科学者たちは量的データと質的データの両方を収集してきたが，各自の工夫による非公式なかたちで実施されており，データの結合について，研究アプローチ，すなわち方法論は体系的に形成されてこなかった。現在のような量的データと質的データを結合する体系的なアプローチは，まだ実現していなかったのである。しかしこの時期，さまざまな国の異なる領域の研究者たちが，量的アプローチと質的アプローチを分けるのではなく，このふたつをどのように「混合」すればより有効な洞察を得ることができるのかについて考え始めた。

14-1-2　方法に焦点をあてる

　続く数十年の間に出現したのは，「混合研究法」と呼ばれる新しい方法論の誕生と発展であった。長い年月をかけて研究者たちは研究を行うなかでこの方法論を発展させていった。人びとは，異なる関心や焦点化とともに――たとえば，ある者は哲学に，ある者はリサーチクエスチョンに，そして別の者は方法（メソッド）に焦点をあてて――フィールドに参入するが，ここでの私たちの特定の関心は，データの観点から混合研究法を見ること，そしてこの方法論がその中心において質的研究と量的研究をどのように結合するか

にある。このふたつのデータのかたちは異なり，前者の質的データはより
「オープンエンドなデータ」であり，研究の参加者は答えを選択するのでは
なく自分の経験について語ることが求められる。後者の量的データは，より
「クローズドエンドなデータ」であり，参加者は質問に対して尺度やチェッ
クリスト（たとえば，「まったくそう思う」から「まったくそう思わない」）
による回答の選択肢が与えられる。私たちは，混合研究法におけるデータの
使用に注目することを選択する。なぜなら，それは初学者にとって理解しや
すく，インターナショナルな読者にも把握されやすいからである。仮にもし
哲学に焦点をあてるなら，もちろん混合研究法にこの側面は重要なのだが，
哲学が研究プロジェクトでどのように影響を及ぼすかの学びが求められる。
これはおそらく研究者が理解すべき高度なレベルのトピックになるだろう。

14-1-3　定　義

　混合研究法を理解するために，私たちは方法（メソッド）を指向すること
から，まずデータに焦点をあてて定義を示す。①私たちにとって，混合研究
法は研究の方法論（メソドロジー）であり，研究者は量的データと質的デー
タの両方を収集して分析する。②この手続きには複数のデータ収集と分析が
含まれるため，量的・質的なデータの収集と分析の段階が厳密であること，
つまり適正な募集，サンプリング，デザイン，データ分析，解釈にて，優れ
た実践に取り組む必要がある。③量的・質的両データを厳密な方法で収集・
分析することから，次はそのふたつのかたちのデータを結合する分析手続き
へと進んでいく。混合研究法の領域では，これを「統合」と呼ぶ。たとえば，
ふたつのかたちのデータ分析結果は，結合されるか埋め込まれるだろう。研
究によっては「データ変換」，つまり質的データが数に変換されて，その変
換されたデータが新しい変数として量的データに埋め込まれる場合もある。
また，ひとつのデータの結果を結合して，他のかたちで収集されたデータに
つなげることができる。より「オープンエンド」な質的データで始めたプロ
ジェクトが，プロジェクトの量的段階とつながる，あるいは反対に，量的段
階で始めて次に質的段階が続く場合もある。シンプルな例は，初めに量的調
査（量的データの収集と分析）を実施し，インタビュー（質的データの収集と
分析）がこれに続く，というものである。④データの統合に加えて，「デザイン」

と呼ばれる特定の手続きがある。混合研究法の研究者は，質的・量的データを結合するための特定のデザインを用いていることがわかる。⑤最後に，研究者は，プロジェクトに特定の前提（哲学もしくは世界観と呼ばれるもの）をもち込む。それは，それぞれの研究領域や，これまで自身がどのような訓練を受けてきたかを基盤とするものである。またプロジェクトで何を見いだすかを方向づけるレンズを提供する概念的な枠組み，または理論を用いるかもしれない。これらの5つの要素が，混合研究法の定義を構成するものである。

14-1-4　混合研究法における発展

　混合研究法を学ぶには，その核となる構成要素を理解するためにまず定義から始める。この基本的な定義から生まれたのが混合研究法を行うための手続きであり，出版物や教科書を通じて広がってきた。過去30年間で完成された方法論が登場し，その方法論の一部は刊行された論文や文献のなかで議論され，説明されてきた。これらの進展はとても大量かつ詳細であるので，ここでつまびらかにすることはできないが，混合研究法プロジェクトでは，タイトル名がそのプロジェクトのデザインを反映する一定のかたちを採っていると言うことができる。基本型デザインから複合デザインへとつながるデザイン名があり，読者にそれらのデザインを図で示す優れた文献の例が存在する。概念的な枠組みもしくは理論の使用や，それがデザインのどの面を示すのかについての情報を図に加えることができる。現在では，デザインに基づいて，量的ならびに質的アプローチを補完する結果の妥当性（混合研究法妥当性戦略）に関する方法論的課題を特定できるようになっている。デザインを基盤に，どのように統合が起こるのかを特定して，量的データと質的データ両方をひとつの表で整理して示す「ジョイントディスプレイ」を作成することで，読者はふたつの異なるタイプのデータを比較したり，その差異を対比したりすることが可能になる。読者は，出版にふさわしい論文を，プロジェクトで使用するデザインのタイプに基づいてどのように構成するかを知り，統合について説明しうる新しいタイプのリサーチクエスチョン（混合研究法リサーチクエスチョン）を構成することも可能である。このように，混合研究法プロジェクトでは，質的研究クエスチョン，量的研究クエスチョン，そして混合研究の統合的クエスチョンを示すことができる。混合研究法のこれ

らの側面は広がり続け，今日では，用いる多くの構成要素を備えた洗練された方法論となっている。

14-1-5　どこから始めるか

　混合研究法プロジェクトには多くの特徴があるため，それを初めに導入したり，あるいは特定の方法（たとえば TEA）と組みあわせたい研究者は，どこから始めるかを理解しておく必要がある。混合研究法の定義の5つの特徴を理解することに加えて，多くの手続きが開発されているため，混合研究法にまだなじみのない人には，この方法論を理解するうえでの核となる3つの概念，「統合」，「デザイン」，そして「洞察（インサイト）」について考慮することを推奨する。

　まず，混合研究法では「統合」という中心となる考えについて検討することが重要になる。データに焦点をあて，プロジェクトで量的データと質的データの結合を試みる。このことは単に質的データを集めて量的に分析することではなく（これは別の方法論になる），両方のかたちのデータを収集することを意味する。混合研究法では，量的データと質的データの両方を収集することが求められる。なぜならそれらは異なるかたちのデータ（オープンとクローズド）を示しており，異なる観点を提供するからである。統合は，混合研究法の中心となる構成要素であり，データの結合はこの方法論を他の方法論から区別するものである。混合研究法プロジェクトについて執筆するときは，合体（merging），積み上げ（building），拡張（expanding）といったプロジェクトで出現する統合のタイプを具体的に示す必要がある。

　第2に考えるべきは，統合は混合研究法「デザイン」のなかで形成されるというものだ。量的研究では，実験，質問紙調査，相関研究，単一被験者デザイン，その他，異なるタイプの研究デザインがある。質的研究においても，エスノグラフィー，ケーススタディ，グラウンデッド・セオリーなどの研究デザインがある。混合研究法が発展するにつれて，混合研究法に特有なデザインを開発していくのは研究者にとって自然なことであった。多くのデザインの類型が年を経るごとに出現したが，ここでは3つの基本型デザインに関し，それらをより複合した手続き（介入または実験トライアルや，評価手続きが含まれるもの，コミュニティベースの参加型アプローチに含まれるもの

など）に組み込むことについて論じる。基本型デザインについては，統合の手続きに基づいて名づけた。それらは，ふたつのデータベースの結果を結合する「収斂デザイン」，最初の量的段階を次の質的段階で説明する「説明的順次デザイン」，そしてプロジェクトの最初の段階で質的に探索することから始めて，次の量的段階に続く「探索的順次デザイン」である。探索的順次デザインでは研究者は，質問紙調査や介入活動，新しい変数，もしくはWebサイトの構成要素など量的観点を構築するために，質的データを用いる。これら3つの基本型デザインは，より大きな研究プロセス，すなわち，複合デザインのなかで用いられる。たとえば，実験もしくは介入など，複雑な手続きのなかに複数の基本型デザインがありうる（たとえば，評価プロジェクトは，評価の段階で，説明的順次デザイン，探索的順次デザインのどちらも有するかもしれない）。基本型デザインだけではなく複合デザインを理解することは混合研究法の実施において重要であり，デザインのダイアグラムを描けることが発表や刊行において役に立つ。自分のデザインを特定してその図を描き，デザイン名を付与する必要がある。混合研究法による研究の公開ではこのすべてが示されている必要がある。

　最後に，第3の要素は「洞察（インサイト）」である。量的データと質的データを結合することで，量的データの収集と分析だけ，もしくは質的データの収集と分析だけでは得られない洞察をデータから得る。混合研究法の論文では，研究者が量的・質的データそれぞれを単独に分析する以上の推論を導き出すことから，この洞察はしばしばメタ推論とも呼ばれる。こうした洞察あるいはメタ推論がいかに得られるかは，プロジェクトで用いられたデザインのタイプによって異なる。収斂デザインでは，洞察はふたつのデータベースを比較して，それらの結果が同等か異なるかを見る力になる。説明的順次デザインにおける洞察は，プロジェクトの実際の参加者の視点や見方から量的結果を説明することである。探索的順次デザインでの洞察とは，第2段階で量的に開発されるもの（たとえば，尺度や質問項目など）がどのようなものであっても，第1段階で実施された質的研究の対象者の文化に対して感受的に設計されるということだ。混合研究法プロジェクトの実施において，研究者は，混合研究法を用いることでどのような洞察が得られるかを特定し，自分の論文において積極的に記述する必要がある。

14-2　TEA とは何か

　TEA を混合研究法で用いる方法について論議する前に，TEA の基本的な特徴について手短に論じる必要がある。TEA は，グラウンデッド・セオリー，エスノグラフィー，ケーススタディなどとならぶ質的研究法である。TEA は，混合研究法と同じように，そのアプローチにおいて使用する，習得すべき特徴的な一連の用語を有している。また TEA は，時間経過のなかで少数の人びとの行動変容に焦点をあてて綿密に描く，発達心理学や文化心理学において特に有用な方法である。研究者はまず，対象者にインタビューを行う（HSI）。そして，時間経過のなかで個人の変化の径路を視覚化したダイアグラムを本質的に描く（TEM）。TEA の用語には，研究におけるリサーチクエスチョンに応答する，図に布置される鍵となる焦点化ポイントとして EFP があり，また EFP とは逆の可能性として P-EFP がある。そして，意思決定がなされるポイントとして BFP があり，分岐に影響する阻害的な力として SD が，同じく分岐に影響する支援的な力として SG がある。共通の出来事は OPP として布置される。さらに，時間が非可逆的に持続することを示す線が図に置かれる（非可逆的時間）。複雑な図は，要するに，研究対象となる個人の行動変容に関する多くの構成要素を読者に示すために描かれる。

14-3　TEA は混合研究法にどのように用いることができるのか

　TEA では，インタビューで収集した 1 名からの少数の人びとのデータに対して質的アプローチをとる。研究者は，TEA を用いて時間とともにある行動変容を示す図を描く。TEA は，混合研究法において質的アプローチとして用いることが可能である。どのような調査研究においても，量的・質的どちらのデータも集める（そしてふたつを統合する）機会があるのなら，混合研究法を用いる選択肢を有していることになる。たとえば安田が不妊の女性の研究で用いたような分析ステップ（Yasuda, 2016）をもとに，TEA-MMR（混合研究法）プロジェクトを計画するステップを広く組み立てることができる。

　ここで TEA と混合研究法（MMR）を結合するステップ（TEA-MMR 11

のステップ）を示す。

- **ステップ 1**

  1 名からの少数の人びとに関する行動変容の研究に，発達的・文化的アプローチを採用するかどうかを考える。あなた自身のリサーチクエスチョンはこのような研究に適しているだろうか。

- **ステップ 2**

  質的研究が利用可能かどうかを考える。確かに 1 名からの少数の人びとに関するナラティブ研究では，時間経過とともにある個人のストーリーを収集して報告することができる。そしてケーススタディは，ひとつの問題に焦点をあてて研究対象とする個人を選択し，そのケースに関する詳細な理解を構築する複数のタイプの情報を収集する。時間経過における個人の変容を図で描く TEA についても検討する。この図では変容を容易に描くことができる。選択するアプローチにかかわらず，クレスウェルとポス（Creswell & Poth, 2017）のような，より専門的な書籍に進み，その違いを理解する必要がある。

- **ステップ 3**

  もし縦断的な変容をとらえようと TEA を選択したなら，TEA について理解する必要がある。そのうえで，混合研究法を用いるために，当該プロジェクトで量的データと質的データの両方を収集する。TEA のプロセスのどのポイントで，クローズドな量的データとオープンな質的データを収集する機会を得るのだろうか。

- **ステップ 4**

  リサーチクエスチョンを立てる。つまり，研究における EFP を決定する。あなたは最終的に何を知りたいのだろうか。

- **ステップ 5**

  リサーチクエスチョンに応答するデータを収集するために 1 名から数名の少数の人びとを選ぶ。優れた質的アプローチを使用して，目的的に対象者を選択する。少人数を選択することによって，多くの人びとから最小のデータを得るよりも詳細な情報を獲得することができる。

- **ステップ 6**

  インタビュー調査を実施し，データを書き起こす。また，たとえば，

態度に関する質問紙調査あるいは属性情報の質問票を，対象者に実施し，いくつかの量的データを収集する。

- ステップ7

　ふたつのかたちのデータをどのように統合するか，どの混合研究法の基本型デザインを用いるかを考える。ここで両方のかたちのデータを収集する「意図」を考えることが必要になる。ふたつのデータベースの結果を実際に比較したいと考えるかもしれない（収斂デザイン）。あるいは，はじめに量的調査により量的データを集めて分析し，その後にインタビュー調査により質的データを収集して量的調査の結果を説明することに役立てることもできる（説明的順次デザイン）。それとは反対に，インタビュー調査により質的データをはじめに収集し，その結果を対象者の文化と文脈に感受的な量的調査を設計するのに用いることもできる（探索的順次デザイン）。これらはすべて基本型デザインとなる。さらに研究を発展させて，TEAによる研究プロセスにおいてプロジェクトの枠組みを設定し，量的・質的両データを用いた基本型デザインを複数の段階で行う複合デザインについて検討してもよいだろう。もし混合研究法の経験が浅い研究者ならば，基本型デザインがおそらく最適な選択であり，基本型デザインの型を決定してそのダイアグラムを描く。もしプロジェクトに複合デザインを取り入れることを考えるならば，TEAの分析手続きにより描いた径路図のどの段階で量的・質的両データを収集する予定なのか，そして基本型デザインのいずれの型を用いるのかを示すことを推奨する。

- ステップ8

　量的・質的両データを分析し，結果を表にまとめ（ジョイントディスプレイ），それらの結果を比較して共通する主題を導き出す。

- ステップ9

　質的データの分析結果を径路図に入れ込む。EFP，OPP，BFP，そしてSDとSGを含めて，時間に沿った径路を描いていく。

- ステップ10

　TEA研究の全体像，ならびに研究のリサーチクエスチョンにどのように応答したかについて論じる。

• ステップ 11

　TEA を用いて混合研究法を行う方法について強調したいのであれば，Journal of Mixed Methods Research editorial（Fetters & Molina-Azorin, 2019）における方法論に関する提案を考慮に入れるとよいだろう。この文献では，アブストラクトに混合研究法の貢献を，序論では明確な方法論上の目的を，そして考察においては混合研究法に対する研究の貢献を含めて述べることが奨励されている。

14-4　具体的な研究内容

14-4-1　青年期発達障害者家族のための行動支援プログラムの開発

　発達障害者支援法（2016）は，2005 年の施行から 11 年を経て発達障害者の支援のいっそうの充実のために全般にわたって改正された。そこでは，発達障害者への支援は社会的障壁の除去に資すること，教育や就労支援の充実のために各機関が連携し，家族などを含めた切れ目のない支援を行うこと，そして地域における支援体制の強化が目指されている。発達障害児の家族への地域生活支援では，ペアレント・トレーニングならびにペアレント・プログラムの都道府県での実施が進んできているが，青年期以降の発達障害者の家族（以下，青年期発達障害者家族とする）への支援体制はいまだ十分とは言えない。このような経過から，廣瀬（2018）は自治体（A 市）と協働して青年期発達障害者家族のための行動支援プログラムを新しく開発・実施し，その効果を検証した。この事業は，はじめに青年期発達障害者家族への支援に必要性を感じた自治体（A 市）からの要請を受けて開始したもので，事業開始の 2013 年時点では，青年期発達障害者家族がどのような状況にあり，プログラムに果たしてどれだけの人が参加するのかについても不明であった。このため家族の実際のニーズを明らかにしながら，臨機応変かつ柔軟にプログラムを発展させていく必要があった。そこで，質的研究をプログラム介入の前後ならびに期間中に実施する混合研究法介入デザインを用いて，プログラムの効果を検討し，その結果を反映したプログラム修正を行うことで，より参加者家族のニーズに沿った文化に感受的（cultural sensitive）なプログラムを目指した。

　混合研究法介入デザインとは，基本型デザインをプロジェクトの複数の段階で実施する複合デザインのひとつであり，治療や介入効果を検証することを目的とした介入研究において，個人の経験やその文化を理解したいというニーズを基本とする。このため量的研究が主となる介入に対して，リサーチクエスチョンに沿って介入前（探索的順次デザイン），介入期間中（収斂デザイン），介入後（説明的順次デザイン）のいずれか，あるいはそのすべてに質的研究を付加するものになる（Creswell & Plano Clark, 2018）。

　本研究の混合研究法介入デザインを図14-1に示した。

　研究の全体の流れについて説明しよう。まずプログラム介入前に，パイロットプログラムの参加者を含めた58名のニーズアセスメント調査（質的研究）

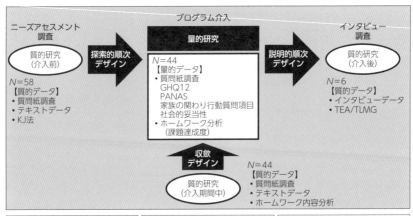

図 14-1　廣瀬（2018）における質的研究をプログラム介入に組み込む
　　　　　混合研究法介入デザイン

を実施し，次にプログラム介入の量的研究を行った（探索的順次デザイン）。
ニーズアセスメントの結果から得られた家族の実際のニーズを取り入れて新
しく開発したプログラムは，1年を前期（6月開始）・後期（10月開始）の2
グループに分けて，フォローアップを含めた全5回シリーズとした。プログ
ラムの第1日目に，青年期における発達障害についての理解のための支援に
関する心理社会教育を実施した。第2日目からは，ABC分析[1]ワークシート
を用いて各家庭での家族間コミュニケーションの課題を明らかにし，セッ
ション中に，教示，モデリング，ロールプレイ，行動リハーサル，フィード
バックなど応用行動分析を基盤とした介入を実施するなかで，参加者による
発達障害者本人への肯定的な関わり行動の増加を目指した。

　プログラム介入期間中の量的研究では，参加者44名を対象にプログラム
開始前後ならびにフォローアップで，精神健康度（General Health
Questionnaire 12: GHQ12），感情の状態（Japanese version of Positive and
Negative Affect Schedule: 日本語版PANAS），対象となる子どもに対する
家族の関わり行動質問項目，社会的妥当性に関する質問紙調査を行い，量的
データの収集と分析によりプログラム介入の効果を検討した。さらに，2名
の評定者によりホームワークの課題達成度を測り，参加者が行動的視点を獲
得できたかどうかを確認した。また，介入期間中ではあわせて，質的研究と
して社会的妥当性に関する質問紙における自由記述，ホームワークのテキス
トデータの内容分析を行った（収斂デザイン）。介入期間中の量的分析の結
果からは，プログラム介入の効果があり，あわせてホームワークの分析結果
からも子どもの行動に注目する視点を獲得することで，家族自身が行動的支
援を行うことが可能になったことが示された。しかしプログラム参加後にお
ける，家族のどのような関わりの行動変容が，子どもとの関係性の改善の実
感へとつながったのか，具体的な内容については量的研究の分析結果からだ
けでは十分に見いだせなかった。そこで量的分析の結果をさらに深く理解す
ることを目的に，プログラム参加者（母親）6名を対象としたインタビュー
調査を行った（説明的順次デザイン）。ここからTEAを用いた質的研究に

---

1) ABC分析とは，人の行動を理解するために，行動（Behavior: B）とその行動の前の状
　況（Antecedent: A），そして行動の結果（Consequence: C）をABCの枠組みに入れて
　考える応用行動分析の手法である。

表 14-1　研究協力者（母親 6 名）と相談対象となる子どもの属性

研究協力者	子どもの性別 （年齢）	診断の有無 （診断時の年齢）	子どもの様子 （プログラム参加時）
A	男性（27）	広汎性発達障害（26）	就労移行支援事業利用
B	男性（21）	発達障害の疑い（21）	大学生（不登校状態）
C	男性（23）	高機能自閉症（5）	大学生
D	男性（18）	未診断	大学生（不登校状態）
E	男性（28）	広汎性発達障害（28）	一般就労（出社困難な状態）
F	男性（29）	広汎性発達障害（26）	就労移行支援事業利用

焦点をあてて説明していく。

14-4-2　方　法

　インタビュー調査では，リサーチクエスチョンとして「家族はプログラム
で何を学び，どのように関わり行動を変えたのか」を設定し，得られた質的
データを TEM ならびに TLMG を用いて分析した。

　研究協力者はプログラムに全回参加した 6 名の母親（A〜F）であった（表
14-1）。対象となる子どもは 18 歳から 29 歳までのいずれも男性で，6 名中 5
名が青年期以降に発達障害の特性に気づき，A 市発達障害者支援センター
の相談へとつながっていた。残る 1 名は，幼少期に高機能自閉症の診断を受
けていた。アセスメント調査時点では，大学に在籍している者が 3 名，就労
移行支援事業を利用している者が 2 名，一般就労に従事している者が 1 名で
あった。大学に在籍している 3 名のうち 2 名は不登校状態にあり，一般就労
に従事している 1 名も出社が困難な状況にあった。過去または現在に不登
校・ひきこもり経験をもつ者は 5 名であった。

14-4-3　分析手順
a. インタビュー調査を実施する

　インタビュー調査は，筆者がインタビュアーとなり，A 市発達障害者支
援センター相談室にて個別に実施した。インタビュー時間はおおむね 1 時間
から 1 時間 45 分であった。行動変容に着目する ABC 分析の枠組みを用い

たインタビュアー（筆者）と研究協力者との対話（dialogue）のスタイル
（Ramnerö & Törneke, 2008/2009）をとり，

① 「子どもとの関係性が改善した」結果の手前で，あなた自身はどのよう
　　なことをしましたか
② なぜそのように行動したのですか
③ そのきっかけにどのようなものがありましたか

の3つの質問を中心にインタビューを実施した。

b. 逐語記録表を作成する

　インタビューデータは研究協力者の許可を得て IC レコーダーで録音し，
データ取得後ただちに電子データに変換し，研究協力者6名それぞれに異な
る色で色分けした逐語記録表を作成した。ワードファイルで作成した逐語記
録表は，1列目に会話順に割り振った番号を，2列目に意味のまとまりごと
に区切った研究協力者の語り（原データ）を挿入した。原データを十分に精
読した後，意味のまとまりごとに1行見出しを付与し，3列目に加えた。逐
語記録を色分けしたのは，記号を割り当てて示すよりも誰の語りであるかを
直感的に理解できるからで，分析中に何度も原データに戻って確認すること
ができたが，さらに全体の TEM 図のなかに個別の径路を入れ込むときにも
役立つものであった。

c. ボトムアップ・トップダウン両視点から分析を実施する

　これら個別に色分けした1行見出しを，原データとともにそれぞれハサミ
で切り出してカード化した。さらにグループ化を行い，このグループ化を繰
り返してカテゴリー，さらに抽象度を上げた上位カテゴリーを生成した。一
例をあげると，母親 B の語りのデータでは，原データから1行見出しとし
て 187 コードが生成され，さらにグループ化してカテゴリー（56），上位カ
テゴリー（28）を生成した。これは語りのデータをボトムアップで分析する
手順である。一方，リサーチクエスチョンである「家族はプログラムで何を
学び，どのように関わり行動を変えたのか」という行動変容の転換点として
BFP，さらに SD，SG，OPP といった概念ツールが適合するデータを大量
のデータから探索して決定する手順は，研究者のトップダウンの視点が必要

だ。このように TEA の分析では，データに密着してカテゴリーを生成する
ボトムアップの視点と，リサーチクエスチョンに応答するためにあらかじめ
設定した概念ツールにあてはまるデータを大量のデータのなかから決定して
いくトップダウンの視点のふたつを柔軟に切り替えて分析を進めていく能力
が求められる。あわせて本研究における TLMG の分析では，6 名の参加者
の子どもへの関わり行動について理論的分析[2]（杉山ら，2013）を実施して
一覧表を作成することで，多角的な視点から研究協力者それぞれの行動変容
を理解する工夫を行った。

d. 個別分析結果を全体 TEM 図にまとめる

　TEM の分析ステップでは，6 名個別にデータ分析を行った後，6 名それ
ぞれの概念ツールに該当する内容を精読して，共通する概念ツール名を決定
し，最終的に 1 枚の TEM 図にできる限りシンプルにまとめていった。

e. 時期区分を再検討する

　本研究のリサーチクエスチョンから，《^{EFP}子どもとの関係性の改善を実感
する》を EFP に設定し，その結果が随伴した手前の参加者の行動である《^{BFP}
これまでと異なる関わり行動に取り組む》を BFP とした。この時期を【プ
ログラム支援期】として，SD と SG の BFP でのありように注目して分析を
行った（図 14-3）。あわせて，それ以前の，研究協力者が A 市発達障害者支援
センターの発達障害者相談窓口につながるまでを【相談支援希求期】として，
家族の相談支援を求める行動の変容を探索した（図 14-2）。【相談支援希求期】
では，語りを時系列に沿って 3 期（幼少期，学校期，青年期）に分けた。

f. 時期区分し TEM 図・TLMG 図を作成する

　【相談支援希求期】での 6 名それぞれの径路をひとつの TEM 図（図
14-2）に示し，【プログラム支援期】での家族の関わり行動の変容プロセス

2）問題行動に実際に介入する前に，何がその行動を維持し，その行動にどのような機能が
　あるのか，そして行動と行動結果との間にどのような関係があるのか，その随伴性を推
　測することを理論的分析という（杉山ら，2013）。本研究では，問題行動ではなく，プ
　ログラム参加が子どもとの関係改善に効果があったと回答した参加家族 6 名が実際に
　行った関わり行動を，文脈のなかで理解するために実施した。

についてはTLMGによる3層の視点から分析・図示化した。なお本文中では，TEMの概念ツールを用いて可視化した上位カテゴリーを太字で，また，母親（A〜F）の語りの具体例を「　」を用い，該当者を示すアルファベットと併記して示した。

g. ジョイントディスプレイを作成する

　次に量的・質的研究のそれぞれの結果をひとつの図表で示すジョイントディスプレイを作成した（図14-3）。ジョイントディスプレイでは，左欄にプログラム介入の量的研究の分析結果，中央欄にTEAによる質的研究の分析結果，そして右欄に質的・量的両研究の分析結果の統合によって得られた洞察を示した。TEAによる質的研究の分析結果については，読者が理解しやすいように【プログラム支援期】のTLMG図を示した。

14-4-4　結果と考察——混合研究法（説明的順次デザイン）にTEAを用いた質的研究を組み込む意義

a.【相談支援希求期】（図14-2を参照）

　研究協力者はいずれも子どもが青年期になってようやく《^{EFP}発達障害者相談窓口につながる》に至っていたが，問題や相談支援ニーズが青年期になって初めて発現したのではなく，それまでにも子どもの抱える困難へのさまざまな気づきがあった。またその困難さは幼少期から青年期へのライフコースのなかでさまざまに変化しながら，現在に至るまで途切れることなく続くものであった（表14-2）。発達障害者支援法が制定された2005年時点で6名の研究協力者の子どもは8歳から19歳であったが，時代背景として社会では，発達障害概念が一般的に十分に周知されておらず，《^{SD}発達障害概念の不在》や《^{SD}支援体制の未整備》の状態が，子どもの成長過程全体を通してSDとして存在していた。たとえば幼少期では《^{SG}子どもの様子への深い憂慮》，学校期では不登校やいじめをはじめとした《^{SG}学校でのさまざまなトラブル》を契機にして《^{BFP}受診・相談を考える》状況があった。しかし《^{SD}他の家族の反対》で受診をとりやめたり，実際に医療機関などに行っても診断がつかない，あるいは「問題ない」と言われることで，十分な支援を得ることができていなかった。いずれの子どもも通常学級に在籍しており，Ⓒの子どもの

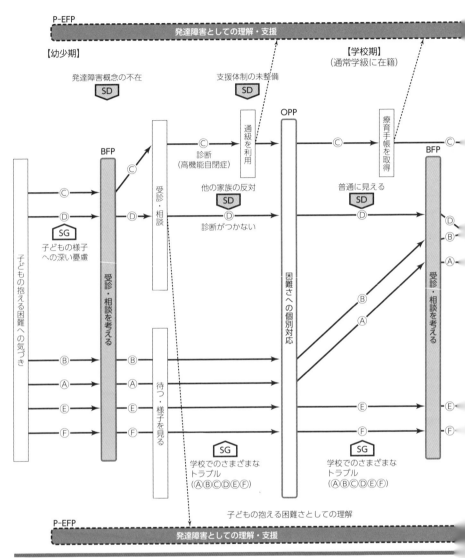

非可逆的時間

図 14-2　【相談支援希求期】における TEM 図

注)　——▶：選択した径路
　　　┈┈┈▶：選択しなかった／選択できなかった径路

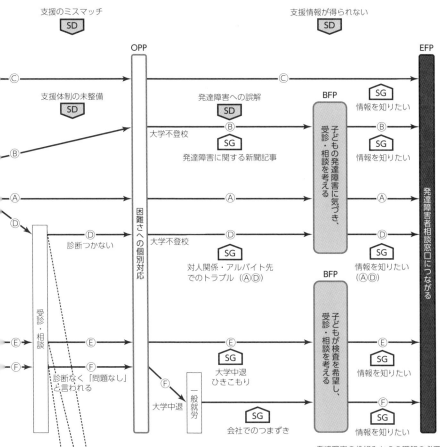

発達障害としての理解・支援

【青年期】

支援のミスマッチ SD　　　　　　　　支援情報が得られない SD

OPP　　　　　　　　　　　　　　　　EFP

支援体制の未整備 SD　　　　発達障害への誤解 SD　　BFP　　SG 情報を知りたい

大学不登校 B　　　SG 情報を知りたい
SG
発達障害に関する新聞記事

対人関係・アルバイト先
でのトラブル（AD）　　SG 情報を知りたい（AD）

診断つかない　　大学不登校　SG

受診・相談　　診断なく「問題なし」と言われる

大学中退
ひきこもり　SG 情報を知りたい

一般就労　大学中退　会社でのつまずき　SG 情報を知りたい

子どもの発達障害に気づき、受診・相談を考える

子どもが検査し、受診・相談を考える

発達障害者相談窓口につながる

発達障害の枠組みからの理解の必要性

発達障害としての理解・支援

表14-2　相談希求期における概念ツール

	幼少期	学校期	青年期
BFP	• 受診・相談を考える	• 受診・相談を考える	• 子どもの発達障害に気づき受診・相談を考える • 子どもが検査を希望し，受診・相談を考える
SD	• 発達障害概念の不在 • 支援体制の未整備 • 他の家族の反対	• 発達障害概念の不在 • 支援体制の未整備 • 支援のミスマッチ • 普通に見える	• 支援体制の未整備 • 支援のミスマッチ • 支援情報が得られない • 発達障害への誤解
SG	• 子どもの様子への深い憂慮	• 学校でのさまざまなトラブル	• 大学中退・ひきこもり・会社でのつまずき・対人関係・アルバイト先でのトラブル • 発達障害に関する新聞記事・情報を知りたい
OPP	• 困難さへの個別対応	• 困難さへの個別対応	• 困難さへの個別対応
EFP	発達障害者相談窓口につながる		
P-EFP	発達障害としての理解・支援		

ように自閉症の診断を早期に受けていた場合であっても，発達障害特性に対する配慮も支援も得られることはなく，また⑩は《^{SD}普通に見える》ことにより，かえって問題が本人自身の性格や態度に起因するものと見なされた。よって不登校の問題については

　　「担任教師の配慮でレポート提出に変更してもらったり，父親の出勤を遅らせても両親で学校まで本人を車で送っていく」（⑩）

　　「子どもが学校の正門に入るのを見届けるために，電車の別の車両に乗って子どもの後をついていく」（©）

といったさまざまな試みを行っていたが，いずれも再登校支援にとどまるもので，親も学校側も，学校への行きづらさの背景にあったであろう発達障害を理解する手立てをまったくもっていなかった。このように，《^{P-EFP}発達障害としての理解・支援》を得ることがないまま，発達障害者相談窓口につながるまでの家族は，不登校をはじめとするさまざまな問題を，子ども自身が

もつ困難さに起因するものと理解して対応するしかなかった。こうした子ども
もの《^OPP困難さへの個別対応》は，幼少期，学校期において，すべての研
究協力者の OPP となっていた。

　また青年期になって初めて子どもの発達障害の特性に気づく場合，《^EFP発
達障害者相談窓口につながる》までには，家族自身が《^BFP子どもの発達障
害に気づき，受診・相談を考える》と，《^BFP子どもが検査を希望し，受診・
相談を考える》のふたつの径路があった。後者の径路の 2 家族は，いずれも
中学・高校の学校期においていじめや人間関係でのつまずきといった《^SG学
校でのさまざまなトラブル》から実際に精神科を受診していたが《^SD発達障
害概念の不在》が抑制要因となり，診断にも，そして有効な支援にもつなが
ることはなく，それぞれの《^OPP困難さへの個別対応》に至っていた。繰り
返される挫折経験に子どもは

　　　　「僕なんて人間は死んでしまったほうがいいのかな」（Ｅ）
　　　　「自分が駄目だと自分を責めていた」（Ｆ）
と語っている。子ども自身が検査を希望する手前では，職場やアルバイト先
で自尊感情を著しく損なう深刻な出来事が生じていた。このような経過から，
プログラム参加時点で家族は，これまでの子どもの困難さを発達障害という
新しい枠組みからとらえ直すという認識転換の必要性を自覚しており，これ
まで懸命に目の前に出現する問題に対処してはきたものの，子どもの抱える
困難さの背景にある発達障害の特性に気づけなかったという後悔の念も強く
もっていた。

b.【プログラム支援期】

　では，プログラム参加することで家族は子どもに対する関わり行動をどの
ように変えていったのだろうか。具体的には，

　　　　「どのように言ったらうまく伝わるかを考えてから話すようにした」
　　（Ⓐ）
　　　　「非難せずに子どもの話を落ち着いて最後まで聞くことにした」（Ⓑ）
　　　　「将来のためにとこまごま言っていたことを減らした」（Ⓒ）
　　　　「気持ちを込めてほめた」（Ⓓ）
　　　　「多少のことは目をつぶって言うことを減らした」（Ⓔ）

「あらかじめ予定を伝えるようにした」（Ｆ）

といった《^{BFP}これまでとは異なる関わり行動に取り組む》ことで，家族は，子どもとの関係性のポジティブな変化を語った。またプログラムに参加して《^{OPP}行動の意味を何度も考える》なかで，

> 「子どもが生活のなかでできてないことがあれば，すぐに『〇〇しなさい！』と言ってきたし，できて当たり前で，20年間『どうして普通にできないの？』と思っていた」（Ａ）

> 「子どもが何に困っているか検討もつかなかった」（Ｅ）

> 「子どものことを否定し続けてきた」（Ｂ）

> 「親なき後を心配してこまごまと伝えていた」（Ｃ）

ため，子どもと言いあいや喧嘩になったり，子どもがその場から逃げていくようなことになっていたと，自分自身のこれまでの関わり行動とその後の結果について振り返っていた。

　子どもに対する関わり行動を変容させたきっかけとしては，6名全員が《^{SG}プログラムへの参加と学び》をあげ，その学びには，〈発達障害理解の深化〉，〈行動的視点の獲得〉，〈HW課題の実践〉があり，順に，

> 「青年期における発達障害の特性について深く学んだこと」（Ｅ）

> 「いいことがあるから続けるんだということ」（Ｄ）

> 「続けるということ，肯定的に伝えるということが大事なんだとわかった」（Ｂ）

> 「宿題だからとにかく習ったことを家にもちかえって子どもと関わった」（Ａ）

という語りによりとらえられた。

　一方で家族は，

> 「努力することは本当にしてきたけれど，努力の仕方が違うところだった。使えそうなものを使って努力の仕方を変えなければいけない」（Ｃ）

> 「親として気がついてやれなかった。（子育てに）失敗した自分も学習していかないといけないと思う」（Ｆ）

> 「発達障害の特性を知って，よりいっそう私の感覚を押しつけたらいけないと思った」（Ｅ）

というように，長らく子どもの困難さに真摯に関わってきたものの，これま

での自らの関わり行動が失敗・理解不足だったと感じており，それぞれに《^{OPP}自分の行動を変えなければいけない》という強い動機づけを有していることが明らかになった。この強い動機づけの理由として家族は，発達障害者支援センターの相談窓口につながるまでに自分たちが子どもにどのように関わってきたかについて語り，プログラムに参加して学んだことでこれまでの関わりを変える必要があると感じたからだと説明した。

c. 量的分析結果と質的分析結果の統合から得られた洞察

　図 14-3 は，廣瀬（2018）の介入研究における量的・質的両研究の分析結果を示したジョイントディスプレイになる。左欄の量的研究の分析結果から，新しく開発されたプログラムの介入がおおむねプログラム参加者の精神健康状態を改善し，行動的視点を獲得して家庭での子どもへの関わり行動を変化させることで，子どもとの関係が良好になったことが示された。さらに中央欄の TEA の枠組みを用いて家族の行動変容のプロセスをとらえることで，家庭内での関わり行動が具体的にどのようなものであったか，家族の心的変容とあわせて詳細に説明した。行動変容のきっかけとなった《^{SG}プログラムへの参加と学び》は，子どもを個別的に理解していくために必要な発達障害理解を深め，行動的視点を獲得することで，これからの関わり行動をどう改善していくべきかを繰り返し考える機会を得ていた。半信半疑ながらもとりあえず習ったことをホームワークだからとやってみる，これまでよりも少しだけ気をつけてどういったら子どもに伝わるかを考えてみる，子どものできているところ，よいところを少しでも見つけて肯定的に応答してみる――家族はこのような HW 課題を実践した結果を次のセッションで語り，その語りはその場に参加する人びとによって肯定的に聴き取られていった（《^{OPP}セッションでの言語報告》）。本研究のようなプログラム介入の効果を検討する場合，同じ悩みをもつ参加者同士が出会うことによって孤独感が解消されたり，同じつらい思いを共有することができるといったピア・グループとしての機能も，効果の要因のひとつとして考えられるかもしれない。しかしTEA による BFP に着目した分析結果からは，家族の関わり行動変容に直接関与したのは，プログラムの具体的な学びと実践であったことが示され，この結果はさらに翌年にプログラム待機群を設けた群間比較による量的研究の

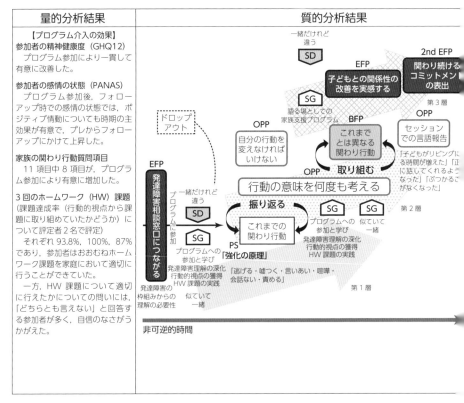

図 14-3　【プログラム支援期】の結果を含めたジョイントディスプレイ

分析結果によっても支持された。このように量的研究による介入の効果検討に加えて TEA を用いた質的研究を実施することで，これまで十分には明らかにされてこなかった青年期発達障害者家族が A 市発達障害者支援センターに至るまでの背景や，プログラムに参加した家族の隠された思いなどを含めて参加者を全人的に理解することが可能になり，図 14-3 右欄で示したように，家族が有するニーズとあわせてそれぞれがもつ文化に感受的なプログラムへと発展させるための重要な洞察を得ることができたと言える。

	得られた洞察
プログラム参加による親の関わり行動の変容（TLMG） BFP　これまでとは異なる関わり行動に取り組む SD　一緒だけれど違う SG　プログラムへの参加と学び 　　似ていて一緒 　　語る場としての家族支援プログラム OPP　自分の行動を変えなければいけない 　　行動の意味を何度も考える 　　セッションでの言語報告 EFP　子どもとの関係性改善を実感する 2nd EFP　関わり続けるコミットメントの表出	**【プログラム介入の効果】** 1）プログラムの効果と参加者の子どもへの関わり行動変容について，質的分析の結果が，プログラムの量的データの分析結果をより詳細に説明した。 2）家族が回答した子どもとの関係改善に寄与したプログラムでの学びは，①発達障害理解の深化，②行動的視点の獲得，③HW課題の実践であった。 3）家族はプログラムに参加することで，子どもへの関わりを変える必要性を強く認識していた。 4）量的分析では隠された参加者のアンビバレンスな感情が，質的分析によって浮かび上がった。 **【次回プログラムへの提言】** 1）群間比較検討の必要性 　　（→翌年実施） 2）参加者の理解にあわせたプログラム内容の修正 　（例：ABC 分析シートについてのより丁寧な説明） 3）スタッフ全員によるセッションでの参加者への言語称賛・励まし 4）機関主導による安心・安全な語る場の提供 5）参加者の個別性への配慮と支援ニーズ情報の共有（綿密なスタッフミーティング）

14-5 Making ダイナミック

14-5-1　具体的な分析の仕方

　プログラムの介入の効果（量的研究の分析結果）をより詳細に説明することを目的に実施した混合研究法説明的順次デザインでは，量的研究に続く質的研究において TEA による分析を行った。「家族はプログラムで何を学び，どのように関わり行動を変えたのか」，このリサーチクエスチョンに応答する EFP として，はじめに，《^{EFP}子どもとの関係性の改善を実感する》を設定した。

　インタビューでは，家族の行動変容を理解するために時系列を逆行して尋ねていくが，やりとりを続けていくなかで，行動変容の手前に自らの関わりを変える必要があるという家族の強い動機づけが存在することがわかってきた。では，家族はなぜこれまでの行動を変えなければならないと考えたのだろうか。プログラムに参加する家族のニーズをより深く理解するためには，この問いを新たなリサーチクエスチョンとして設定し，プログラム後の行動変容プロセスに注目するだけではなく，その行動変容に至るまでの家族自身のライフヒストリーを理解する必要があった。そうすることで，研究目的であるプログラムをより参加者家族の実際のニーズに沿ったかたちへと発展させていくことができると考えた。そこで《[EFP]発達障害者相談窓口につながる》をもうひとつ EFP と設定し，実際に受診・相談する行動の手前の《[BFP]受診・相談を考える》を BFP として注目し，相談支援希求期における家族の径路を探索していった。インタビューでは，家族に対して，受診・相談を考えただけで終わったのか，そこから実際に受診や相談をしたのかどうか（行動したのかどうか），そしてなぜ行動を起こしたのか，あるいは起こさなかったのかについて尋ねた。このことで，考えたのに行動にまで起こさなかったことにはどのような抑制要因があるのか，あるいは行動を実際に起こさせた促進要因が何なのかを，当時の時代的背景も含めた広い視点から分析を進めていった。

　家族は，子どもが青年期になって初めて A 市発達障害者支援センターへとつながったが，幼少期，学校期いずれにおいても，子どもの困難さに起因するさまざまな問題をきっかけに，受診・相談について考える機会が多くあった。しかし，実際に受診・相談につながったとしても，また逆に受診・相談への希求行動を起こさなくても，子どもの発達障害特性を理解した支援を得ることができず，結局は《[OPP]困難さへの個別対応》をするしかなかったと語った。いずれの家族も結果的にこの OPP に至らざるをえず，家族の気づきが有効な支援につながることはなかった。このように，これまで家族は目の前に出現する問題に懸命に対処してきたものの，同時に子どもの抱える困難さの背景にある発達障害の特性に気づけなかった後悔の念も強くもっていることが明らかとなり，プログラム参加と学びを契機として《[OPP]自分の行動を変えなければいけない》という動機づけにつながっていたことが示

された。

14-5-2　変容する EFP と見えてきた 2nd EFP

　本研究では，子どもとの関係性が改善したことを実感した家族の，家庭での関わり行動の変容をとらえるために，初めに研究者の視点から EFP を《^{EFP}子どもとの関係性の改善を実感する》と設定した。しかしインタビューを続けていくなかで，研究協力者の発達障害者相談窓口への相談に至る径路についても十分に理解する必要性があるとわかり，《^{EFP}発達障害者相談窓口につながる》という EFP を新たに設定した。この新しい EFP は，子どもの困難さの背景に発達障害があることを知らずに場あたり的に問題に対処せざるをえなかった家族にとっては，「これまでの子どもの困難さを新しく発達障害の理解の枠組みからとらえ直す」ことを意味するものであった。つまり研究者の設定した EFP は，参加者家族の視点からは異なる意味をもっていたと言える。そして家族はこのような認識転換の必要性を理解していても，依然としてわが子の障害を受け容れることが難しいと感じたり，「わけのわからない不安からどうしていったらいいかの不安に変わった」といった先の見通せない状態にあり，プログラム参加前では精神健康度も低い状態の者が多くいた（廣瀬，2018）。このことからプログラム実施に際して，参加前の家族の複雑な思いについても十分に配慮する必要があることがわかった。

　2nd EFP とは，研究協力者の視点から見た EFP であり，とりわけ，研究者が定めてとらえる EFP 以後に（時間経過のなかで）明確になってくる場合が多い。このため，安田・サトウ（2017）は，2nd EFP を設定するうえで，対象者と 2 回以上インタビューを行う必要があるとしている。本研究では事業の形態上 1 回限定でのインタビュー調査であったため，トランスビューは行っていない。しかし，研究協力者はプログラム終了後 3 カ月から半年後のインタビュー調査に協力し，自らの行動をあらためて振り返って，

　　「大変なことには変わりないが，何とかやっていけそうだ」（Ⓑ）

　　「根本的なところは治らないだろうが，いろいろなつまずきも手だてがあればできそうな気がする」（Ⓒ）

　　「本人が生きやすいように工夫はしてあげたい」（Ⓕ）

　　「子どもとのコミュニケーションについてもっと学んでいきたい」（Ⓓ）

と述べていた。これらの語りから生成された《関わり続けるコミットメントの表出》というカテゴリーは，研究協力者の視点に基づく EFP，すなわち 2nd EFP ととらえることができるだろう。リサーチクエスチョンに応答する EFP とあわせて，研究協力者である家族の視点からの 2nd EFP をどのようにとらえられるかという複眼でデータを分析していくことは，より家族のニーズに沿ってプログラムを展開していくために意味あるデータをマイニング（mining）するプロセスでもあり，質的分析を行う醍醐味のように感じた。

14-5-3　文化をいかにしてとらえたか

　TEA は，人間のあり方を文化との関わりによって描くことで普遍的な知識を蓄積することを目指す文化心理学の考え（サトウ，2017）を基盤としている。TEA を用いることで，発達障害についての理解や支援が社会全体に浸透していなかった時代のなかでの家族の取り組み，そして家族に対する周囲の関わりがどのようなものであったのかを，時代的背景とあわせてそれぞれが有する文化についても着目し，分析していった。たとえば母親（Ⓒ）は，小学校 2 年の子どもの担任に

　　「『時間割が変更になったら，国語が算数になったと一言書いたら納得
　　するので黒板に書いてください』と頼んでも，『この学年では，黒板に
　　書いて指示するのはもう終わっている』と言われて支援を得ることがで
　　きなかった」

と振り返った。この教師の振る舞いは，学年ごとの教育到達目標がある学校文化とともにあったと言えるだろう。教育委員会や教師に配慮の要望を出しても何の支援ももらえず，Ⓒにとって「A 市は敵だった」が，諦めずにその後も何度も足を運んで本人の困難さへの支援を要請していた。このような相談支援希求行動は，6 名いずれの母親も行っており，少しずつ学校や周囲の文化に影響を与え，支援のかたちを変えていく流れをつくっていたと考えられる。

　「発達障害」という名称は時代とともにさまざまに変遷してきたが，いまだにその概念は曖昧なままだ。たとえば「軽度発達障害」という言葉は，時代のニーズによって生まれ広く用いられてきた名称ではあったが，障害が軽

度であるという誤解も多く，意味する範囲が必ずしも明確ではないことから，2007 年には原則として使用しないことが決定されている（文部科学省，2007）。一方，主要な精神疾患の診断基準である DSM-5 ではすでに存在しない「アスペルガー症候群」という診断名は，現在でも発達障害者支援法に基づく支援の対象となっている。このようにいまだ定義もあやふやな「発達障害」という概念が，「発達障害」の特性からくる困難さを有する者や，その困難さに周囲の人びとがアプローチしていく実際の出来事のなかで，ある場所では否定されたりまた別の場所では新しい支援が生まれたりして，社会に包含されていく文化のひとつの過程を，本研究では青年期発達障害者家族の視点からとらえる試みを行ったと言えるかもしれない。

　もうひとつの文化への視点は，前節でクレスウェルが混合研究法を行う理由としてあげた，研究をするにあたって文化に感受的であることの必要性である。これはプログラム運営における家族文化への配慮の必要性と考えてよい。青年期になって子どもの発達障害の特性に気づく場合，これまで十分な支援もなく孤立していた家族が多い。このため，プログラムで他の家族と出会うことで

　　「涙が出るほど感動した」（Ⓑ）
　　「学校に行くまで不安で後をつけたというお母さんがいて，そうだやっぱししているんだ，みんなお母さんは。ああ私だけではないって思った」（Ⓒ）
　　「プログラムではずっと小さいときのこと，大昔のことをずっと言われるので，ごめんねと謝るしかないと言っていたお母さんがおられて，それはうちの子にもあるなあと」（Ⓕ）

といった語りから《^{SG}似ていて一緒》というカテゴリーが生成された。一方でインタビューの結果からは，同じ特性をもちながらも，他の子どもと自分の子どもとの違いをより鮮明に感じて悩む家族も少なからず存在していたことが明らかになった。すなわち，

　　「根本的には似た障害であっても，育て方や環境によって違ってくるから，問題か問題でないかを決めるのは家族によって異なる」（Ⓒ）
　　「グループでお母さんたちの話を聞いて，自分の家と異なるところ違うところがあった。他のお母さんたちはすごいなあ。わたしはあかんな

と思った」（Ⓐ）

　　「アルバイトできているうちの子が理想だというお母さんがおられた。
　　手帳を取った方の難しさもあるが，普通に見えるわが子の難しさもある」
　　（Ⓑ）

といった《^{SD}一緒だけれど違う》というカテゴリーが生成された。このよう
な家族の隠された相反する思いは，量的分析結果から導き出すことは困難で
あった。青年期以降の子どものライフコースについては，子どもと話しあっ
て納得して障害者雇用を目指していく家族もいれば，発達障害の特性を理解
しながらも，あえて診断も支援を受けずにアルバイトに従事することを選択
する家族もいた。今後どのように自立に向けて子どもを支援すべきか思い悩
む親は，他の参加者の話に一喜一憂することになる。インタビュー調査で明
らかになった家族のもつアンビバレンスな思いは，プログラムセッションで
のそれぞれの語りを抑制していく可能性も考えられる。支援者は参加者同士
のそれぞれの家族文化の違いに十分に配慮して，安心・安全な場を提供する
必要がある。

14-5-4　援助者としての発達・変容をいかにしてとらえたか

　ここではプログラム参加者を援助者としてとらえ，その行動の変容を，プ
ログラム実践者としてプログラム修正・発展にどのように生かしたかについ
て述べる。プログラム参加当初，家族はゲーム依存やひきこもり，抑うつ，
会話が続かないといったさまざまな子どもの問題行動の解決の糸口を探して
いた。プログラムに参加していくなかで，子どもの行動を変えるのではなく，
自分自身がどのように子どもに関わればよいのか，つまり自分がいかに行動
するかについて深く考えるようになっていった。そして具体的にプログラム
で学んだことを家庭で実際に取り組むことで，子どもとの関係性が改善した
と考えていた。このことからプログラムをより家族ニーズに沿ったものに発
展させていくためには，TEA を用いた質的研究の分析結果で得られたこの
ような参加者の気づきや変化への実感をプログラムで丁寧に聴き取り，深め
ていくことが重要だと考えられた。そこで「実践と実感を大切にする」取り
組みとして，それぞれのホームワークに毎回ポジティブなコメントをつけて
返却したり，また，ホームワークでの取り組みや家庭での小さな変化を発表

してもらい，取り組んだことに対して具体的かつポジティブな声がけや発表した家族への拍手による励ましを行った。このように，プログラムのどのワークに重心を置くか，またどのようにプログラム運営していくかについてはプログラム実践者間で検討を重ね，「ポジティブからはじめる」「問題の所有者を考える」「実践と実感を大切にする」（廣瀬，2019）といった支援方針を新しく加えながらプログラムの修正を行い発展させていった。

14-5-5　聴き手・語り手にとっての，TEA で意味をとらえる経験について ──トランスビューの経験を含む

　さまざまな記号に囲まれるなかで特定の記号が人の行動を促進する場合，それを PS という（サトウ，2019）。インタビューで母親（Ⓑ）は，夕食の準備で餃子をつくっているときにだけ，21 歳になる息子がそばに来て「ああ言ってくれたらいいのに」と残念そうに言うのを，最初は意味がわからずにいたと話した。そしてプログラムで行動の「強化の原理」を習ったときに，自分の行動を振り返り，本当に上手にまったく同じかたちに餃子を包む息子の姿に感心して自分が心の底から褒めていたこと，そしてそのことを息子が覚えていたのでまた手伝おうとしてくれたことがわかったと語った。つまり，「いいことがあると行動は繰り返されるんだ」ということを実感したのである。Ⓑにとって《^{SG}プログラムへの参加と学び》（ここでは「強化の原理」）が，褒めることの意味を深く理解して，行動的視点で子どもの行動を理解していく PS となっていた（図 14-3 参照）。インタビューでは，インタビュイーの日々の生活についての語りのどこに BFP が見いだせるかに着目しながら，小さな気づきに共感して応答していった。このような ABC 分析の枠組みを用いたインタビュアーと研究協力者との対話（dialogue）のスタイルは，BFP における tension（緊張）に注目する TEA の視点と合致するものであった。

　また，語り手である家族は，子どもの発達障害の特性に気づいてやれなかったことに対して自責の感情を強く抱いていたが，TEA の分析視点からインタビュアーによって問いかけられることで，時代的あるいは文化的な背景も含めた広い視点で再度自分の行動を見つめ直したり，これからも関わり続けていくというコミットメントを表出する機会となっていた。一方聴き手であ

る研究者にとっては，このようなインタビューでのやりとりで，語り手である家族のライフにより接近することが可能になる。さらにインタビューデータを読み込んで分析し，TEM 図を試行錯誤しながら作成していく作業により，研究そしてプログラムの実践そのものに深くコミットすることになる。こうして，上述の研究協力者（Ⓑ）の語りは，聴き手である研究者に聴き届けられ，その分析結果は，次のプログラムをよりよいものにし，さらに参加家族への役立つ情報として提供されていった。つまりインタビューにおいて研究協力者（Ⓑ）の語りは，プログラムを発展させていくうえで，プログラム実施者でありまた研究者である聴き手にとっての，PS にもなっていたと言えるのではないだろうか。

引用文献

Creswell, J. W., & Plano Clark, V. L.（2018）*Designing and conducting mixed methods research*（3rd ed.）. Sage Publications.

Creswell, J. W., & Poth, C. N.（2017）*Qualitative inquiry and research design: Choosing among five approaches*（4th ed.）. Sage Publications.

Fetters, M. D., & Molina-Azorin, J. F.（2019）New requirements to include the methodological contributions in articles published in the *Journal of Mixed Methods Research*. *Journal of Mixed Methods Research, 13*(2), 138–142.

廣瀬眞理子（2018）　混合研究法をもちいた青年期発達障害者家族のための行動支援プログラムの開発と効果の検討――自治体と協働する地域発達支援．関西学院大学博士論文．

廣瀬眞理子（2019）　地域で支える家族中心のポジティブ行動支援（Family-Centered PBS）――青年期発達障害者家族のための行動支援プログラムの開発．日本ポジティブ行動支援ネットワーク研修会――地域・学校・家庭で活かすポジティブ行動支援．講演資料．

文部科学省初等中等教育局特別支援教育課（2007）「発達障害」の用語の使用について．http://www.mext.go.jp/a_menu/shotou/tokubetu/main/002.htm（2020 年 1 月 16 日閲覧）

Ramnerö, J., & Törneke, N.（2008）*The ABCs of human behavior: Behavioral principles for the practicing clinician*. New Harbinger Publications.［ランメロ, J.・トールネケ, N. 松見淳子・武藤崇・米山直樹（監訳）（2009）　臨床行動分析の ABC. 日本評論社.］

サトウタツヤ（2017）　TEA は文化をどのようにあつかうか――必須通過点との関連で．安田裕子・サトウタツヤ（編）　TEM でひろがる社会実装――ライフの充実を支援する（pp. 208-219）. 誠信書房.

サトウタツヤ（2019）　記号という考え方――記号と文化心理学その 1. 木戸彩恵・サト

ウタツヤ（編）　文化心理学——理論・各論・方法論（pp. 27-39）. ちとせプレス.

杉山尚子・島宗理・佐藤方哉・R. W. マロット・M. E. マロット　（2013）　行動分析学入門. 産業図書.

Yasuda, Y.（2016）How can the diversity of human lives be expressed using TEM?: Depicting the experienced choices of infertile women unable to conceive after infertility treatment. In T. Sato, N. Mori, & J. Valsiner（Eds.）, *Making of the future: The trajectory equifinality approach in cultural psychology*（pp. 55-65）. Information Age Publishing.

おわりに

　2009 年に『TEM ではじめる質的研究——時間とプロセスを扱う研究をめざして』を誠信書房から出版したことによって始まった TEM 三部作。第 2 弾は 2012 年に発行した『TEM でわかる人生の径路——質的研究の新展開』，第 3 弾は 2017 年に発行した『TEM でひろがる社会実装——ライフの充実を支援する』であった。本書はこの三部作を引き継いで，TEA を冠する本として企画されたものである。アプローチとしての TEA（複線径路等至性アプローチ）については本書で何度も解説されているので繰り返さないが，モデルを作るという技法としての TEM（複線径路等至性モデリング）だけにとどまらない研究志向（アプローチ）に昇華したのが TEA である。

　本書のテーマは実践としての対人援助である。保育，看護，臨床・障害という分野を選び，そこでの対人援助実践に TEA がどのように活かされているのか，あるいは活かしうるのか，を描こうと考えたのである。それぞれの著者のみなさんには，各研究について内容を紹介したうえで，①具体的な分析の仕方，②変容する等至点と見えてきた 2nd EFP，③文化をいかにしてとらえたか（TLMG 分析の場合は促進的記号をいかにしてとらえたかについても），④援助者としての発達・変容をいかにしてとらえたか，⑤聴き手・語り手（観察者・被観察者）にとっての，TEA で意味をとらえる経験について（トランス・ビューの経験を含む），の観点からまとめてもらった。本書では，EFP だけではなく 2nd EFP の記述が重視されているし，TLMG との接続もかなり重視されており，読者のみなさんには TEM から変化し続けている TEA の魅力が伝わるのではないだろうか。

　第Ⅰ部では TEA の基本的な考え方を踏まえたうえで理論的な展開をていねいに記述することを心がけた。第Ⅱ部では，保育，看護，臨床・障害，という現場ごとに TEA 研究を紹介することにした。保育のセクションの 4 つの論考を例にとれば，保育実践の対象である子どもの活動をどのように描くのか（境：5 章「年少児クラスにおける共同遊び『おうちごっこ』のプロセ

ス」），実践者である保育者の保育実践をどう描くのか（上田；6章「保育の実践」），保育者自身はどのように自己を形成していくのか（香曽我部；7章「保育士の自己形成と実践コミュニティの変容」），そして保育者をどのように育成していくのか（中坪；8章「保育者研修」），このように保育をめぐるすべてのステップにおいて，TEA が活用可能であることがわかる。こうした包括的な取り組みは他の領域でも可能であろう。

　さて，TEA の根幹は TEM である（このややこしい関係が理解できたら初心者を脱したと言えるだろう）。そして，TEM はモデルを作ることを目的としている。したがって，描かれた TEM 図は何らかのモデルである。そのときに，留意すべきことは，そのモデルが当事者にとって役立つモデルなのか，支援者によって役立つモデルなのか，について自覚的になることである。スポーツ選手自身が見て役立つ TEM か，スポーツ選手の指導者が見て役立つ TEM か，ということである。もちろんどちらでもよいのだが，そこを自覚しないと視点が混乱した TEM ができてしまうのである。将来的には，当事者と支援者の視点が融合した TEM ができる日も近いとは思うが，読者のみなさんにおかれては，まず，どちらの視点で描くのかに自覚的になってほしいと思っている。

　そして，こうしている間にも TEA は新たに変化し続けている。では，TEA 第2弾本（予定）でお会いしましょう！

　　2022 年 2 月

　　　　　　　　　　　　　　　　　　サトウ　タツヤ

索 引

執筆者紹介（所属等は初刷発行時のもの）

福田 茉莉（ふくだ まり）【1章】
2013年　岡山大学大学院社会文化科学研究科博士後期課程修了
現　　在　岡山大学学術研究院医歯薬学域助教，博士（文化科学）

安田 裕子（やすだ ゆうこ）【2章】
編著者紹介参照

サトウ タツヤ（佐藤 達哉）【3章，4章】
編著者紹介参照

境 愛一郎（さかい あいいちろう）【5章】
2016年　広島大学大学院教育学研究科博士課程後期修了
現　　在　共立女子大学家政学部児童学科准教授，博士（教育学）

上田 敏丈（うえだ はるとも）【6章】
2015年　広島大学大学院教育学研究科修了
現　　在　名古屋市立大学大学院人間文化研究科教授，博士（教育学）

香曽我部 琢（こうそかべ たく）【7章】
2013年　東北大学大学院教育学研究科修了
現　　在　宮城教育大学大学院教育学研究科高度教職実践専攻准教授，博士（教育学）

中坪 史典（なかつぼ ふみのり）【8章】
1999年　広島大学大学院教育学研究科博士課程後期単位取得退学
現　　在　広島大学大学院人間社会科学研究科教授，博士（教育学）

中本 明世（なかもと あきよ）【9章】
2018年　金沢大学大学院医薬保健学総合研究科保健学専攻博士課程後期修了
現　　在　甲南女子大学看護リハビリテーション学部講師，博士（保健学）

髙橋 美保（たかはし みほ）【10 章】
2019 年　共立女子大学大学院看護学研究科修士課程修了
現　在　共立女子大学看護学部助手

田口 理恵（たぐち りえ）【10 章】
1997 年　東京大学大学院医学系研究科博士課程中退
現　在　共立女子大学看護学部教授，博士（保健学）

河原 智江（かわはら ちえ）【10 章】
2002 年　東京都立大学大学院社会科学研究科博士課程（社会福祉学）単位取得退学
現　在　共立女子大学看護学部教授

大川 聡子（おおかわ さとこ）【11 章】
2012 年　立命館大学大学院社会学研究科博士後期課程修了
現　在　関西医科大学看護学部准教授，博士（社会学）

和田 美香（わだ みか）【12 章】
2009 年　お茶の水女子大学大学院人間文化創成科学研究科博士前期課程修了
現　在　神奈川大学人間科学部非常勤講師，東京都公立学校スクールカウンセラー

山根 佐智子（やまね さちこ）【13 章】
2021 年　立命館大学大学院人間科学研究科博士課程前期修了
現　在　豊中市発達障害者の家族会「一歩の会」世話役代表

三田地 真実（みたち まみ）【13 章】
2002 年　米国オレゴン大学教育学部博士課程修了
現　在　星槎大学大学院教育学研究科教授，Ph.D.

ジョン・W・クレスウェル（John W. Creswell）【14 章，14-1〜14-3 節】
1974 年　米国アイオワ大学 educational leadership and sociology 単位取得退学
現　在　米国ミシガン大学家庭医療部門混合研究プログラム上級研究員・教授，Ph.D.

廣瀬 眞理子（ひろせ まりこ）【14 章，14-4〜14-5 節】
2018 年　関西学院大学大学院総合心理科学専攻単位取得退学
現　在　関西学院大学非常勤講師，博士（心理学）

編著者紹介

安田　裕子 (やすだ　ゆうこ)

1997 年　関西大学文学部卒業
2004 年　立命館大学大学院応用人間科学研究科修士課程修了
現　在　立命館大学教授，博士（教育学　京都大学）
主　著　『児童虐待における司法面接と子ども支援』（共編著）北大路書房
　　　　2021，『TEM でひろがる社会実装』（共編著）誠信書房 2017，
　　　　『TEA 実践編』『TEA 理論編』（共編著）新曜社 2015，『TEM で
　　　　わかる人生の径路』（共編著）誠信書房 2012，『不妊治療者の人生
　　　　選択』新曜社 2012，『TEM ではじめる質的研究』（共著）誠信書
　　　　房 2009，ほか

サトウ　タツヤ (佐藤　達哉)

1985 年　東京都立大学人文学部卒業
1989 年　東京都立大学大学院人文科学研究科心理学専攻博士課程中退
現　在　立命館大学教授，博士（文学　東北大学）
主　著　『臨床心理学史』東京大学出版会 2021，『質的研究法マッピング』
　　　　（共編著）新曜社 2019，『心理学の名著 30』筑摩書房 2015，『TEA
　　　　実践編』『TEA 理論編』（共編著）新曜社 2015，『TEM でわかる
　　　　人生の径路』（共編著）誠信書房 2012，『学融とモード論の心理
　　　　学』新曜社 2012，ほか

TEA による対人援助プロセスと分岐の記述
—— 保育，看護，臨床・障害分野の実践的研究

2022 年 4 月 15 日　第 1 刷発行
2024 年 9 月 5 日　第 2 刷発行

編　著　者	安　田　裕　子	
	サトウタツヤ	
発　行　者	柴　田　敏　樹	
印　刷　者	西　澤　道　祐	

発 行 所　株式会社 誠 信 書 房
〒112-0012　東京都文京区大塚 3-20-6
電話　03 (3946) 5666
https://www.seishinshobo.co.jp/

あづま堂印刷／協栄製本

TEMでひろがる
社会実装
ライフの充実を支援する

安田裕子・サトウタツヤ 編著

今やTEMは、質的研究法としてひろく用いられるに至っている。外国語学習および教育、看護・保健・介護などの支援の現場に焦点をあてた論文に加え、臨床実践のリフレクションにおける実践的応用の事例を収録。

A5判上製　定価(本体3400円＋税)

TEMでわかる
人生の径路
質的研究の新展開

安田裕子・サトウタツヤ 編著

人生の径路が視覚的に分かるため、初学者でも簡単に質的研究用のデータを拾っていくことが可能。
A5判並製　定価(本体3400円＋税)

TEMではじめる
質的研究
時間とプロセスを扱う研究をめざして

サトウタツヤ 編著

複線径路・等至性モデルを使用して、従来なかった時間の観念を心理学にもたらす。
A5判並製　定価(本体3000円＋税)